最接地气的中国式生意宝典　贯通财脉的中国式生意哲学

做生意从做朋友开始

商道=人道　人脉=钱脉

崔小西◎著

立信会计出版社
LIXIN ACCOUNTING PUBLISHING HOUSE

图书在版编目（CIP）数据

做生意从做朋友开始 / 崔小西著. -- 上海: 立信会计出版社, 2015.1（2021.10重印）

（去梯言）

ISBN 978-7-5429-4391-0

Ⅰ.①做… Ⅱ.①崔… Ⅲ.①人生哲学—通俗读物②商业经营—通俗读物 Ⅳ.①B821-49②F715-49

中国版本图书馆CIP数据核字（2014）第263581号

策划编辑　蔡伟莉
责任编辑　蔡伟莉
封面设计　久品轩

做生意从做朋友开始
ZUOSHENGYI CONGZUOPENGYOU KAISHI

出版发行	立信会计出版社
地　　址	上海市中山西路2230号　邮政编码　200235
电　　话	（021）64411389　传　真　（021）64411325
网　　址	www.lixinaph.com　电子邮箱　lxaph@sh163.net
网上书店	www.shlx.net　电　话　（021）64411071
经　　销	各地新华书店
印　　刷	北京柯蓝博泰印务有限公司
开　　本	720毫米×1000毫米　1/16
印　　张	17.25　插　页　1
字　　数	221千字
版　　次	2015年1月第1版
印　　次	2021年10月第8次
书　　号	ISBN 978-7-5429-4391-0/B
定　　价	36.00元

如有印订差错，请与本社联系调换

前　言

如果说人际关系是成功的普遍法则，那么在中国这一点尤为重要。俗话说："天时不如地利，地利不如人和""一个篱笆三个桩，一个好汉三个帮""在家靠父母，出门靠朋友""小运靠自己，大运靠关系""朝中有人好做官"……中国的历史传统造就了中国人讲人情、重关系的习性，办事要讲关系，成功要靠人脉，没有人脉就会处处碰壁，在社会上站不稳吃不开。有了良好的人际关系，就可以帮助你轻松获得成功。所以，先交朋友、后做生意无疑是一条有效的途径。

在生意场上，会交朋友是做生意的一种大能力，处好朋友是成功的不二法门，能够尽可能把接触过的人变成自己的朋友则会成就事业上的巅峰。综观古今那些商业泰斗，无论是先秦的吕不韦，晚清的胡雪岩，还是华人首富李嘉诚，世界巨富比尔·盖茨，他们事业的成功都曾得益于朋友之助。

人脉就是财脉，没有关系就没有及时有效的信息，没有关系就没有独有的资源。关系是一笔无形的财富，它常常可以帮助你做到一些金钱办不到的事情。朋友是你人生中重要的人脉，朋友关系是你工作和事业中不可或缺的关系，可以说，你朋友的数量多少和层次将决定你的人生走向和事业成败。

"朋友多了路好走"，朋友的力量是无穷的。朋友可以给你介绍重要的关系；朋友可以支持你的生意；朋友可以给你提供情报；朋友可以帮你出谋划策；朋友可以与你一起合作；朋友甚至可以衬托你的形象，提高你的档次。朋友是帮助你生意做大做强的伙伴，是帮助你事业走向成功的推手。

　　会交朋友的人能洞察不同人的心理，对不同的人说不同的话，遇什么人办什么事，只要需要，他能使任何人都成为自己的好朋友。当他做生意的时候，自然也就左右逢源，财源滚滚。

　　本书将告诉你：怎么去结识那些对你事业有帮助的朋友；怎样发挥朋友的力量来帮你做生意；怎样处理与朋友间的各种关系；怎样与朋友维系长久的友谊；怎样做好生意场上的应酬交际；怎样在生意场上进行感情投资；怎样顺利地谈成生意和缔结合约等。

　　如果你的生意正处于萧条阶段，那么本书将成为你事业的转折点；如果你生意兴隆，那么本书将成为你事业更上一层楼的台阶。

目 录

第1章 人脉是财脉，朋友是取之不尽的商务资源

人脉是你的无形资产 2

朋友是你的重要资源 3

朋友可以成为你的参照物 5

朋友可以成为你的中介 6

朋友可以支持和帮助你成功 11

朋友可以为你提供信息 13

朋友可以为你出谋划策 15

朋友可以与你一起合作 17

朋友的档次衬托你的档次 19

第2章 懂心理、会沟通、巧搭讪，一分钟和陌生人交朋友

与陌生人一见如故 24

用微笑拉近彼此的距离 26

学会递名片 28

恰当地称呼对方 31

掌握必要的交际语 33

善于观察，迅速识人 35

出其不意，解除戒备 37

攀亲认友，拉近距离 38

没话找话，吸引对方 41
真诚问候，博取好感 43
善于向别人介绍自己 44
把对方作为交谈的重点 47
投其所好，满足对方 50
巧妙地用幽默增进友谊 52
学会真诚地赞美对方 55
恰当地运用肢体语言 57
把握时机结束交谈 61
道别的话怎么说 62

第3章 先赚人气再赚财气，塑造价值百万的形象

保持良好的个人形象 66
人靠衣服马靠鞍 68
控制好你的眼神 69
握手，将热情传给对方 71
握手礼中的细节讲究 73
在言谈上不露锋芒 76
在举止上要有涵养 77
在礼仪上分清场合 80
在个性上更有魅力 84

第4章 交四方朋友聚八方财源：怎样与周围的人交朋友

怎样与老同学交朋友 90
怎样与同乡交朋友 95

怎样与同事交朋友 97
怎样与邻居交朋友 102
怎样与客户交朋友 104
怎样与老板交朋友 111
怎样与律师交朋友 115
怎样与官员交朋友 116
怎样与学者交朋友 119
怎样与名人交朋友 120
怎样与异性交朋友 124
怎样与老年人交朋友 128
怎样与年轻人交朋友 131

第5章　知己知彼商海难败，生意有风险交友需谨慎

一眼看穿别人的企图 134
通过衣着来看内心 139
握手礼中透露的信息 141
通过举止来辨真伪 143
交朋友一定要慎重选择 144
对不良朋友敬而远之 149
对言外之意要仔细斟酌 152
不要为友情而抵押面子 157
别成朋友"杀熟"的对象 158

第6章　交友之道在于交心，做生意之道在于做人

经商必须先做人 164

做人要厚道 ……………………………………… 166
过河不拆桥 ……………………………………… 167
做人要有"品牌意识" …………………………… 168
人格魅力胜万金 ………………………………… 169
居安思危 ………………………………………… 171
成功者的五种品质 ……………………………… 172

第7章 先做人情后做生意，为你的生意做足人情投资

平时多联系，遇事有人帮 ……………………… 176
友情投资要走长线 ……………………………… 178
让别人欠你的人情 ……………………………… 180
尽量避免欠别人人情 …………………………… 183
做人情就得做足 ………………………………… 185
冷庙烧香佛更灵 ………………………………… 187
给别人想要的东西 ……………………………… 189
感情投资要注意适度 …………………………… 193
交朋友不要太计较 ……………………………… 194
交朋友不要怕吃亏 ……………………………… 196

第8章 "义"与"益"不分家，朋友归朋友生意归生意

朋友间同样有利益之争 ………………………… 202
当你与朋友合作的时候 ………………………… 203
当你与朋友竞争的时候 ………………………… 210
当朋友有求于你的时候 ………………………… 212
当你有求于朋友的时候 ………………………… 214

第9章　"益"与"利"有尺度，有钱大家赚同富贵共患难

好朋友并不意味好伙伴 218
优势互补才能彼此互惠 219
志同道合才有共同目标 222
有的朋友不能与他合作 224
同富贵共患难才是好伙伴 226

第10章　熟谙酒局潜规则，在酒桌上就能搞定生意

如何在酒桌上结交朋友 230
酒桌上要注意的举止 234
喝酒时要注意的规矩 235
酒桌说话不简单 237
拒酒同样有技巧 239
如何做到得体地陪客户吃饭 240
宴席上不能厚此薄彼 246

第11章　做生意是种境界，做永久的朋友做永久的生意

做中国式的"面子"生意 250
时刻顾及别人的面子 251
要勇于承认自己的错误 255
给别人一个回旋的余地 259
赚钱从帮助别人开始 260
赢得客户的心能赚大钱 262
和气生财，财生和气 263

第1章 人脉是财脉，朋友是取之不尽的商务资源

在好莱坞，流行一句话：一个人能否成功，不在于你知道什么，而是在于你认识谁。人脉资源是一种潜在的无形资产，人脉资源越丰富，朋友圈子越广阔，赚钱的门路也就越多。

朋友的力量是无穷的。朋友的成败可以给你做示范；朋友可以给你介绍重要的关系；朋友可以支持你的生意；朋友可以给你提供情报；朋友可以帮你出谋划策；朋友可以与你一起合作；朋友甚至可以衬托你的形象，提高你的档次。朋友是帮助你生意做大做强的伙伴，是帮助你事业走向成功的推手。

人脉是你的无形资产

  人脉资源是一种潜在的无形资产，是一种潜在的财富。虽然，表面上看来，它不是直接的财富，可如果没有它，你就很难拥有财富。

  它山之石，可以攻玉。真正高明的人，一定能够借助别人的力量和智慧走向成功的。一个优秀的元帅，一定是一个能够合理利用资源的人，将军、士兵，包括身边的百姓，他一定会人尽其用，这样的军队才能达到最优化的配置，才能打胜仗。商场如战场，也是同样的道理。

  如果你不能善于利用别人的智力、能力和才干，你没有高超的人际交往的能力，在你开拓事业的道路上，不管你的能力有多强，你的商品有多抢手，一定会遇到力所不及的困难，单凭一个人的力量应对是远远不够的；相反，良好的人脉会帮助你完善自己的不足，拓展事业的方向，清扫发展的障碍。

  先交朋友再做生意无疑是事业成功的十分有效的途径。

  人脉资源越丰富，赚钱的门路也就更多，你的钱来得也越快、越多，这已经是不争的事实！

  仔细分析一下人们做生意所需要的各种因素，不外乎以下三种：

  首先是资金，想要获得资金必须从银行贷款。

  其次是技术，这个不用担心，因为有人以贩卖技术为生，所以你也能够买得到。即使买不到，和其他公司进行技术合作也是可行的。

  再次是人脉。

  人脉、技术、资金这三大条件的核心就是人脉。如果你有足够丰富的人脉资源，那么资金和技术问题就能迎刃而解了。所以人脉才是决定你事业成功的关键。

  "多个朋友多条路""先赚人气，再赚信誉"。这已经是无数成功者的切身体验和宝贵心得。一个善于结交朋友和有口碑的人,不仅会处处受欢迎,而且遇难有人帮、办事处处通,毫无疑问,此人在生意场上一定会多几分必胜的把握。

要知道,你身边的朋友、亲戚、同事、同学、客户有时甚至是陌生人,都应该成为你资源中的一部分,都应该是你人脉链中重要的一部分。只有学会充分利用你的资源,充分挖掘你的人脉,你才能比其他人更强大、更成功。

可见,搭建丰富有效的人脉资源是到达成功彼岸的不二法门,是一笔看不见的无形资产。

所以,在做生意的过程中,你要在乎的不仅仅是赚了多少钱,积累了多少经验,更重要的是你认识了多少人,结识了多少朋友,积累了多少人脉资源。这种人脉资源是你宝贵的无形资产,别小看你平日里积累起来的人脉资源,它将是你终身受用的无形资产和潜在财富!

朋友是你的重要资源

从前,有两个饥饿的人同时得到了上帝的恩赐:一根鱼竿和一篓鲜活硕大的鱼。一个人要了一篓鱼,另一个人则要了一根鱼竿。带着得到的赐品,他们分道扬镳了。

得到鱼的人走了没几步便用干树枝搭起篝火煮起了鱼。他狼吞虎咽,还没有好好体味鲜鱼的肉香,一会儿,连鱼带汤就都被他一扫而光。没过几天,他再也得不到新的食物,终于饿死在空鱼篓的旁边。另一个人则提着鱼竿继续忍饥挨饿,一步一步艰难地向海边走去,准备用鱼竿钓鱼自救。可是,当他已经看见不远处那蔚蓝的海水时,他浑身的最后一点力气也使完了,他也只能眼巴巴地带着无尽的遗憾撒手人寰。

上帝摇了摇头,决心再发一回慈悲。于是,又有两个饥饿的人同样得到了上帝恩赐的一根鱼竿和一篓鲜活硕大的鱼。这次,这两个人并没有各奔东西,而是商定互相协作,一起去寻找大海。一路上,他们饿了,每次只煮一条鱼充饥,以有限的食物维持他们遥远的行军。终于,经过艰苦的跋涉,在吃光了最后一条鱼的时候,他们到达了海边。从此,两人开始了捕鱼为生的日子,每天都能吃饱了。几年之后,他们盖起了房子,有了各自的家庭、子女,有了自己建造的渔船,过上了幸福安康的生活。

几十年后,他们居住的海边发展成了一个村落。村里人都继承了两人留下的传统,互相协作,互相帮助,取长补短,共同发展,渔村呈现出一片欣欣向荣的景象。

上帝看到这一幕,终于欣慰地笑了。

在竞争的社会中,个人的力量毕竟是有限的,只靠自己的积累是不够的。每个人在达到自己希望的成功的路途中始终需要别人帮助。你也许可以忽视旁人,又或许你选择与人对立,但你想在事业上获得伟大的成就,就必须与人和睦相处,互为资源。你个人的目标恰巧与另一个人相同时,共同合作不但会使你减轻负担,而且产生的效果远比你单打独斗所能达到的效果更佳。

今天,人与人之间的互相依赖越来越重要。无论在哪一个专业领域,一个人想独立地完全依靠自己获得成功,都是不可能的事情。足球队员都知道,一个人不可能在每场比赛里都是明星。每一场胜利都需要大家一起努力去争取。不管是带球前进还是封堵对方,只有全体队员竭尽全力,才会有胜利的机会,队里的每一个人才会都是赢家。

许多成功的人都意识到朋友对自己事业成功的重要性。美国钢铁大王和成功学大师卡耐基说:"专业知识在一个人的成功中只占15%,而其余的85%则取决于人际关系。"朋友所具有的资源,对你来说是一种潜在的无形资产。如果你善于整合它,无疑就抓住了事业成功的85%的几率。

当然,使用朋友所拥有的资源并不是无偿的。你要拿你所具有的那一份来交换,让朋友分享你的资源,以从中获益。

朋友可以成为你的参照物

你身边的朋友可以成为你的参照物。他们成功,能够给你成功的经验;他们失败,能够使你借鉴失败的教训。

人生路上,人人都想赢怕输。但商场如战场,没有参照,没有引路人,摸石头过河的结果往往是陷于河中。

张小龙是深圳东宇电子有限公司总经理。提到自己的创业历程,他无不感谢自己的好朋友刘强给自己的帮助。

刘强是深圳粤讯发电子有限公司总经理。张小龙一直称他是"自己的榜样",从刚入行到现在拥有自己的写字间,刘强给了张小龙不少的建议和帮助,也因此两人结下了深厚的友谊,在这个商场如战场的年代,实属不易。

张小龙2000年毕业之后原本可以从事家族事业,享受"少爷"的生活,但是年轻的他觉得自己难以在"家里"施展拳脚,在深知自己在家族的事业上难攀高峰之后,他看准了当时电子行业的机会,毅然选择了"单飞",并说服弟弟一起来深圳做起了电阻、电容的产品代理。

在创业过程中,对于一个仅有满腔热情而毫无"实战"经验的年轻人来说,其中的艰难可想而知。幸运的是他与粤讯发电子的刘强成为朋友。

刚入行的时候,张小龙完全是个门外汉,什么都不懂。元器件知识是需要学习的首要内容,资金上的压力也让他头疼。刘强成为他的参照物,使他慢慢地融入电子这个行业,慢慢地进入自己的角色。

对于张小龙来说,有了这样的朋友,就是人生的一笔难得的财富。

成功的朋友可以使你受益匪浅,失败的朋友同样可以使你免于重蹈覆辙。

张风在太原一家公司里当司机,他一直想自己做点小生意。但他的朋友李国华的经历使得他在经商的路上更加谨慎。

李国华开店不容易，因为是个下岗职工，还拖家带口，所以从资金和心理上，李国华都有很大压力。在权衡许久之后，李国华看上了一个投资相对较小、回报快的项目——风味灌汤包。虽说店面不大，但房租、设备、原料、员工，还有学习技术的费用，林林总总加起来也花去三四万元。为了开店，除了把自己的储蓄拿出来，李国华还向朋友借了一万多的外债。但不管怎么样，李国华总算是把自己的店开起来了。开张的一个多月里，李国华的生意好得不得了，可能是因为有风味小吃的诱惑，李国华的店每天都是顾客盈门，可是就在这一个多月内，风味灌汤包的小吃店如雨后春笋般出现在太原的大街小巷。没过几个月，李国华小店前的顾客数量明显减少，在朋友的建议下，他也开始在小店里卖其他风味小吃，但生意还是没有多大的起色。

张风从李国华的失利中认识到：做技术含量低的小生意，很容易被人模仿。于是他专门拜师学艺，学得一手修理小汽车的好手艺，开了一家修理铺，生意日渐红火。

在你做事业上的重大决定时，不妨先看看身边的朋友是怎样做的。拿他们当参照物，你的风险才能尽量的减小。

朋友可以成为你的中介

每个人都有自己的关系网，也许你的朋友与其他对你来说十分重要的人关系不错，这时，你可以通过朋友的介绍，认识更重要的人，获得最关键的资源。

《红楼梦》中的薛宝钗填过一首《柳絮词》，其中有一句是"好风凭借力，送我上青云"，从中可得到一个启示：一个人在事业上要想获得成功，除了靠自己的努力奋斗之外，有时还需要借助他人的力量，才能平步青云。这里的"力"指的是他人之力，如名人、亲戚、朋友、同学的地位、名望、财富等；而"青云"则是指通过中介所能获得的好处。他人有时是你接近成功或走向成功的桥梁与阶梯，尤其是那些德高望重的名人，他们的力量更能帮你寻到走向成功的捷径。

古往今来，借助于名人之力成功的事例真是数不胜数。汉高祖刘邦立太子的故事就是其中之一。

汉高祖刘邦共有八个皇子，生母不一，为了争夺太子之位，他们展开了子与子、母与母之间的明争暗斗。刘邦有立戚夫人之子为太子之意，可吕后想立自己的儿子刘盈为太子，她找张良帮忙。张良献上一计："皇上一直想招聘四个在野的贤人出山，但他们始终不肯，若将他们迎为宾客，太子常请此四人赴宴，必会被皇上看见而问其原因。"果然不出张良所料，刘邦以为刘盈为人恭敬仁孝，天下名人慕名而来，终于立刘盈为太子。刘盈的成功完全仰仗四大贤人的盛名，借助他们的名望得到了皇帝宝座，当然也包括他母亲吕后和张良的妙计。

利用他人之力去干违法乱纪的事情，当然是要坚决制止的，但如果你想要充分发挥你的才智，有所成就，在某些时候借助"梯子"还是必要的。特别是那些纵横商海的人，要想拓展市场，获得更大的发展机会，有时就需靠熟人或名人的引荐。

一般来说，不管引荐者的名望大小、地位高低，只要对你成功有所帮助，他就是你登上高处的中介，他的威信和影响力都能对你有用处。一般人除对权威和名望有一种崇拜感和信任感之外，对熟识的人同样有一种可靠、信赖的感觉，因而他们常常会从推荐者身上来估量被推荐者的能力和人格。

张利下海经商，把小小的万金油生意做活、做大、做好，就得力于她自己不断地借助朋友的中介实力而打开了东南亚的市场。

1977年，张利以优异成绩考入广州某大学经济系。1986年，又考上了母校经济专业的研究生。毕业时，张利主动放弃去中国社会科学院工业经济研究所工作的机会，来到西南一家大型制药厂。这种选择在当时极具挑战意味。张利的反向流动受到了各方面的关注。上班的第二个月，张利被任命为制药厂企管科副科长。雄心勃勃的张利决定尽快进入角色，干出一番业绩。

张利几乎天天在生产第一线摸底调查，她吃惊地发现，这个西南最大的制药厂，实际经营状况并不像表面上那样繁荣——产品严重积压，经济效益下滑，企业管理部门人浮于事，一线工人没有积极性。制药厂到了必须痛下决心实施有效的改革，才能摆脱困境谋求发展的地步。于是，张利提出了一系列整改方案。

方案递上去后，却如泥牛入海，久久没有回音。张利忍不住了，急切地找到厂长："厂长，我知道让您下'刀子'肯定有难处。可是我们厂真到了非改不可的地步。我想先以企管科做试点，有了经验再全面铺开，您看怎么样？"厂领导们研究后，采纳了张利的意见。性急的张利仅在一次全科人员会议上，就把科室人员从50人精简到了23人。

平平静静几十年的制药厂"炸"开了。1990年1月5日，张利像往常一样早早地来到工厂。张利发现厂门口宣传栏贴了一张"罢免张利同志厂企管科副科长职务"的公告，张利懵了。等张利略微平静以后，就直接冲进厂办，办公室主任告诉张利，张利实施的改革方案，触及了太多人的利益，有人联合向法院起诉张利违反国家劳动法，乱精简人员。迫于上级主管部门的压力，厂里撤销张利的职务。

从此，张利成了科室里的"闲人"，每月只能领40％的工资。接下来，又半年过去了……张利在沉默，在思索，不久，她辞职了。经过半年的准备，她从药厂批发了两箱清凉油，踏上了第一次东南亚征程。新加坡的朋友为张利联系了一家华侨开办的中药商行，对方检验过张利带去的清凉油，当即要了50万盒的货。张利以为自己听错了，一连问了三遍："how many？"在得到肯定答复后，在最艰难的时候都没有流过眼泪的张利激动地哭了。

50万盒清凉油，以每盒0.2美金成交，总金额就是10万美金！张利拿到对方开具的不可撤回的银行信用证，立即回国，赶到制药厂。两个月后，50

第1章　人脉是财脉，朋友是取之不尽的商务资源

万盒清凉油抵达新加坡港口。张利从中得到5 000美金的佣金。而在这笔交易中，获利最大的是制药厂，扣除运费和外贸公司代理费、税收等费用，厂方净赚30万元人民币，该厂停产一年多的清凉油生产线恢复了生产。

张利再次出征东南亚，雅加达一个华人医生朋友给了她结识当地名流的机会。朋友请张利参加自己的生日宴会。宴会上，朋友介绍张利认识了被当地华侨称作"丝绸陈"的陈·约翰，张利就自己的生意虚心向他请教。陈先生听完张利的情况后，说："利润小不应该是主要矛盾，关键看需求量。目前当地人用的大多是台湾、香港地区的清凉油，中国内地的清凉油还没有打进市场。从整体上看，你的产品在价格上占有绝对优势，这就决定了产品可以打入平民阶层，而他们正是消费清凉油最主要的人群。我相信，你应该能创造奇迹——一个把世界上利润最少的产品作出最高效益的奇迹！"

第二天，陈先生专门为张利请来4位当地有名的药商，他们联合起来向张利要了一个货柜的清凉油。这笔生意为张利日后的成功奠定了基础，也让张利更加深切地体会到：任何一种产品要在一个陌生的国度里打开市场，必须借助当地商界名流的"肩膀"。

张利专心做清凉油，生意越做越红火。清凉油是一个有着近百年历史的传统中成药膏，无论在配方还是香型上，都不能适应现代人的消费心理和更高消费要求，急需改造。张利拎着笔记本电脑遍访东南亚知名的中医，请他们为现有的清凉油"会诊"。之后，张利请了两名著名的国际香型配料大师，针对清凉油中天然薄荷香占主要成分的"先天缺陷"，进行多香型品种的改造；同时，向国内制药厂投入大批资金，组织科研人员配制新型清凉油。最后，张利从20多家制药厂配齐了34个品种的清凉油，把几十年来单一的清凉油"玩"出了"花样"。

印度尼西亚是清凉油最大的集散地，特色清凉油能否打开销售市场，就要看它是否能占领印度尼西亚市场。张利带着特色清凉油，奔波于印度尼西亚20多个岛屿之间做推销。不多日，第一张订购新型清凉油的传真传了过来，两

天后又接到一张，一个星期后，传真上的要货总量可以拼成一个货柜了。

张利成功了！1999年，她的公司在东南亚各国首都的黄金商业地段，都设立了自己的清凉油专营销售公司，建立起星罗棋布的销售网络。她依靠朋友的介绍结识东南亚商界名流，以销售小小清凉油，创下商界神话。

在复杂的社会关系之中，在各种社会关系构成的屏障里面，互相利用是人性的弱点，但它也是人类共同需要的心理倾向。俗话说："一个篱笆三个桩，一个好汉三个帮"。不懂得或不善于利用朋友力量，光靠单枪匹马闯天下，在现代社会里是很难大有作为的。

在依靠朋友作为中介时，一般要遵循以下步骤：

一是找"力"，即要与有影响力的人做朋友。在日常交际的过程中，你应该随时留意周围人的品格、能力及其影响力，要用真心去交朋友。为赢得他人的真诚相助，你必须先付出某些东西，如真心或物质，人心都是肉长的，你天长日久的付出总会有所回报。所以平时与人交往时，要看准谁有能力帮助你。当然，与任何人相处都要以友善、真诚为本，《围城》中的方鸿渐就靠这一点获得了他岳父的信任，从而在银行里谋得了一个职位。

二是借"力"，即寻求朋友的帮助。朋友能否帮你的忙，还看你平时为人处世如何。这就要求你与人交往时，目光要放远些，不因小利而不为。如果你与有所帮助的朋友发生了不愉快，你应首先谅解他。平时的基础打好了，量变积累终会成为质变，也就会"得来全不费工夫"了。你待人好，人家对你自然有真心，关键时刻帮助你引见一些对你来说十分重要的人物也就理所当然了。可以说，借"力"的功夫完全包含在平时的为人处世之中。

这里还需要说的是，有很多人并不是不懂得其中的道理，而是难为情而不愿意求人，总觉得这样做有失体面，好像是贬低了自己的能力。其实，这些想法都是不必要的。什么时候也别忘了，即使是拿破仑也需要别人帮他架起成功的桥梁，何况你只是一个平常之人呢。

第1章　人脉是财脉，朋友是取之不尽的商务资源

朋友可以支持和帮助你成功

人们常说："在家靠父母，出门靠朋友"。你可以通过朋友的支持帮你成功，包括逆境时的鼓励，挫折时的扶持等。

东汉末年黄巾乱世，刘关张邂逅相逢，桃园结义，成就了千古美名，也奠定了西蜀王朝的根基。刘备虽是汉室皇亲，却落得流浪街市，贩席为生。张飞只不过是个屠夫，粗人一个。关羽杀人在逃，无处立身。三人结义后，彼此借重，相得益彰，此后三分天下。刘备没有关张两人的支撑是成不了皇帝的。董卓之乱时，吕布何等英雄，刘关张三人也不过与他堪堪打个平手。但他匹夫无助，枉自豪勇，最终却被曹操所杀。

西汉刘邦出身低微，学无所长，文不能著书立说，武不能挥刀舞枪，但他天生豪爽，善于结交朋友，胆识无双。早年穷困时，他身无分文，却敢独座上宾。押送囚徒时，居然敢私违王法，纵囚逃散。斩白蛇起义后，依靠萧何、曹参、张良等朋友的支撑，最终成就了帝王之业。

帝王将相成就霸业需要借助朋友的支持和帮助，一般人要想事业有成又何尝不是如此。

"时装女皇"香奈尔出生在法国西南部的小镇索米尔。1899年春天，她经人介绍来到一家缝纫用品商店当售货员。这期间，她经历了初恋。当地有个名叫艾蒂安·巴尔桑的富家子弟，他与她一见钟情，坠入爱河。他见到她，总爱喊她的小名"可可"。他对她说："'可可'这名字特别适合你，能显示你活泼、随和的性格。""可可·香奈尔"从此叫开了，以致她成名之后，知道她本名的人反而不多。20世纪初，他把乡下孤女的她带到了大都市巴黎。他根本没想到此行的意义是多么的深远，是他把改变世界妇女穿着习惯的"时装女皇"送到了她的"皇宫"里，从而使巴黎变成了世界上最著名的"时装之都"。

他们来到巴黎后,在康蓬大街31号公寓里租了个小房间住下来。可惜,他对香奈尔的雄心壮志不甚理解,两人经常发生口角。巴尔桑的英国朋友亚瑟·卡佩尔从中做了不少调解工作,但最后他们还是分手了。

在举目无亲的巴黎,香奈尔作为一个弱女子,要开拓事业的确不容易。在这窘迫而又关键的时刻,朋友卡佩尔向她伸出了援助之手。这个生性随和、不拘小节、家境富裕的外国人,是香奈尔在巴黎进入服装业的强力支撑。

1912年,卡佩尔出资帮助香奈尔开了一家帽子店。"香奈尔帽子店"开张后,善于经营的香奈尔以低价从豪华的拉菲特商店购买了一批过时、滞销的女帽,她把帽子上俗气的饰物统统拆掉,适当加以点缀,改成线条简洁的新式帽子。这种帽子透着新时代的气息,非常适应大众化的趋势。香奈尔为顾客示范帽子的戴法时,也一反常态,总把帽子前沿低低地压到眼角上,显得很神气。这种新颖别致的帽子,大受巴黎妇女的欢迎,被称为"香奈尔帽"。这种别致的戴法竟在巴黎的大街小巷流行开来,成为时尚。

"香奈尔帽"的流行,使香奈尔很快还清了借款,并积累了相当的资金。小试牛刀即旗开得胜,香奈尔的信心大增,她不再满足于当制帽商,而是大胆地涉足服装业。在卡佩尔的支持下,她把帽子店改为时装店,自行设计,自行缝纫,全力投入到服装改革之中。经过一段时间的潜心观察和研究,她发现巴黎妇女服装的问题是:不仅式样上陈旧,而且在用料上过于保守落后,仅凭高级华丽的料子,很难做出舒适合体的衣服来。于是,她从布厂买来一批纯白针织布料,用这种价格低廉的布料做成最新样式的女式衬衫,是宽松舒适,线条简洁,没有翻上覆下的领饰,没有一道道袖口花边,也没有什么点缀物,领口开得较低,等等。为了便于推销,她还给这种服装起了个挺别致的名字"穷女郎"。这种简洁、宽松的衬衫,如今看来很平常,但相对那时候的巴黎,相对老式服装而言,就给人以耳目一新的感觉。"穷女郎"一露面,立即得到巴黎妇女的认可,并很快争购一空。

一炮打响后,香奈尔又接二连三推出一批与巴黎妇女传统服饰大相径庭

第1章 人脉是财脉，朋友是取之不尽的商务资源

的服装。她将女裙的尺寸尽量缩短，从原先的拖地改成齐膝，从而诞生了有名的"香奈尔露膝裙"。她设计出下摆较大的长裤，即当今的喇叭裤，成了喇叭裤的设计发明者。在款式上，她推出了一些新式服装，有纯海军蓝的套装，线条简洁流畅的紧身连衣裙，宽大的套衫，短款的风衣，阔条法兰绒运动服，漂亮实用的简式礼服，等等。在色彩上，她不用艳丽的大红大绿，而是以黑色和米色为基调。她认为，黑色优雅，米色素雅，用这两种颜色面料加工成服装，最能体现女性美。纯白和纯海军蓝，也是她爱用的色调。

香奈尔发明了女式挎包，而原来的女包是手拿式的。她认为，劳动妇女两手都得干活，不能因拿包而占用一只手。于是，她把手拿式女包稍加改装，安上较长的包带，往肩上一挎就行了。她又制作了仿宝石纽扣，这种纽扣成本低，色彩与光泽都比真宝石纽扣好看。此外，她还别具一格地制作了"大框架太阳镜"。"香奈尔服装"配上这些配件，更是锦上添花，增加了不少魅力。

这些服装和配套物品，今天看来是十分寻常的。但在当时与那些里三层、外三层的繁复的穿戴习惯相比较，无异于一场了不起的革命。香奈尔终于用自己这种脱俗的设计风格，为巴黎时装界开拓出一片明朗的新天地。

香奈尔能够成为"时装女皇"，可以说来源于朋友卡佩尔的最初支持。离开了朋友的支持，很难想象她在巴黎能够成功。

仅凭一己之力，是很难有大的成就的。因为一个人的力量毕竟太有限了，就算你浑身是铁，也打不成几个铁钉。真正的友谊，能使你从朋友那里获得支持，产生巨大而神奇的力量。

朋友可以为你提供信息

在这个信息发达的时代，拥有无限的信息，就拥有无限发展的可能性。

信息来自你的信息站，信息站就是你的朋友网，朋友有多广，信息就有多广，这是你事业无限发展的平台。

你如何获得工作上必需的信息呢？通常所知的最有效的方法是：经常看报；与人建立良好关系；养成读书习惯。

换句话说，你最重要的信息来源是"人"。对他们来说，"人的信息"无疑比"铅字信息"重要得多。越是一流的经营人才，越重视这种"人的信息"，越能为自己的发展带来方便。

日本三洋电机总裁龟山太一郎就是很好的例子。他被同行誉为"信息人"，对于信息的收集别有心得，最有趣的是他自创一格的"信息槽"理论。他说："一般汇集信息，有从人身上、从事物身上获得两个来源。我主张从人身上加以汇集。如此一来，资料建档之后随时可以活用，对方也随时会有反应，就好像把活鱼放回鱼槽中一样。把信息养在信息槽里，它才能随时吸收到足够的营养。"

把人的信息比喻成鱼非常有趣。一位有名的评论家也说："我每一次访问都像烧一条鱼一样，什么样的鱼可以在什么市场买到，应该怎么烹调最好，我得先弄清楚。"如何从人身上得到信息和处理信息？许多记者都知道：在没有新闻时，设法找个话题和人聊聊。也许你没有办法随时外出，那就可以利用电话向朋友们讨教。

日本前外相宫泽喜一有个闻名的"电话智囊团"。宫泽在碰到记者穷追不舍时，往往要求给予一个小时的时间考虑。如果碰巧在夜里，则只要一通电话就可以得到满意的答复，这些答复来自他的10名智囊团成员，这也就是所谓的"人的信息"。

一个人思考的时代已经过去了，建立品质优良的朋友网为你提供信息，成了决定工作成败的关键。

很容易分析得出结交朋友的过程，不外因为某种缘分与别人邂逅，对对方产生好感，然后开始进行交流，于是进入"熟识"阶段。对朋友觉得有趣或愉快，通常都在这个阶段。

熟识之后，开始有一种共患难的意识，彼此间产生友谊。认为朋友会对自己有帮助，通常是在这个阶段。这个阶段的友谊，联系性强，彼此间也容易产生超过利害关系的亲密感。说得更具体一点，交往的本质其实也就是"互相启发和互相学习"。彼此从不断摸索中逐渐改变逐渐成长，建立起稳固而深厚的友情。在工作和生活中，可以作为智囊的朋友，大抵可分为以下三类：

第一类提供有关工作信息和意见的，称为"信息提供者"。这种朋友大都从事记者、杂志和书籍的编辑、广告和公关工作，即使你不频频相扰，对方也会经常提供宝贵的意见，像上述的"电话智囊"就是这一类。

第二类提供有关工作方式和生活态度的意见，称为"顾问"。这种朋友多半是专家，甚至是本行业的第一人，可以把他们视为前辈或师长。

第三类则与工作无直接关系，称为"游伴"。原则上不是同行，通常是在参加研讨会、同乡会和各种社团认识的，有些也是"酒友"。这种朋友不但可以是"后援者"，有时甚至是"监护人"。

要记住：从朋友处得到信息比其他途径要重要得多。充分发挥朋友的信息能力，你在商场上将更加如鱼得水。

朋友可以为你出谋划策

俗话说："当局者迷，旁观者清。"整天忙碌于自己的事业中，你眼光可能受到一定的局限。而朋友可以从旁观的角度看到你所忽视或无法看到的问题。所以，你身边如果有一个帮自己出谋划策的朋友，对自己的事业将有很大的帮助。

朋友一个小小的出谋划策有时看起来并不起眼，甚至你会质疑其可行性。但真正执行后,却带来让人惊讶的效益。

石油巨头约翰·洛克菲勒在自己石油事业的发展过程中,清醒地意识到其中的弊病,潜意识要寻找一个方法对症下药。他由一个偶然的机遇,与年轻的律师多德成为好朋友,并在对方的出谋划策下,有效地克服了石油事业发展中的弊病。

洛克菲勒1855年中学毕业后,便决定放弃升大学,到商界谋生。闯荡了一些年,他在事业上有些成就,26岁时,他迅速扩充了他的炼油设备,日产油量增至500桶,年销售额也超出了百万美元。他的公司成了克利夫兰最大的一家炼油公司。

当时的石油业,生产过剩,质量较差,价格混乱,激烈的角逐已现端倪,洛克菲勒的公司像汪洋大海中的一叶小舟,随时都有沉没的危险。高瞻远瞩的洛克菲勒意识到,必须把自己的公司扩大,船大才能抵御惊涛骇浪的冲击。他果断地说服自己的弟弟威廉参加进来,建立了第二家炼油公司,并派他去纽约经营石油进出口贸易,尽快打开欧洲市场。威廉临去纽约前,兄弟俩促膝谈心,踌躇满志地立下了誓言:"我们要扩张、再扩张,资金越多,我们发展的本钱也越丰厚,我们要独霸世界石油业!"

随着洛克菲勒的石油帝国的发展,因本身庞大而导致的难以控制的危险性也越来越大。洛克菲勒清醒地看到这一弊病并引起重视。正在这时,洛克菲勒在一本公开发行的刊物上发现一篇文章,里面写道:"小生意人时代结束,大企业时代来临。"他感到这与自己的垄断思想不谋而合,便主动结交文章的作者多德,彼此共同的看法使双方成为好朋友。

多德是个年轻的律师,他与洛克菲勒成为朋友后,积极为洛克菲勒的公司寻找法律上的漏洞。一天,他在仔细研读《英国法》中的信托制度时,突然产生出灵感,提出了托拉斯这个垄断组织的概念。所谓托拉斯,是生产同类产品的多家企业,不再各自为政,而以高度联合的形式组成一个综合性企业集团。这种形式比起最初的卡特尔,即那种各自独立的企业为了掌握市场而在生产和销售方面结成联合战线的方式,其垄断性要强得多。

在多德的托拉斯理论的指导下,洛克菲勒召开标准石油公司的股东大会,组成9人的受托委员会,掌管所有标准石油公司的股票和附属公司的股票。受托委员会发行了70万张信托书,仅洛克菲勒等4人就拥有46万多张,占总数的66%。如此,洛克菲勒如愿以偿地创建了一个史无前例的联合事业——托拉斯。在这个托拉斯结构下,洛克菲勒合并了40多家厂商,垄断了全国80%的炼油工业和90%的油管生意。

托拉斯迅速在全美各地、各行业蔓延开来,在很短时间内,这种垄断组织形式就占了美国经济的90%。很显然,洛克菲勒成功地造就了美国历史上一个独特的时代——垄断时代。

多德的"一个理论"导致了这么一个"大结果",由此可见,拥有一个给自己提宝贵建议的朋友,是何等的可贵。如果你身边有对你所从事的行业感兴趣并头脑灵活的朋友,不妨抽出一点时间与对方聊聊。也许,一个改变你命运的出谋划策就由此而生。

朋友可以与你一起合作

商海中,独自一人拼搏是辛苦的。那意味着你要自己扛下一切风险,要自己面对一切难关。即便成功后,也缺乏分享的人,只有留下"寂寞英雄"的苦叹。

如果你能和志同道合的朋友一起来成就大事,那前进的阻力无疑会小得多。

美国安利公司创始人之一——迪威尔克向世人提出自己的忠告:"在你向成功顶峰攀登的过程中,其中一个最重要的因素就是和肯与你一起去做的朋友为伍。"

安利是一家知名的消费品制造、销售商，拥有一个超过360万名独立分销商的全球直销网络。它所销售的产品超过4 300种，其中包括安利自己以及其他品牌的商品，完全通过上门推销和邮购的方式销售，年营业额达数十亿美元。安利的标语就是"我们送出的商品是最好的！"

这个由迪威尔克和他从小结识并成为终身事业伙伴的安洛共同开创的事业王国行销网遍布北美、亚洲和欧洲，全球的员工人数超过万人。这么一个庞大的跨国公司的成功可不是偶然的，安利的成功，很大程度上依赖于他的创始人迪威尔克与安洛共同的努力。

迪威尔克很小的时候就知道结交朋友的重要性。迪威尔克的父母是非常虔诚的教徒，因此他进入一所教会学校就读，在那里也感受到一种"上帝爱我，而我是一个有用之人"的氛围，学校里充满了信心和努力学习的气氛。迪威尔克回忆当年时说道："我的同学都有相同的学习态度，同时奉行相同的行为准则。不幸的是，由于我的成绩并不突出，因此我的父母便对是否还要继续支付如此高昂的学费产生怀疑。"所以，第二年他就转学到一所公立学校去，而那里的学习环境截然不同。因此过了一年，迪威尔克又转回到了教会学校。那是他有生以来，自己做下的第一个清楚自觉的决定，同时这对他的一生有着极大的影响。

但迪威尔克的父母提出了问题："学费由谁来支付？"迪威尔克表示他会负责自己的学费，但他的父母还是代他付了。尽管如此，迪威尔克还是出去打工，他在加油站为人加油，也卖报纸，每天下课后都要工作好几个钟头。

迪威尔克说道："重要的是，回到教会学校是我对我人生方向所做的第一个承诺，而我愿意为它付出代价。我使得自己再度回到充满积极思想、相信自己同伴的环境中，这对我未来的人生有很大的影响。"

高中时，在教会学校里迪威尔克遇到了他后来的搭档安洛，他是一个与迪威尔克有着相同梦想、希望和目标的青年。他们一起计划开创自己的事业。

第1章 人脉是财脉，朋友是取之不尽的商务资源

最初迪威尔克和安洛开设了一间小型的飞行学校，同时提供一些飞行服务。但他们两个没有一个懂得飞行，而他们的竞争对手却都是领有执照的飞行员，他们很聪明地将飞行业务交由他人去做。

迪威尔克和安洛后来退出了飞行学校的经营，开始另一项新挑战。20世纪50年代末期，他们在车库里开始了一项新事业，它后来即演变成现在的安利。这项事业是倒卖清洁液，而它也就是后来千百种家庭和个人产品的先驱。他们为安利所设计的行销策略，是建立一个复式的经销网，在这个网络下经销商会发现，他们无论是将商品卖给其他经销商，还是直接推销给安利的客户，都可以有相当丰厚的利润。而今天，迪威尔克已经是亿万富翁了。

迪威尔克相信，和朋友的共同努力能够造就事业上的奇迹。太多的人一生中都与输为伍，他们缺乏一起共事的朋友给自己的鼓励和帮助，以至于他们也认为自己是个输家。

迪威尔克用安利的成功证明：想要达到你所选择领域的高峰，就要跟喜欢挑战、思想积极、自动自发以及努力工作的朋友一起奋斗。

朋友的档次衬托你的档次

在美国好莱坞，流行一句话：一个人能否成功，不在于你知道什么，而在于你认识谁。"你认识谁决定了你是谁"，别人往往会从你朋友的档次来看待你的档次，来决定是否与你做生意。

1970年，25岁的美国小伙子迪尔来到丹佛市，在第二大道的一套小公寓里，开始了他的创业生涯。

刚到丹佛，迪尔就徒步走遍了这个城市的每一个角落，了解、评估每一块地产的价值，计划在这个城市发展他的房地产事业。为此，他常常去看一些土地和楼盘，就像是这些土地的主人。

初来乍到时，人们不认识迪尔。因此他必须计划好为自己的房地产事业铺平道路的每一个步骤。他要做的第一件事就是尽快加入该市的"快乐俱乐部"，去结识那些出入该俱乐部的社会名流和百万富翁。对迪尔这样一个无名小辈来说，要想进这样高档的俱乐部，实在不容易，但迪尔还是决心去大胆尝试一番。

迪尔第一次打电话给"快乐俱乐部"，刚说完自己的姓名，电话随着一声斥责就被对方挂了。迪尔仍不死心，又打了两次，结果仍遭到对方的嘲弄和拒绝。

"这样坚持下去，将会毫无结果。"迪尔望着电话机喃喃自语，突然，他心生一计，又拿起了电话。这次他声称有东西给俱乐部董事长。对方以为他来头不小，连忙将董事长的电话号码和姓名告诉了他。

迪尔得意地笑了，他立即打电话给"快乐俱乐部"董事长，告诉他想加入俱乐部的要求。董事长没说同意也没说不同意，却让迪尔来陪他喝酒聊天。迪尔自然满口答应了。

通过喝酒聊天，迪尔逐渐与这位董事长成了朋友。几个月后，在董事长的特殊关照下，他如愿以偿，成为了"快乐俱乐部"中的一员。

在俱乐部中迪尔以董事长朋友的身份结识了许多富商巨贾，建立了良好的关系网。

1972年，丹佛市的房地产产业陷入萧条，大量的坏消息使这座城市的房地产开发商们严重受挫，丹佛人都在为这个城市的命运担心。然而在迪尔看来，丹佛城的困境对他来说无疑是天赐良机，从前那些对他来说是可望而不可即的好地皮，现在可以以较低的价格任意挑选收购了。

就在这时，迪尔从朋友处得到一个消息：丹佛市中央铁路公司委托维克多·米尔莉出售西岸河滨50号、40号废弃的铁路站场。

迪尔凭着自己敏锐的眼光和经验判断出：房地产萧条是暂时性的，赚大钱的好机会终于降临了。为此，他把自己所拥有的几个小公司合并起来，改称为迪尔集团，使他更具实力。

第二天一早，迪尔便打电话给米尔莉，表示愿意买下这些铁路站场，并约定了在米尔莉的办公室商谈这笔买卖。

风度翩翩、年轻精干，再加上是"快乐俱乐部董事长的朋友"，迪尔给米尔莉留下极好的印象。他们很快便达成协议：迪尔集团以200万美元的价格购买了西岸河滨的那两块地皮。不久，房地产升温，迪尔手中的两块地皮涨到了700万美元。他见价格可观，便将地皮脱手了。

经过许多人的帮助和自己的努力，迪尔终于挖到了来到丹佛市的第一桶金——500万美元。这是他闯荡丹佛的第一笔大买卖，也是他第一次独立做成的房地产生意。此后，他开始了在美国辉煌的经商生涯。

看一个人的底牌，要看他周围有什么样的朋友，朋友对你的衬托作用相当明显。从现在开始，在你的朋友当中多增加一些"有分量"的人物。这样，你事业的发展将更加顺畅。

第2章 懂心理、会沟通、巧搭讪，一分钟和陌生人交朋友

中国有句俗话："好马长在腿上，好人长在嘴上。"说的是能跑的马主要表现在腿上，能力强的人主要表现在嘴上，即能说会道。一个人的能力不仅体现在他的学识、修养方面，也体现在他有没有一副好口才。能不能通过语言把自己的思想准确地表达出来，让对方欣然接受，这是与陌生人沟通必须具备的素质。

与陌生人见面，一句真诚的问候语，一句恰当的交谈话，是打开友谊之门的钥匙，正确恰当地运用它们，你就会受到对方的欢迎，与陌生人成为朋友。

与陌生人一见如故

与陌生人一见如故，是成功交友的理想境界。如果你具有跟大多数初见者一见如故的能耐，你就会朋友遍天下，生意遍天下。

张军是一家贸易公司的老总，因为要与另一家公司开展合作，所以他就驾车带着助手小王去商谈合作的事宜。

此时正是上班高峰，路上的车特别多，不可避免地遭遇了堵车，眼看着离会面的时间越来越近，两人急得像热锅上的蚂蚁。

真应了那句话：忙中出错。张军在急于抢时间的时候，车启动得稍快了一些，碰到了前面的黑色奥迪。不过，奥迪车主好像还不知道情况，并没有从车上下来。张军赶紧熄了火，打算下去跟对方说一下。这时，小王一把拉住了他："张总，我们还是不要多事了，您没看见吗，那个人还不知道我们碰到了他的车，干脆我们也装作不知道就行了。万一他是个难缠的主拽住我们不让走，不光耽误时间，还会给自己找麻烦的。"

张军笑了一下："小王，不能装作不知道，有了过错就得承担后果。反正现在正堵车，我下去跟他解释一下。"

"张总，真是拿您没办法。要下去就一块下去，我给您助威，让他不敢造次。"

张军下车来到奥迪前，敲了敲玻璃窗。玻璃窗摇下后，露出了一张年轻的脸。"这位朋友，不好意思，刚才我启动车的时候可能碰到了您的车，您要不要下来看一下。"

年轻人打量了张军几眼，确定张军不像在说谎，就打开车门下来了。两个人来到奥迪车后仔细地查看了一番，还好，没什么大问题，奥迪车的保险杠擦出了几道印子。年轻人没说什么，张军掏出了名片递上去说：

"因为时间紧迫,来不及商量赔偿的事,这是我的名片,咱们可不可以另外找时间商谈?"

年轻人看了下名片说:"没关系,这点小问题不用赔偿,都是堵车惹的祸。"

张军说:"可不是吗,如果不是堵车,我也就不这么急着赶路了。"就这样两个人你一句我一句聊上了堵车的话题,而且越聊越起劲。

最后,张军说:"看您这么豁达,这样吧,改天我请您喝茶吧,能不能告诉我您的联系方式?"年轻人也给了张军一张名片。

回到了车上后,小王见张军不仅没有刚才焦虑的神情,反而还笑眯眯的。"张总,您没事吧?这都快到会谈的时间了您还笑?"

"小王,不用怕。你知道那个年轻人是谁?他就是要跟我们会谈的人!"

是不是有些吃惊,世界怎么这么小?事情怎么这么巧?没错,世界就是这么小,而事情就不是这么巧了,因为,这个世界上根本没有陌生人,说陌生是因为你还没有认识他,也就是说,陌生人只不过是你一个潜在的朋友。

今天,人们的生活、工作、娱乐乃至所有的一切,都受到从未谋面的陌生人的影响甚至支配:吃下陌生人加工的食品,为身体提供能量;在互联网上冲浪,搜索着陌生人传播的信息。每个人身处的世界,正越来越从"传统熟人社会"走向"陌生人社会",家庭的小型化,信息时代的到来,使得社会交往日渐扩大,让自己的生活和陌生人产生着千丝万缕的联系。

一个人要想成功,就要拓展自己人际交往的宽度,扩大自己的视野和圈子,即拓展自己的人脉。一些成功人士说,在一些人生转折点上,给你带来机缘和帮助的常常并不是你的老熟人,而是结识不久的新朋友。这并不奇怪,你与熟人的交集早已确定,很难超越固有的生活轨道。而你与陌生人来自两个不同的空间,交集越少,差别越大,这样就更容易碰撞出火花。

与陌生人交往,不光能使你认识新朋友,更重要的是能提高自己的能力和增强自信心。

面对陌生人，一般人的反应都是好奇和提防。但是，最近国外心理学家指出，和陌生人说话有三大好处：能体现和加强一个人的自信；能体现个性，有助于人格的发展；能锻炼口才和人际沟通艺术。所以，不要犹豫了，赶快把陌生人变成你的朋友吧！

用微笑拉近彼此的距离

中央电视台曾经做了一期关于面对陌生人微笑的节目，主持人始终是面带微笑地面对每一个来来往往的过路人，看陌生人对她面带微笑的不同反应。过路人能感受到了她那发自内心的微笑，是这般迷人、甜美和让人心动，没什么理由不向她微笑。向陌生人投去会心的一笑，陌生人一开始没什么反应，当她向第五位大妈微笑时，大妈向她回了一个微笑，大妈的微笑也是发自内心的，是真诚的微笑。又走过来一位优雅的女士，看到主持人真心的微笑时愉快地回应着甜美的微笑。当主持人面对农民朋友微笑时立刻也得到了微笑。

大家的微笑都是发自内心的，是一种无声交流的。微笑连接起了陌生人心与心的交流，因此，微笑是最能打动人的。

卡耐基说："笑容能照亮所有看到它的人，像穿过乌云的太阳，带给人们温暖。"

一个刚刚学会保持微笑的年轻人说："当我开始坚持对同事微笑时，起初大家非常迷惑、惊异，后来就是欣喜、赞许，两个月来，我得到的快乐比过去一年中得到的满足感与成就感还要多。现在，我已养成了微笑的习惯，而且我发现人人都对我微笑，过去冷若冰霜的人，现在也热情友好起来。"

面对陌生人时，有时你甚至什么都不用做，只是对着他微笑，就能在瞬间缩短你和他之间的距离。微笑是有自信心的表现，是对自己的魅力和能力

第2章 懂心理、会沟通、巧搭讪，一分钟和陌生人交朋友

抱有积极态度的表现。微笑可以表现出亲切的性格，能给对方留下美好的心理感受，从而形成融洽的交往氛围。面对不同的场合、不同的情况，如果能用微笑来接纳对方，可以反映出你良好的修养和挚诚的胸怀。

发自内心的微笑，会自然调动人的五官：眼睛略眯起、有神，眉毛上扬并稍弯，鼻翼张开，脸部肌肉收拢，嘴角上翘，笑不露齿，这样就会使人感到亲切，打动人心。微笑在于它是含笑于面部，"含"给人以回味、深刻、包容感。

在经济学家眼里，微笑是一笔巨大的财富；在心理学家眼里，微笑是最能说服人的心理武器……

原一平25岁当实习推销员时，身高1.45米，又矮又瘦，横看竖看，实在缺乏吸引力，可以说是先天不足。然而，就是这样一个人却成为日本保险业连续15年全国业绩第一的"推销之神"。原一平成功的秘诀在哪里呢？就是他那"值百万美金的微笑"。

用微笑来打通陌生人之间的隔阂是原一平用自己的亲身体会总结出来的制胜法宝。他在推销的过程中发现，笑容是传达诚意给对方的捷径；笑具有传染性，笑容可以引起对方笑并使对方愉快；可以轻易地消除两人之间的陌生感甚至隔阂，使对方门扉大开；笑容是建立信赖关系的第一步，它会使彼此成为心灵之友；笑容可以激发工作热情，创造工作成绩；笑容可以消除自己的自卑感，弥补自己的不足；如能将各种笑容拥为己有，了如指掌，就能洞察对方的心灵；笑容能增进健康，增强活动能力。

原一平认为，婴儿般天真无邪的笑容最具魅力。于是，他就花费了很长时间练习笑，直到他在镜中看到自己的笑容与婴儿的差不多时才罢休。当他带着这样的微笑再去推销保险时，没有一个人拒绝他。

保持一个微笑的表情、谦和的面孔，是表示自己真诚、守礼的重要途径，更是有效沟通的桥梁，是人际关系的磁石。

你也可以像原一平一样，通过训练有意识地改变自己：

首先，放松面部肌肉，然后使嘴角微微向上翘起，让嘴唇略呈弧形。然后，在不牵动鼻子、不发出笑声、不露出牙齿，尤其是不露出牙龈的前提下，轻轻一笑。

其次，对着镜子练习。使眉、眼、面部肌肉、口形在笑时和谐统一。

再次，闭上眼睛，调动感情，并发挥想象力，回忆美好的过去或展望美好的未来，使微笑源自内心，有感而发。

最后，按照要求，当众练习，使微笑规范、自然、大方，克服羞涩和胆怯的心理。也可以请观众评议后再对不足进行纠正。

微笑不花费什么，却可以赢得一切。让你用这世界上最简单、最美丽的语言赢得客人的信任，给工作注入活力，给同伴带来欢乐。

学会递名片

在今天这个规模社交的社会中，名片是跟陌生人结交并保持联系的重要途径。当你已经跟一个陌生人微笑、点头致意、热情地握手后，递上自己的精美名片就是水到渠成的事了。名片像一个人的履历表，递送名片的同时，也是在告诉对方自己是谁、在何处工作及如何联络。由此可知，名片是每个人最重要的书面介绍材料。

王志刚刚大学毕业，在一个小贸易公司做市场推广。有一次，他去参加一个宣传会，那个宣传会场面很大，有很多人，但是多数人彼此不认识。

在王志刚刚坐下的时候，一个人走了过来。微笑着点了一下头，然而掏出了自己的名片递给了王志，说是想认识一下他并交换名片。

王志并不认识他，自然谈不上和他打招呼了，只是礼节性地把自己的名片跟他作了交换。之后，王志发现，那个人几乎和每个人都交换了名片，而且很礼貌地表示："请多联系。"

第2章 懂心理、会沟通、巧搭讪，一分钟和陌生人交朋友

转了一圈之后，那个人又来到了王志面前，笑了笑说："您是不是觉得我的做法有点唐突？其实我是个新加坡人，来中国时间不长，需要了解更多的人，也需要更多的人了解我。作为一个商务人士，我必须适时地推销自己，而这样的场合，恰恰是最好的机会，因为这里的商务人士比较多，我想我这么做，肯定能让大家记得我。"

宣传会结束后，王志刚也认识了几个人，说起那个新加坡人的时候，大家都表示能记住这个人，而且印象特别好。这时另一个人说了一句话："他的名片在适合的地方、适合的时间发挥了最好的作用，因此大家没有反感反而记住了他，其实他已经在悄然中把自己推销了出去。"

使用名片介绍自己的时候比较方便，尤其是职务；使用名片使人印象深刻，不怕因工作忙、事务多而忘了对方，随时可以进行联系，还能起到不断介绍、推销自己的作用。

从这件事上，你可以学到很多东西，名片在与陌生人的沟通中起着很大的作用，掌握交换名片的礼仪很重要。精美的名片使人印象深刻，但递名片的时机与场合可是一门学问。

若想适时地递名片，使对方接受并收到最好的效果，必须注意下列事项。

1. 名片的印制

为社交需要印制的名片，自己的职务不应自吹夸大，乱挂不实的头衔。名片的底色最好是白色，或者素雅一点的颜色为主，对于鲜艳的颜色，如红色、黑色或者彩色等深颜色会给人视觉疲劳的效果；最好是在自己的名片上印个图标来装饰名片，否则就过于简单了；为了突出名片上的某些内容，可以适当的予以配色，起到画龙点睛的作用；名片上最好不要印产品的图片，这样做给人的感觉是强调推销，像街头散发的小广告；对于经常与外国人交往的名片最好印一个中文名片供国内客户交换使用，然后再印一个英文名片，供与外国人交换使用，一面英文，一面中文并不是很理想。

2. 名片的放置

名片应统一置于名片夹、公文包或上衣口袋内，在办公室时还可放于名片架或办公桌上，切不可随便放在钱包、裤袋内。放置名片的位置要固定。名片夹由于要长久使用，所以尽可能买个质地好的。

3. 名片的交换

递名片一般应选择初识之际或分别之时。不要在用餐、跳舞之时递名片。奉上名片时态度要谦恭，要起身站立主动走向对方，面含微笑，上体前倾15度左右，双手持握名片，举至胸前，并将名片正面面向对方，同时说声"这是我的名片，以后多联系（或请多关照）"等礼节性用语。千万不要用左手持握名片。

接受他人名片时，不论有多忙，包括端茶倒水都要暂时放下手中的事情，并起身站立相迎，面含微笑，双手接过名片。如果无法双手接过时，至少也要用右手，而不能使用左手接名片。接过名片后，先向对方致谢，然后至少要用半分钟的时间将其从头至尾默读一遍，遇有显示对方荣耀的职务、头衔时，不妨轻读出声，以示尊重和敬佩。如果对方的职务比较低微，则不要大声念出来。

接过别人的名片后切不可随意摆弄或扔在桌子上，也不要随便地塞在口袋里或丢在包里，而应将其谨慎地置于名片夹、公文包、办公桌或上衣口袋内，还要与本人名片分开放置。

4. 名片的索要

对于陌生人，想主动结识对方时，可以向对方索取名片。第一是互换法。可在递上名片时表明此意："可不可以与您交换一下名片？"第二是暗示法。例如，向长辈索要名片时可说："请问今后如何向您请教？"向平辈或晚辈表达此意时可说："请问今后怎样与您联系？"

此外，要养成经常翻看名片的习惯，工作的间隙，翻一下你保存的名片，给对方打一个问候的电话，发一个祝福的短信等，让对方感觉到你的存在和对他的关心与尊重。

恰当地称呼对方

称呼他人是一件极为重要的事情，若称呼不妥当则很容易让他人产生反感，甚至嫉恨在心、久久无法释怀。

面对陌生人，出于礼貌，你总要以一定的称呼来跟对方交谈。正确、适当的称呼，它不仅反映着自身的教养、对对方尊重的程度，甚至还体现着双方关系达到的程度和社会风尚。不过要注意合乎常规、入乡随俗这两个特点。

另外，还应对生活中的称呼、工作中的称呼、外交中的称呼、称呼的禁忌细心掌握，认真区别。

（1）行政职务。它是在较为正式的官方活动，如政府活动、公司活动、学术活动等活动中使用的。比如，"李局长""王总经理""刘董事长"等。

（2）技术职称。比如，"李总工程师""王会计师"等。称呼技术职称，说明被称呼者是该领域内的权威人士或专家，暗示他在这方面是说话算数的。

（3）学术头衔。这跟技术职称不完全一样，这类称呼实际上是表示他们在专业技术方面的造诣如何。比如，"教授""法官""律师""医生""博士"等。

（4）行业称呼。比如，"解放军同志""警察先生""护士小姐"等。在不知道人家职务、职称等具体情况时可采用行业称呼。

（5）泛尊称。它是指对社会各界人士在较为广泛的社交面中都可以使用的表示尊重的称呼。比如，"小姐""夫人""先生""同志"等。在不知道对方姓名和其他情况（如职务、职称、行业）时可采用泛尊称。

此外，有的时候还有一些称呼在人际交往中可以采用，比如，可以使用表示亲属关系的称呼，"叔叔""阿姨"等。你这样称呼人家，并不意味着他（她）就一定是你的亲叔叔、亲阿姨。

国际交往中，因为国情、民族、宗教、文化背景的不同，称呼就显得千差万别。一是要掌握一般性规律，二是要注意国别差异。

在英国、美国、加拿大、澳大利亚、新西兰等讲英语的国家里，姓名一般有两个部分构成，通常名字在前，姓氏在后。对于关系密切的，不论辈分可以直呼其名而不称姓。比如，俄罗斯人的姓名有本名、父名和姓氏三个部分。妇女的姓名婚前使用父姓，婚后用夫姓，本名和父名通常不变。

日本人的姓名排列和中国一样，不同的是姓名字数较多。日本妇女婚前使用父姓，婚后使用夫姓，本名不变。

在与陌生人交谈时要特别注意，称呼应当亲切、自然、准确、合理，不可肆意为之，大而化之。在使用称呼时，一定要回避以下几种错误的做法，其共同的特征，是失敬于人。

（1）无称呼。就是不称呼别人就没头没脑地跟人家搭讪、谈话。这种做法要么令人不满，要么会引起误会，所以要力戒。

（2）替代性称呼。就是非常规的代替正规性称呼的称呼。比如，医院里的护士喊床号"十一床"、服务行业称呼顾客几号、"下一个"等，这是很不礼貌的行为。

（3）易于引起误会的称呼。因为习俗、关系、文化背景等的不同，有些容易引起误会的称呼切勿使用。比如，中国大陆的人，很传统的一个称呼就是同志，但在海外一些地方，甚至包括港澳地区，就不适用了。"同志"在那里有一种特殊的含义——同性恋。所以当你到香港去玩时，千万不要到"同志电影院""同志酒吧"里去。

（4）不适当的简称。比如，叫"王局（长）""李处（长）"一般不易引起误会，但如果叫"王校（长）""李排（长）"就易产生误会。

（5）错误的称呼。常见的错误称呼无非就是误读或是误会。误读也就是念错姓名。为了避免这种情况的发生，对于不认识的字，事先要有所准备；如果是临时遇到，就要谦虚请教。误会主要是对被称呼的年纪、辈分、婚否以及与其他人的关系作出了错误判断。比如，将未婚妇女称为"夫人"，就属于误会。相对年轻的女性，都可以称为"小姐"，这样对方也乐意听。

（6）使用不通行的称呼。有些称呼，具有一定的地域性，比如，山东人喜欢称呼"伙计"，但南方人听来"伙计"肯定是"打工仔"。

（7）使用不当的称呼。工人可以称呼为"师傅"，道士、和尚、尼姑可以称为"出家人"。但如果用这些来称呼其他人，没准还会让对方产生自己被贬低的感觉。

（8）使用庸俗的称呼。有些称呼在正式场合不适合使用。比如，"兄弟""哥们儿"等一类的称呼，虽然听起来亲切，但显得档次不高。

总之，称呼是交际之始，交际之先。慎用称呼、巧用称呼、善用称呼，将使你赢得别人的好感，有助于你的人际沟通自此开始顺畅地进行。

掌握必要的交际语

在大街上，有时候会遇到这样的事，一个陌生人向你走来，说："对不起，打扰一下。"这时候，你可能会说："哦，没关系。您有什么事？""请问您一下，到广安大街怎么走？"通常的做法是热情地给对方解答，最后那个人连连道谢。

但是，有时也会遇到这样的事，一个陌生人向你走来，说："喂，喂，喊你呢！"你疑惑地看看他，心里很不痛快："我哪知道你喊我，什么事？""知道不知道广安大街在哪？""不知道！"

为什么你会热心地给第一个陌生人作解答呢？因为他有礼貌，使用了"对不起""打扰""请问""您"四个礼貌用语，充分看出对方的诚意，你心中高兴，也乐意为他解决难题。第二个人没礼貌，你当然不愿意答理他。

礼貌和教养对于社交中的人来说是必不可少的，它是装饰人或体现人的其他一切优良品质和天资的表现。礼貌不用花钱，却能赢得一切。礼貌使有礼貌的人喜悦，也使那些受人以礼貌相待的人们喜悦。

人的潜意识里可能都渴望别人的尊重和赞赏，于是产生了礼貌。礼貌可能是人类文明史上最伟大的发明，它可以帮人解决很多人的问题。

在与陌生人的对话中，你要使用很多的交际语，这样才能让对方对你产生好感，乐于跟你交朋友。

平时，用到最多的交际语是"请""谢谢你""对不起"。

（1）请。文明社会里，几乎在任何需要麻烦他人的时候，"请"都是必须挂在嘴边的礼貌语。比如，"请问""请原谅""请留步""请用餐""请指教""请稍候""请关照"等。频繁使用"请"字，会使话语变得委婉而有礼貌，是比较自然地把自己的位置降低，将对方的位置抬高的最好办法。

（2）谢谢。正确地运用"谢谢"一词，会使你的语言充满魅力，使对方倍感温暖。道谢时要及时注意对方的反应。对方对你的感谢感到茫然时，你要用简洁的语言向他说明致谢的原因。对他人的道谢要答谢，答谢可以用"没什么，别客气""我很乐意帮忙""应该的"来回答。

（3）对不起。社交场合学会向人道歉，是缓和双方可能产生的紧张关系的一帖灵药。如你在公共汽车上踩了别人的脚，一声"对不起"即可化解对方的不快。道歉时最重要的是要有诚意，切忌道歉时先辩解，好似推脱责任。在需要别人帮忙时，说句"对不起，你能替我把茶水递过来吗"，则能体现一个人的谦和和修养。

交际中的礼貌用语除上述以外，还有很多，如下所示：

问候的用语：早晨好、您早、晚上好、晚安。

挂念的用语：身体好吗、怎么样、还好吧。

征询的用语：您有什么事情；需要我帮您做什么；如果您不介意的话，我可以做……吗？

答谢的用语：请多关照、承蒙关照、拜托。

赞赏的用语：太好了、真棒、美极了。

谦让的用语：愚、愚见、寒舍、太客气了、过奖了、为您效劳、多指教、没关系、不必、请原谅、惭愧、不好意思，等等。

理解的用语：太忙了只能如此；深有同感；所见略同。

道歉的用语：对不起、请原谅、实在抱歉、真过意不去、完全是我们的错。

常用的客套话：慢走、留步、劳驾、少陪、失敬、久违、久仰、恭喜、包涵、打扰、借光、拜托、高见等。

中国传统中约定俗成的礼貌谦辞如下：初次见面说久仰，看望别人说拜访；等候客人用恭候，请人勿送用留步；请人帮忙说劳驾，求给方便说拜托；请人指导说请教，请人指点说赐教；客人来到说光临，中途要走说失陪；送客出门说慢走，与客道别说再来；麻烦别人说打扰，托人办事说拜托等。

善于观察，迅速识人

汉武帝刘彻（前156年—前87年）是汉朝的第七位皇帝。七岁时被册立为太子，十六岁登基，在位五十四年，建立了汉朝最辉煌的功业之一。他的雄才大略、文韬武略，使汉朝成为当时世界上最强大的国家，是中国历史上一个伟大的皇帝。这样一位出色的皇帝也必然有着不同于一般人的品貌。

且说在长安城外有一个小村庄，村庄里有一户人家，住着老两口，他们膝下无儿无女，靠几亩山地过着艰苦的日子。

有一天，太阳已经下山了，老两口吃完了饭准备熄灯休息，这时，忽听门外有人马的喧哗声，老头就出门看个究竟。这一看不要紧，差点没把老头的胆吓破。只见门外尘土飞扬，一群人骑在高头大马上，有的拿着棍棒，有的背着弓箭。老头以为他们是盗匪，于是不敢怠慢，赶紧打拱施礼，叫老伴出来请那些人到屋里休息，小心翼翼地侍候着。

等到那些人歇下后，老头子跟老太婆商量，想去招呼集结其他后生小伙子来攻打这群"强人"。老太婆急忙止住老头子，说："我看那领头的人气度不凡，容貌之间有种顶天立地的气概。这不应该是普通人的容貌，根本不是一般盗贼所能比的。他们肯定不会加害我们，只要我们小心侍候就会没事的。"

其实，这帮人不是别人，正是汉武帝和他的一些大臣及护卫。因为汉武帝非常喜欢打猎，有时是群臣一块去，盛况浩大，有时则是轻服便装，只带小队人马。这一次他只带了几个人出去打猎，因为天气已晚，所以在这个村子借宿。

虽然汉武帝就寝了，但他的护卫都没睡，老太婆的话被一个护卫听到了，他赶紧报告给汉武帝，说这个老太婆不简单，看出了一些问题，请示汉武帝是不是把这两个人抓起来或杀掉。汉武帝摆了摆手，照旧休息。

第二天早起，汉武帝一行人告辞了。一夜无事，老头子心中稍安。不过数日，朝廷下旨，不光给了两个老人很多赏赐，还封了老太婆一个官做。

真是多亏了老太婆的眼力独到，看出了这些人不是一般的人。如果像老头子那样把他们当成强盗，相信他们不光没有赏赐和封官，恐怕他们的性命都会有危险。由此可见，善于观察对一个人来说是多么的重要。

想与一个陌生人结交，细心的观察更是必不可少的。很多人在陌生人面前"碰了钉子"或者无所作为，很多时候是因为对人的观察不够，从而了解就很单一，因此也就不懂得根据对方的一些信息来调整自己的语言和行动。不懂得观察也就不能读懂对方的心理，也就不会作出顺应对方的举动并争取对方的好感。

很多人还有一个认识上的误区，认为观察别人、读懂他人的心理是"琢磨人"，是件不光彩的事。这其实是一种托词，古今中外的很多伟人大都是观察别人、读懂对方心理的行家。

至于如何观察,以到一个陌生人家去拜会为例:如果有条件,首先应当对拜会的客人作些了解,探知对方一些情况,关于他的兴趣、性格之类。

当你走进陌生人住所时,你可凭借你的观察力看看墙上挂的是什么:国画、摄影作品、乐器……都可以推断主人的兴趣所在,甚至室内某些物品会牵引出一段故事。如果你把它当成一个线索,不就可以由浅入深地了解主人心灵的某个侧面吗?当你抓住一些线索后,就不难找到开场白。

如果你不是要见一个陌生人,而是参加一个充满陌生人的聚会,观察也是必不可少的。你不妨先坐一旁,耳听眼看,根据了解的情况,决定你可以接近的对象,一旦选定,不妨走上前去向他作自我介绍,特别对那些同你一样,在聚会中没有熟人的陌生者,你的主动是会受到欢迎的。

出其不意,解除戒备

陌生人见面,开始时通常都说一些无关轻重的话,比如,"你也是来参加会议的?""这里的环境还不错""刚才领导的讲话真有启发性啊",等等。虽然这样可以让对方接上话题,但是,如果你想与对方深谈下去还需要转换话题。

有一句话叫"出其不意,攻其不备",在战场上用这招常常能够取得迅速的胜利。在与陌生人的开场白中,你也可以拿来一用,效果奇佳。

美国的宾夕法尼亚有一个富庶的荷兰农民区,但很奇怪的是,这里的人都不爱用电。费城电气公司几次派人向他们推销产品都失败了。后来一个叫特斯的年轻人来电气公司应聘销售员,公司说:"只要你能在荷兰农民区推销出一件产品,我们马上聘用你。"

特斯满口答应,他来到了农民区,经过一户整洁的农家时,问该区的代

表:"这些人为什么不爱用电?"那代表显得很烦恼地说:"他们都是些守财奴,你绝不可能卖给他们任何东西。而且他们对电气公司很讨厌,我已经跟他们谈过,毫无希望。"

特斯相信区代表所讲的是事实,可是他愿意再尝试一次。他轻敲这农家的门,门开了个小缝,年老的特根保太太,探头出来看。"你是不是电气公司派来的?"特斯刚说了一个"是"字,那位老太太马上把门关上了。

特斯又上前敲门,她再度把门打开,特斯说:"特根保太太,我很抱歉打扰了你,我不是来向你推销电气的,我只是想买些鸡蛋。"

她把门开得大了些,探头出来怀疑地望着特斯,特斯说:"我看你养的都是特种鸡,所以我想买一打新鲜的鸡蛋。"她说:"你怎么知道我养的是特种鸡?"她似乎感到好奇起来。特斯说:"我自己也养过这种鸡,可是没有你这里的鸡好。"

这时,特根保太太才走了出来,并且和特斯愉快地聊了起来。最后,特斯告诉她,如果在鸡房里都装置电灯,鸡会长得更快,蛋也下得很多。

两星期后,特根保老太太的鸡房里,安上了特斯向她推荐的电灯。

对于初次见面的人,你除了寒暄外,讲一些出其不意的话,常常能让对方吃惊,从而打破他们的心理"防线",很想知道你为什么要这样说。这样,你的目的就达到了。

每个人在面对陌生人时都有一种防备心理,打通这个障碍有两种方法:一是接近,使其对你产生信任,从而解除戒备;二是出其不意,巧妙地绕过去。

攀亲认友,拉近距离

从人的心理上来讲,每个人的潜意识中都有一种"排他性",对自己的或跟自己有关的事物往往不自觉地表现出更多的兴趣和热情，对与自己无关的则有一定的排斥。

一般来说，对任何一个素不相识者，只要事前作一番认真的调查研究，你都可以找到或明或隐，或近或远的亲友关系。而当你在见面时及时说出这层关系，就能一下缩短心理距离，使对方产生亲切感。

三国时代的鲁肃就是一位攀亲认友的能手。他跟诸葛亮初次见面时的第一句话是："我是你哥哥诸葛瑾的好朋友。"就凭这一句话就使交谈双方心心相印，为孙权跟刘备结盟共同抗击曹操打好了基础。

有时，对异国初交者也可采用攀亲认友的方式。1984年5月，美国里根总统访问上海复旦大学。在一间大教室内，里根总统面对一百多位初次见面的复旦学生，他的开场白就紧紧抓住彼此之间还算"亲近"的关系："其实，我和你们学校有着密切的关系。你们的谢希德校长同我的夫人南希，都是美国史密斯学院的校友呢。照此看来，我和各位自然也就都是朋友了！"此话一出，全场鼓掌。短短的两句话就使一百多位黑头发黄皮肤的中国大学生把这位碧眼高鼻的洋总统当作十分亲近的朋友。接下去的交谈自然十分热烈，气氛极为融洽。你看，里根总统这段开场白的设计是多么巧妙！

由于亲戚、老乡这类较为亲密的关系会给人一种温馨的感觉，使交际双方易于建立信任感。特别是突然得知面前的陌生人与自己有某种关系，更有一种惊喜的感觉。故而，若得知与对方有这类关系，寒暄之后，不妨直接讲出，这样很容易拉近两人的距离，使人一见如故。

在交谈中将这类关系点出，容易使对方意识到两人其实很"近"。这样，无论对方地位在你之上或你之下，都能较好地形成坦诚相待的气氛，打通初次见面由于生疏造成的心理上的"防线"。

林秀丽来北京已经一年了，经过几番摸爬滚打，现在终于有了一个属于自己的小文化公司，专门给各个出版社做校对。北京是一个文化的聚集地，而这样的文化公司超过几百家，一个外地人创立的小公司要想在北京站稳脚跟谈何容易。

林秀丽的公司最近情况不是太好，因为校对时出了一点小错误导致几家出版社都退了她的稿件。

这天，林秀丽打算到人教社探探情况，于是就挤上了公交车。也许是太劳累，她站着的时候一迷糊居然一下子坐在了一个人的身上。林秀丽赶紧向对方道歉。对方是一个中年人，戴着一副眼镜，很斯文。他说："没关系，我看你是太累了。"林秀丽说："是啊，在北京生存压力大啊。"

于是两个人就生存压力这个问题聊了起来。从对方的言谈中得知，他居然是一家出版社的总编。林秀丽很想结识他，可是从哪里入手呢？隐约中，林秀丽听出对方有一点东北人的口音，于是她试探地问了一句："您是东北人吗？""哦，这你都听出来了，我来北京十年了，我还以为我的口音早就变了呢，我是辽宁朝阳人。""哇，真是太巧了，我是阜新的。""哈，咱们不光是老乡，还是邻居呢！""是啊，我们阜新除了有几座矿，其他没有什么突出的，不像朝阳还有很多风景名胜，而且你们的化石全国闻名。还好我们那里一所大学在辽宁还有点名。""你是说辽宁工程技术大学？那是我的母校。""真是太巧了，我也是在那毕业的。"

两个人大有相见恨晚的意味。中年人是总编，他有很多出版社的朋友，并且都介绍给了林秀丽。

与陌生人接触时，只要留心，就不难发现自己与对方有着这样或那样的共同点，像"同乡""自己喜欢的地方""自己向往的地方"、"自己认为的人间好去处"等就是与对方攀认的契机，就能与对方"沾亲带故"。比如，"大家是广州人，我母亲出生在广州，说起来，我们算是半个老乡了""你和我都姓陈，五百年前咱们可是一家啊"，等等。攀亲认友型问候是抓住双方共同的亲近点，并以此为契机进行发挥性问候，以达到与对方顺利接近的目的。

第2章 懂心理、会沟通、巧搭讪，一分钟和陌生人交朋友

没话找话，吸引对方

只要你敢于主动和陌生人说话，从此你就可以走出人际疏离的困境，活得自信而开心，对自己和他人充满兴趣和热情。

有很多人都有这种想法：跟一个陌生人说话，如果他能回应还好说，如果不理会的话该多丢人啊！可能，他会笑话我的！或者，他会不会以为我有不良企图啊……其实，这些都是多想了，跟陌生人说话远没有这么复杂。专家曾经做过调查，证实主动与陌生人说话时，对方通常表现出友好的态度，总体成功率在80%以上。

结交陌生人除了要有勇气外，还需要一定的技巧，就像前面所讲述的那样，"引起好奇""攀亲认友""投其所好"等。但是，有时因为各种原因你可能想不到该使用哪一种方法跟陌生交谈，这时，你就可以没话找话，先引起对方的注意，然后再根据情况找到双方共同的话题。

张力明在一家公司做销售，因为是第一次做这行，经验不够，所以业绩很差。其实他也明白，自己的性格有点内向，面对陌生人时不知道如何跟他们交谈，业绩差是情理之中的事。为此，他看了不少书，专门研究怎样跟陌生人打交道。

几天以后，张力明出差住在一家旅店，亲眼目睹了一场结交陌生人的示范：一个先他而住的人已悠闲地躺在床上欣赏电视节目，后来又有几个人住进来。其中有一个人放下旅行包，稍事休息，冲了一杯浓茶，然后环顾了一下，目光落到了先来的人身上："师傅来了好久了？""哦，我是最先住进来的，不过也只比你们早了一刻钟。""听口音是山东人啊？""噢，山东枣庄人！""啊，枣庄是个好地方啊！我在读小学时就在《铁道游击队》连环画上知道。三年前我因为生意上的事还去了一趟枣庄呢。"

听了这话，那位枣庄客人马上来了兴趣，两人从枣庄和铁道游击队谈开

了，不知详情的人恐怕要以为他们是一道来的呢。接着就是互赠名片，一起进餐，睡觉前双方居然还在各自身边带来的合同上签了字。枣庄客人订了苏南某人造革厂的一批风桶；苏南客人从枣庄客人那里弄到一批价格比较合理的议价煤。

张力明有些惊讶：人与人之间从陌生到熟悉就是这样简单啊！看来，我之前对陌生人的一些想法真是太多余了。

的确，那两个人从相识、交谈到成功，只是因为一个人没话找话，继而引出了"枣庄""铁道游击队"这个都熟悉的共同点。

没话找话说起来也算是一个小技巧，一般称这种技巧为搭讪，即主动和陌生人交流。搭讪的人，有机会把陌生人变成自己的朋友；而不搭讪的人，在受了传统社会僵化思维的影响，把搭讪这个结合了勇气和良好沟通能力的行为给妖魔化后，却永远只能停留在无尽的懊悔之中。

搭讪是考验一个人沟通技巧和整体修养的最好试练。一次成功的搭讪中蕴含着智慧和勇气，那也是一门艺术。

有一家公司要招聘一名经理，在应聘者之中，有两个人的表现非常好，公司有意从他们中间聘请一位。在等待结果的时候，一个应聘者并没有安静地坐下来，而是走到前台跟一位小姐搭讪，说了一会儿话。那位小姐跟他说了一些公司的事。

当两个应聘者再次坐到面试官前面的时候，那个跑去跟前台搭讪的人根据自己掌握的情况对公司提出了一些新的看法并说了几点建议。

结果可想而知，那个提出了新的看法并说出建议的人被聘用了。

没话找话总比无话可说要强得多，至少可以给双方一个机会，而无话可说根本没有机会，相较而言，结交陌生人，你至少要给自己一次机会。

真诚问候,博取好感

现代社会人们物质生活日益丰裕,但"鸡犬之声相闻,老死不相往来"也并非天方夜谭。生活在同一栋楼里的人常常不知自己对面住家姓谁名谁。在走廊、过道中邻居们相遇也漠然而过,谁也不愿用真诚的问候抢先招呼对方,许多人对这种人情淡漠、世风日下忧心忡忡。

其实,只要说出一句问候的话,你就会发现,别人与你一样正渴望捅破这一层妨碍友情的纸。大方而主动地伸出友情的手,你面对的将是善意的笑脸。

与陌生人之间交往也是这种情况。想结交陌生人,你最应该做到的就是主动热情。向对方致以真诚的问候,就能消除对方的陌生感,会让对方感到亲切。这也是能够让对方接受你的最好方式。

小肖是一个业务员,一年中有大半年的时间都在外面跑,于是,汽车、火车等交通工具就成了他的第二个家。

以前,小肖一坐上车就眯起眼睛打盹,或者买一份报纸、一本杂志自己埋头看。时间长了以后,自己也感觉很无聊。向四周看看,又都是陌生人,他也鼓不起与他们交谈的勇气。

一次偶然,小肖看了一本关于人际交往的书,这才明白,其实陌生人并不可怕,只要真心结交,他们都会成为朋友的。明白了这些,小肖的心情豁然开朗。

以后再出差,小肖都经常主动同周围的人打招呼,"您好,您也是回家探亲吧。"或者说:"您好,是不是坐车很累啊?"于是原本陌生的人聊了起来。每次坐车都能认识几个朋友,分手时互相留下电话,像老朋友一样亲切,几十个小时的旅途也过得非常愉快。

问候的话,是社交中双方最初见面时都要用到的应酬语,它就像是一首优美乐曲的前奏,并不是无足轻重的。实际上,真诚的问候是开始双方交谈的最好的铺垫。所以问候不是简单地打招呼,而是一种必要的沟通技巧。

向初次见面的人问候,最标准的说法是:"您好!""很高兴能认识您""见到您非常荣幸"。

比较文雅一些的话,可以说:"久仰",或者说:"幸会"。

要想随便一些,也可以说:"早听说过您的大名""某某某人经常跟我谈起您",或是"我早就拜读过您的大作""我听过您作的报告",等等。

想显示自己的热情,用语则不妨显得亲切一些,具体一些,可以说"今天可真热啊""参加宴会的人真多",也可以讲:"您气色不错""您的发型真棒""您也是刚到这里吗""今天的风真大""您跟朋友一块来的?"

问候语不一定具有实质性内容,而且可长可短,需要因人、因时、因地而异,但它必须具备简洁、友好与尊重的特征。

问候语应当删繁就简,不要过于程式化,像写八股文。比如,两人初次见面,一个说:"久闻大名,如雷贯耳,今日得见,三生有幸",另一个则道:"岂敢,岂敢!"搞得像演出古装戏一样,就大可不必了。

问候语应带有友好之意,敬重之心。既不容许敷衍了事般地打哈哈,也不可用于戏弄对方。"来了""瞧您那德性""喂,您可真够胖的啊"等,均应禁用。

当别人介绍你认识对方时,应当跟对方寒暄。若只向他点点头,或是只握一下手,通常会被理解为不想与之深谈,不愿与之结交。

善于向别人介绍自己

自认只见过一面的对象必能牢记自己的想法,其实是傲慢的想法。如此一来,永远也无法让别人记住你,即使是第二次或第三次见面。希望对方记住你,就必须详细报出姓名。

跟陌生人结交,你还可以从自我介绍开始,相较于前面的方法而言,自我介绍是最正式、最庄重、最容易被别人记住的方式。自我介绍是向别人展示你自己的一个重要手段,自我介绍得好不好,甚至直接关系到你给别人的第一印象的好坏和以后交往的顺利与否。而且,自我介绍不仅仅是展示自己的手段,同时,也是认识自我的手段。古人云:"知人者智,知己者明",常言道:"旁观者清,当局者迷",可见,要想认识自我,给自己一个准确的定位不是一件容易的事情,而通过自我介绍,会对自己进行一个有意识的梳理。

著名作家张恨水有一次应邀到成都大学作演讲,他是这样开头的:"今天,我这个'鸳鸯蝴蝶派'作家到大学里演讲,感到很荣幸,我取名'恨水'不是什么情场失意,我取名'恨水'是因为我喜欢南唐后主李煜的一首词《乌夜啼》,'林花谢了春红,太匆匆!无奈朝来寒雨晚来风,胭脂泪,留人醉,几时重?自是人生长恨水长东!'我喜欢这首词有'恨水'两字,我就用它作为笔名了。"

面对陌生的学子,张恨水以解释自己的名字为开场白,短短的几句话既澄清了听众心中的迷雾,也使这些青年学生为大作家的纯朴、坦率而折服,"张恨水"这三个字可能会一辈子印在他们的脑海里,真可谓一举两得。

在社交活动中,想要结识某人或某些人,而又无人引见,此时自我介绍就是最好的方式了。自我介绍的内容,可根据实际的需要、所处的场合而定,要有鲜明的针对性。

一次非正式聚会中,有两位初出茅庐的大学毕业生,他们都想结交举办此次聚会的主人张先生。张先生是一个商业奇才,不到十年时间就已经把自己的业务拓展到欧洲去了。

男生A这样介绍自己:"您好,我叫某某,今年刚毕业,正在找工作。"张先生当时有点愣,头一次听人这么介绍自己,只好接话说:"是吗？那加油啊，祝你早日找到满意的工作。"

其实，A的自我介绍有些不得要领。首先，张先生和他完全不熟，在对他的性格和特长一无所知的情况下，A传达给张先生一个他正在找工作的讯息，属于无效信号。自我介绍尽管只是简短的一两句话，但吸引别人的也许正是开篇的某个亮点。

就这点而言，B做得更好一些。他介绍自己的方式是拉近距离形成对比："您好，听说您是一位商业奇才。"张先生赶紧说："哪里算奇才，只是别人抬举罢了。"他笑吟吟地说："我对做生意也很有兴趣，不过我更喜欢电子商务，我是一个商业学院刚毕业的学生。"

张先生对电子商务很有兴趣，这样他们就以电子商务为话题聊了起来。

在社交活动中，如希望新结识的对象记住自己，作进一步沟通与交往，自我介绍时除姓名、单位、职务外，还可提及与对方某些熟人的关系或与对方相同的兴趣爱好，如"我叫谭兆英，是高乐音像出版社的财务主管，我与您夫人是同学""我是李海星，是新兴文化公司经理，我和您一样也是个球迷"。

若在讲座、报告、庆典、仪式等正规隆重的场合向出席人员介绍自己时，还应加一些适当的谦辞和敬语，如"各位来宾，大家好，我叫王伟晨，是华东大学的教师，今天向大家谈谈自己在工作研究上的一些心得，有不当的地方请给予指正"。

进行自我介绍，要简洁、清晰，充满自信，态度要自然、亲切、随和，语速要不快不慢，目光正视对方。在社交场合或工作联系时，自我介绍应选择适当的时间，当对方无兴趣、无要求、心情不好，或正在休息、用餐、忙于处理事务时，切忌去打扰，以免造成尴尬的局面。

在某些公共场所和一般性社交场合，自己并无与对方深入交往的愿望，作自我介绍只是向对方表明自己身份。这样的情况下只需介绍自己的姓名，如"您好，我叫许明君""我是江佑林"。有时，也可对自己姓名的写法作些解释，如"我叫陈宇华，耳东陈，宇宙的宇，中华的华"，以加深别人对自己的印象。如果因公务、工作需要与人交往,自我介绍应包括姓名、单位和职务,无职务可介绍从事的具体工作,如"我叫陈昌礼,是大华公司的销售经理""我叫蔡建新,在中海公司从事财务工作"。

在某些情况下,你要向对方介绍自己,对方不一定会接受你,而要做一些事来让对方欣赏,却又苦于找不到适当的机会。这时你也可采取迂回的技巧,让对方在不知不觉中认识你、接纳你。如"我认识一个人,他能帮助你……""我知道有一个人的想法与你一样……"

如果你不经常出入交际场合,每隔一两个月才有机会认识一位新朋友,那你应该会记住他的名字。可如果你属于"觥筹交错"的上流一族,热衷于参加各类聚会拓展人脉,那么,记住别人是一门功课,让别人记住你则是一门技巧。

要想在很短的时间内结交陌生人,就需要你能够把双方的交谈持续地进行下去。交友成功的机会有多大,很大程度上取决于你的谈话能力。能力强的人能把对方牢牢地吸引住,话说得让人觉得舒服。能力不强的人,会把交谈的过程变得索然无味,把本来想与你结交的人赶走。

把对方作为交谈的重点

大多数人与他人交谈时喜欢谈论自己,想要使对话深入,让对方记住你,最好把对方作为交谈的重点。

跟初次相见的人交谈时,多说一些有关对方的话题,他们往往会表现出很大的兴趣。如果你多提一些"你……"的问题,他们会很高兴地回答问题或者给予意见。

因此,你在开口之前,先观察一下对方穿着什么、在做什么、在说什么、在读什么,然后,你再以"你"字为中心与他们交谈,就会得到他们热烈的回应。比如,"你这件夹克很有趣。能不能说一下,这个标志代表什么?""你在这里射箭是最棒的。你都参加过什么训练?""你在董事会上的发言精彩极了,能不能说一说,你为什么觉得太阳能的开发速度不够快?""你看上去一副失落的样子。我能帮上忙吗?""啊,我们不是在安利公司的会议上见过吗?你是怎么加入安利的?"

如果对方是一个警察,你就可以说:"当警察很威严,你能不能告诉我想当一名警察该怎样做呢?"

跑步的时候看见一个人可以说:"你穿什么牌子的跑鞋?为什么选了这个品牌?"

在餐馆时可以问一个人:"不介意我和你坐一桌吧?"(作家亨利·米勒从来都不愿意独自就餐,所以经常使用这句话。想一想,如果他去了旁边空着的桌子,他就会错过认识成百上千人的机会。据调查显示,20%的人会拒绝这个请求,他们通常会抱歉说在等朋友,或者有很多事情要做。)

在聚会时可以问:"你怎么也参加这个聚会啦?"(澳大利亚一位研究人际交流的专家艾伦·皮斯曾经就这样一句常用的客套话做过试验,"你怎么也在这里?我们好像在哪儿见过吧?"最令他难忘的一个回答是:"也许吧,我在动物园工作。")

一些人倾向于直接表达对对方感兴趣的话语。比如,"嗨,你看上去很可爱,很想跟你认识一下。"或者"嗨,我在这儿碰见你好几次了。我觉得我应该过来作一下自我介绍。"他们认为这种直接的方式比其他微妙的方式更能给对方留下深刻印象。当今社会有这么多人、这么多刺激因素,给人留下印象是最关键的。

为什么"你"字当先在人际交往中会起到这么大的作用呢?

心理学家作出了解释:当我们是小婴儿时,我们都认为自己是宇宙的中心。任何东西都是我、我自己、我的,而世界上的其他事物都是为我服务的。我们那个时候是自我为中心的小人,我们的小脑袋不管遇到什么事情,都会本能地问:"那和我有什么关系?"当我们长大后,这种思维习惯实际上也还是没有改变,只不过成年人学会了用文明礼貌的面具掩饰自己以自我为中心的意识。而大脑呢,仍旧直接、本能、一成不变地在我们和外界打交道时,会提问自己:"那和我有什么关系?"

为了解释这个问题,我们可以以事例做说明。

比如,一个男大学生看见了一个女大学生,很想结交她,就想了一个请她吃饭的主意,他就对女大学生说:"咱们学校外边新开了一个非常好的餐馆,晚上陪我去那里吃点什么好吗?"

女大学生在作出答复前,心里就会琢磨一番:"'非常好',他说的是饭菜还是饭馆的装修呢?"她甚至会继续想:"应该是说饭菜吧,他说'非常好',我会不会喜欢呢?"她这么一想就会犹豫了,男大学生也可能会察觉到对方的犹豫,这么一来,谈话也就不怎么让人觉得高兴了。

要是换一种说法,男大学生可以选择说:"咱们学校外边新开了一家饭馆,你肯定喜欢!今天晚上咱们去那里吃点东西吧?"

这样表达的时候,强调了"你肯定喜欢",男大学生已经首先潜在地帮女大学生解答了心里将要出现的问题,这样她就更容易接受邀请。

这就是"你"字的力量。

假设你在参加一个会议,一个与会者提出了一个问题,他肯定喜欢听到你说"这个问题提得很好"。

销售人员不能对客户说:"这个问题很重要……"而要通过这种说法来肯定对方:"你说的这个问题很重要……"

进行商业谈判的时候,代替"事实将证明……"而使用"你会看到事实将证明……"会更有说服力。

使用"我"的次数越少,你在人们的眼里就显得越理性。事实上,善于社交的人相互间谈话时使用"你"的时候总是要比"我"多。

所以,在跟陌生人说话时,每个句子前面都尽可能地加上"你"字,你就会立刻抓住听众的心。这个技巧可以赢得很多积极的反应，可以使对方产生自豪感，节省额外的思考。总之，想要人们夸你说话水平，想要赢得人们的尊重和爱戴，千万记得随时随地把"你"字挂在嘴上。

投其所好，满足对方

如果有意或无意地触及对方的短处或是说了对方不愿意听的话，对方的自尊心会受到伤害，就会感到扫兴，感到"话不投机半句多"。

满足别人的心理需求达到自己的目标，是人际交往中最重要的一个原则，尤其在面对陌生人时，一开始就说一些对方感兴趣的话是一种很重要的沟通技巧。你在与对方交谈之前，先侧面打探一下他喜欢什么，擅长什么，或者留心对方与别人交谈的话题，找出对方对什么感兴趣，这样跟他交谈的时候，他就会觉得你是一个了解他的人，产生一种被尊重的感觉，他自然就会很乐意与你交往了。

日本作家多湖辉所著的《语言心理战》一书中记述了这样一件趣事：被誉为"销售权威"的霍依拉先生的交际诀窍是，初次交谈一定要扬人之长避人之短。有一回，为了替报社拉广告，他拜访梅伊百货公司总经理。寒暄之后，霍依拉突然问："您是在哪儿学会开飞机的？总经理能开飞机可真不简单啊。"话音刚落，总经理兴奋异常，谈兴大发，广告之事当然不在话下，霍依拉还被总经理热情地邀请去乘他的自备飞机。

人人都有长处，也都有短处。人们一般都希望别人多谈自己的长处，不希望别人多谈自己的短处，这是人之常情。跟初识者交谈时，如果以直接或间接的方式以对方的长处作为开场白，或者是以对方感兴趣的事情作为开场白，就能使对方高兴，对你产生好感，交谈的积极性也就得到极大激发。

一次，美国华盛顿市长在北京举行答谢宴会，席间服务员端上一盘点心

第2章 懂心理、会沟通、巧搭讪，一分钟和陌生人交朋友

并彬彬有礼地介绍说："慈禧太后夜里梦见吃肉末烧饼，第二天早上碰巧厨师为她准备的正是肉末烧饼，她高兴极了，认为这正是心想事成、吉祥如意的象征。今天各位吃的就是当年慈禧太后'梦寐以求'的肉末烧饼，愿大家今后事事如意、步步吉祥……"一席话把美国客人逗乐了。华盛顿市长高兴地敬了服务员一杯酒，说："下次来北京，愿再来你们这里做客！"

心理学家阿布拉汉姆·马斯洛把人类的需求看成是有等级层次的，从最低级的需求逐级向最高级的需求发展。在这些需求中，有两点很值得注意：第一是归属或取得他人承认的需求，也称为爱的需求或社会需求，人需要有所归属，并为别人所承认。第二是尊重的需求，它包括对成就或自我价值的个人感觉以及他人对自己的认可与尊重。

开场白中的"投其所好"就是利用了这两点，以达到结交陌生人的目的。

某市文化公司要建一座影剧院。一天，公司王经理正在办公，家具公司李经理上门推销座椅，一进门便说："哇！好气派。我很少见过这么漂亮的办公室，如果我也有一间这样的办公室，我这一生的心愿就满足了。"李经理就这样开始了他的谈话。然后他又摸了摸办公椅扶手说："这不是香山红木吗？难得一见的上等木料。"

"是吗？"王经理的自豪感油然而生，并说："我整个办公室是请深圳装潢厂家装修的。"又亲自带着李经理参观了整个办公室，介绍了计算比例、装修材料、色彩调配，兴致勃勃，满足之情溢于言表。

如此，李经理自然就拿到王经理签字的订购合同。同时，互相都得到了一种满足。

李经理没有直接赞赏王经理有品位、有见地，而只是说起了王经理办公室的豪华气派，令对方倍感自豪，兴致大发，于是拉近了与陌生人之间的感情。

"投其所好"，原意是为达到某种目的而迎合对方的爱好，即通过满足对方心理需求这一手段达到彼此相通的目的。事实证明，与陌生人多说些他喜好的话题，很容易使人产生理解和共鸣，继而就会带来谅解和愉快的合

作；反之，则会产生排斥和拒绝。要使对方从消极到积极、从拒绝到合作，就需要积极进行引导、启发。"投其所好"正是产生这样一种效果的方法。

巧妙地用幽默增进友谊

　　幽默是人类独有的特质，是一种智慧的表现。具有幽默感的人无论到何处都受欢迎，它可以化解许多人际的冲突或尴尬的情境，能使人的怒气化为豁达，亦可带给别人快乐。

　　幽默是思想、智慧和灵感在语言运用中的结晶，也是一种具有良好修养的标志。幽默总是与智慧结伴同行的，每一个具有幽默感的人都有随和亲切的性情、宽广的心胸以及洞察一切的机灵。

　　在与陌生人的沟通中，幽默的作用是不可低估的，它是提高人的大脑和整个神经系统的张力及充分发挥潜力的重要条件。恰到好处的幽默可以活跃双方交谈的气氛，能使对方感到轻松和愉快，使沟通效果更趋完美。

　　如果双方有一点小摩擦时，那些缺少幽默感的人才会把事情弄得越来越僵，而有幽默感的人却能使一切迎刃而解。

　　有一个故事谈到，当发现餐厅侍者送上来的一杯啤酒里有只苍蝇时，不同国家的人会作出不同的反应：英国人以绅士的风度吩咐侍者："换一杯啤酒来！"日本人会让侍者去叫餐厅经理来训斥一番："你们就是这样做生意的吗？"虽然侍者会给他们换，然而心里很不情愿。对此，美国人会说："以后请把啤酒和苍蝇分开放，让喜欢苍蝇的客人自己混合，你看怎么样？"侍者笑了，马上换了一杯。

　　这个故事虽然是虚构的，但却形象地反映了幽默在沟通中所起到的作用。

　　有一个主妇因家中水管破裂，急需水电公司来修理。可修理工因故迟到了好几个小时,他非常抱歉,紧张地准备迎接一顿训斥。可那位主妇说:"没什么,等你的时候,我正好教孩子们学游泳。"笑言之中,有责备,更有博大的宽容。试想听了这句话,修理工肯定会卖力地把水管修得又快又好。而若主妇换成一付抱怨或斥责的腔调,虽然占理,但效果则要差得多。

用风趣活泼的三言两语扫除跟初识者交谈时的拘束感和防卫心理,以活跃气氛,增添对方的交谈兴致,这是炉火纯青的交际艺术。

1988年10月,文化大革命中的风云人物陈伯达刑满释放不久,著名作家叶永烈即去采访他。曾显赫一时而今刚度过18年铁窗生涯的陈伯达感到往事不堪回首:"公安部提审我,我作为犯人,不能不答复提问。对于采访,我可以不接待,不答复。"对于这位对自己不抱欢迎态度的采访对象,叶永烈有充分的思想准备。如何开场才能使他知道我毫无恶意?该用怎样的语言才能使他跟我愉快地合作?一进门,叶永烈就告诉陈伯达:1958年,陈伯达到北京大学作报告,他作为北大学生听过这个报告:"当时你带来一个'翻译',把你的闽南话译成普通话。我平生还是头一回遇上中国人向中国人作报告,要带'翻译'!"多么有趣的往事,多么风趣的语言!陈伯达一听,哈哈大笑,感到面前的这位不速之客很亲近,气氛一下子变得轻松起来,真是"柳暗花明又一村",原先尴尬的采访终于能够顺利地进行下去,也给叶永烈45万字的《陈伯达传》增添了不少资料。

一个善于说笑与幽默的人,常给别人带来无比的欢乐,也会在人际交往中增加魅力,备受大家欢迎。

一般来说,一个人在谈吐中仪态自然优雅、机智诙谐、乐观风趣、懂得自嘲、引人发笑,可以说是个具有幽默感的人。而在交谈中能善用比喻,将有趣的故事导入主题,则更能令人印象深刻。

第二次世界大战将要结束期间,东西方的首脑在埃及首都开罗召开会议。由于久居寒冷潮湿的英国,英国首相丘吉尔对于开罗干燥又闷热的气候难以适应,几乎整个白天的时光里,丘吉尔都把自己泡在放满冷水的浴缸中消暑。

当时，美国总统罗斯福与丘吉尔并不太熟，但为了一件重要的事，罗斯福必须与丘吉尔商量，于是他匆匆赶到丘吉尔的住处。丘吉尔的随从来不及挡驾，只好通报请丘吉尔着装和美国总统会面。而罗斯福直接闯进了大厅之中，他找不到丘吉尔，这时听到旁边一个小房间传来丘吉尔的歌声，罗斯福顺着声音找了过去，正好撞见躺在浴缸中一丝不挂的英国首相。

两个大国的元首在如此尴尬的情况下见了面，罗斯福马上开口道："我有事急着找你，这下子可好了，我们真的坦诚相见了！"

丘吉尔也立即作出反应，他在浴缸中泰然自若地道："总统先生，在这样的情形下会面，你应该可以相信，我对你真的是毫无隐瞒的。"

随即两人大笑，一段愉快的交谈开始了。

两位伟大领袖人物的睿智对话，轻松地化解了尴尬，并让后世传为美谈。从这个小故事中，你也能够体会到幽默的无比力量。的确，幽默的力量真的是无法估量的。大到故事中的两个领袖交锋，小至你每天必须面对的人际关系，恰当得体的幽默感，绝对是化解冲突危机、增进双方情谊最佳的润滑剂。

幽默感的养成，来自平时能够适时地放松自己，以愉悦而豁达的心态来看待事物，并能从不同的角度适当地给予消遣。只要不是批评谩骂、尖酸刻薄，恰到好处地发表议论，或是对自己来一点自嘲，都会是很受欢迎的幽默方式。

在人际关系中，从来都是幽默者大显身手的地方。一个人妙语连珠、谈笑风生，很容易与对方接通感情的"热线"。当人们发生误会、摩擦、矛盾时，只有那些缺少幽默感的人，才会把事情弄得越来越僵；如果你具有一定的幽默感，就会机智而又有分寸地指出别人的缺点，在微笑中表明自己的观点，误会很快就被消除，矛盾得到缓和。可以说，幽默风趣是调节人际关系的杠杆，是人与人交往中的润滑剂。

不过要注意，做任何事情都有一个"度"的问题，幽默也是如此。场合、对象都是必须考虑的客观因素，不少人有过这样的体会：同一个玩笑，你可以同甲开，却不能对乙也这样；或是在某场合可以说，而在其他场合却不行。尤其是对于初识的人或长辈，幽默一定要慎用，否则很容易让人感到似乎很唐突，或者会认为是在卖弄聪明与笑料。有时，幽默过了头，变成一种取笑和讥讽，就更糟了。

学会真诚地赞美对方

根据美国《幸福》杂志下属的名人研究会研究的结果表明，人际关系的顺畅是事业成功的最关键的因素，而赞美别人是处世交际最关键的课程，因此如果你懂得如何去赞美别人，再加上你聪明的头脑，还有脚踏实地的精神，就等于事业成功了一半。从很大意义上讲，学会赞美他人是事业成功的阶梯。

事实也证明，把这个研究结果运用到日常结交陌生人的过程中，也会令双方的关系大为改善。

一天，林肯去街头散步，看到一个邮递员正在绑扎邮袋，脸上的表情十分不耐烦。这样年复一年地做着单调而重复的工作，想来谁都会厌倦。于是林肯对自己说：我一定要让那个人喜欢我，最起码，要帮他改变一下现在的心情。于是，他走上前去对那人说："真羡慕你，真希望有你这样好的栗色头发！"那人惊讶地抬起头来看着林肯，脸上慢慢露出微笑："不过，现在没有以前好了。"他的声音里透着一些欣喜。很快，两人愉快地交谈了起来，最后走时，两人似乎已经成了多年的老朋友。

林肯在一次宴席上把这事告诉了一个外交官朋友，外交官很不以为然，问林肯："那你从他那里得到了什么？"林肯笑道："我给他好心情，而他让我在这个世界上少了一个陌生人，多了一个朋友。"

后来，林肯参加总统竞选时，经常离家外出，一次，他突然收到一个陌生的电话，对方告诉他："林肯先生，你的邮箱已经好几天没有清理了，快满了，我怕小偷看到后知道你不在家，会打你的主意。所以我想先把你的邮件存放在邮局里，你回来后我再给你送过去。"打来这个贴心电话的正是那个曾被林肯称赞过头发的邮差！这就是林肯的交友原则，给他人带来快乐。抓住一切机会，让身边尽量少一些陌生人，多一些朋友。一个下午的几句闲聊，有可能会在意想不到的时候，给你雪中送炭。

真诚的、发自内心的赞美可以让你快速地获得陌生人的好感，化解对方的疑虑、尴尬等。每个人都有自己的优点和长处，都希望获得别人的肯定和赞美。有些优点和长处是与生俱来的，比如，某人长得漂亮，智商很高等，因此对于别人优点和长处的肯定不仅不会贬低自己的位置，而且可以使旁人从中认识到你所具备的优良品质，从而获得他人的赞许。

赞美别人，不单单就是甜言蜜语，重要的是根据对方的文化修养、个性性格、心理需求、所处背景、角色关系、语言习惯乃至职业特点、性别年龄、个人经历等不同因素，恰如其分地表扬或称赞对方。

比如，要表述对社会嫉贤妒能现象的认识，对方是知识分子，可说："木秀于林，风必摧之；堆出于岸，流必湍之；行高于人，众必非之。"但这话就不能再照搬讲给文化水平不高的听众，对他们可以说"枪打出头鸟""出头的椽子先烂"这样的俗语，对方会更容易接受，讲话才会有效果。讲激励人的话也是这个道理。

对不同个性性格的人也要有所区分。对方性格外向、活泼，可以多赞美他，他会很自然地接受；如果对方比较内向、敏感、严肃，你过多地赞美他，会使其认为你很轻浮、浅薄。因此，在赞扬对方时要注意这一点。

再有，每个人的需求不同，要迎合对方需求讲赞美的话。一个不喜欢淑女型、个性鲜明、男孩子气十足的女子，你如果夸她长发披肩、长裙摇曳，定会婀娜多姿，美丽迷人，她也许不会感激你，还有可能认为你多管闲事。

如果了解她的心理,夸她的短发看起来既精神又有活力,她一定会开心。

与不同性别的人讲话,应选择不同的方式。对体胖的女子,说她又矮又胖,一定会令她反感;但如果你夸她一点不胖,只是丰满,她会得到几分心理安慰,不会因为自己胖而自卑。而对同样体型的男子,说他矮胖子,他也许只是置之一笑。

另外要注意对方的年龄特征。若想打听对方的年龄,对不同年龄层的人要采取不同问法。对小孩子可以直接问:"今年几岁了?"对老年人则要说:"今年高寿?"对年龄相近的异性不可直接问,要试探着说:"你好像没我大?"对年纪稍大的女性,年龄更是个"雷区",问得不好就会讨人厌。对一个40岁的中年女子,开口道:"快50了吧",对方一定气愤不已,如果你小心地问:"30出头了吧",她一定会心花怒放,笑逐颜开。

俗话说:"入门休问枯荣事,观看容颜便得知。"在赞美别人时,要学会察言观色。一个为事业废寝忘食的年轻人,便可以称他"以事业为重,有上进心";一个为了债务焦头烂额,心绪不宁的企业家,你夸他"事业有成,春风得意",对方也许会认为你是在讲"风凉话",这种话便会起到适得其反的效果。

除了以上因素,还要考虑不同职业、不同宗教信仰等因素。列宁说:"对马车夫讲话应该不同于水手,对水手应该不同于对排字工讲话。"陈毅某次出访东南亚,一宗教界人士送他一尊菩萨,他见机谢道:"有了菩萨保佑,我更不怕帝国主义了。"这里陈毅借用宗教术语,不但显示了对宗教的尊重,也表达出了对宗教界人士的谢意,有深意而不乏风趣幽默。

恰当地运用肢体语言

说到通过肢体表达出的信息时,我们自然会想到很多惯用动作的含义。

比如，鼓掌表示兴奋，顿足表示生气，搓手表示焦虑，垂头表示沮丧，摊手表示无奈，捶胸表示痛苦。

人类学家雷·博威斯特是非语言交际——他称之为"动作学"的最初倡导者。他在研究中发现，在一次面对面的交流中，语言所传递的信息量在总信息量中所占的份额还不到35%，剩下的超过65%的信息都是通过非语言交流方式完成的。

研究成果还指出，当谈判通过电话来进行的时候，那些善辩的人往往会成为最终的赢家，可是如果谈判是以面对面交流的形式来开展的话，那么，情况就大为不同了。因为，总体而言，当人们在做决定的时候，在所见到的情形与所听到的话语中，人们会更加倾向于依赖所见到的情形。

之所以要告诉大家这个研究结论，就是要提醒大家，在与陌生人沟通时，语言的内容固然重要，但也不要忘了要根据对方的言行相应地作出肢体上的回应。

小李结婚十年了，在结婚纪念日要来到的时候，他打算为妻子准备一份特别的结婚周年纪念礼物。他把目标锁定在两个选择上：一个是最新款的掌上电脑，另一个是可以挂在餐厅中的一幅画。

小李到了商场以后，首先来到了电脑区，当时正是上午，这里的人并不多。

小李向柜台走过去，一名身穿黑色西装的促销员正在点头微笑，一切进行得还不错。这名促销员开始讲解各款掌上电脑的差异。在做讲解的时候，这个促销员抬起右脚，放在了身边的一个小凳子上。然后，他的身体向右腿膝部前倾。

尽管促销员讲解得很详细，但是，小李还是迫不及待地离开了那里。并不是他对店员的讲解不感兴趣，只是对方这种抬腿的不雅姿势与自己的举止完全不合拍，这让他感到很不舒服。

商场的另一端是个画廊，小李在一幅引起他注意的画前停下来，一幅深思的样子：重心落在一条腿上，胳膊弯曲，但一只手扶在脸部，一个手指停在了嘴唇边。过了大概一分钟，他发觉有人静静地站在自己身边，和自己一样欣赏着那幅画，然后他听到一个轻柔的声音简单地说："是不是很不错？""嗯，不错。"小李若有所思地回答道。

"如果需要帮助，请告诉我。"他身边那位女士说。然后，她抽身退到了画廊的另一端。不到5分钟，小李就买下了那幅画。

有人觉得很奇怪，那位促销员介绍得很详细，而这位女士只是简单地说了一句话，为什么小李就决定买下那幅画？答案是，小李只是看到画就感到舒服。那位女士悄悄地走到他身边，使用的是和他一样的身体语言，形成了相同的姿态。她用完美而毫不费力的同步技巧，天衣无缝地与小李进行着交往：55%身体语言，38%语调，7%言语。

在观察中，你会发现，在与陌生人沟通时，当他们逐渐了解了对方的情况后，感觉会很自在，以后，他们的身体姿态就会发生一系列变化，充满戒备意味的双臂和双腿互相交叉的姿势，会逐渐转向开放自然的姿势。在任何环境里，这样的转变过程都遵循着完全相同的步骤。

这个转变过程是从封闭的身体姿态开始的，也就是双臂和双腿都呈交叉的状态。

当两个人之间的交谈变得较愉快，相互间建立起了和谐亲善的关系时，最先发生变化的就是腿部动作。他们不再保持两腿交叉的姿势，而是两脚并拢，形成立正的站姿。

接着，交叉的双臂中处于上方的那只手臂会伸出来，而且在说话的时候手掌还会作出一些手势。尽管这只伸出的手臂还没有完全放开，但已经不再是阻挡对方的屏障，此时它不过作为另一只手的支撑，使整个上半身呈现单臂遮挡于前胸的姿势。渐渐地，双臂都放松下来，一只手做着手势，或是置于臀部，也可能是插在裤子口袋里。最后，彼此熟知的两个人都采取稍息的站姿，双臂自然舒展，显示出乐于接受对方的态度。

了解了肢体语言在沟通中的作用后，你就知道，在与陌生人交谈时，为了更加接近彼此之间的距离应该怎样做了。

首先是头部。在对方讲话时，你要适时地点头。大部分人从来没有意识到点头这一动作的威力，事实上，恰当的点头动作会成为相当具有说服力的工具。研究显示，如果聆听者每隔一段时间就向说话人作出点头的动作，每次做这个动作时点头次数以三次为宜，就会激发说话人的表达欲望，能够让他比平时健谈三至四倍。

点头的动作还具有相当的感染力。如果有人对你点头，你通常也会向他点头，即使你并不一定同意这个人所说的话。因此，在建立友善关系、赢得肯定意见与协作态度等方面，点头的动作无疑是绝佳的手段。

在点头的同时，你的脸上应该表现出微微的笑容，眼睛直视对方。

其次是身体。当你与对方说话，或聆听的时候，上身向前倾，会显得更有诚意，也更容易拉近你与对方的距离，赢得对方的好感。坐着的时候，就算椅子是硬的，你靠在椅背，甚至身体滑下去一点，绝对不如坐直，上身稍向前倾来得好。当你改变坐姿，很可能自然地就博得对方的好感，他会觉得你很认真而且积极。你甚至可以把椅子移动一下，连椅子都对着那个人。而且就算你调整椅子，只是做样子，椅子根本没动，当你这样做，也会给人很有诚意的好感。

以下是部分肢体语言的含义：

鼓掌——赞成或高兴；

脚尖指向对方——对他感兴趣；

抬头挺胸——自信、果断；

轻拍肩背——鼓励、恭喜或安慰；

正视对方——友善、诚恳、外向、有安全感、自信、笃定等。

第2章 懂心理、会沟通、巧搭讪，一分钟和陌生人交朋友

把握时机结束交谈

一切的开始，都有结束；一切的结束，都有开始。

元朝学者陶宗仪对写文章有"三段论"的说法，即"凤头、猪肚、豹尾"，与陌生人结交的过程也与写文章一样，也需要有"引子""正文"和"收尾"。先说问候的话、引出话题就是"引子"，真诚而自然地交谈就是"正文"，适时结束交谈向对方告别就是"收尾"了。只有把这三个部分都处理得好，方能使得一次交谈有满意的结果。前面"引子""正文"你都进行得很顺利，那么，最后要做的就是有一个完美的"收尾"。

小李代表公司参加了一个展销会，还认识了一位漂亮的女士。通过交谈，小李知道对方与自己是同行，因此，他们就自然地聊起了双方所熟悉的话题。那位女士非常健谈，小李虽然话不多，但在关键时刻能说出中听的话，有时开解她一下，有时称赞她一下，这样一来，对方谈兴大增，很有与小李相见恨晚的意味。

聊了一会儿，小李就有点坐立不安了，因为老总曾交代他，到展销会后，尽快把情况向公司汇报。小李几次想打断她，但都没好意思。毕竟对方是个女士，又谈兴正浓，这样打断对方显得不礼貌。

又聊了一会儿，小李想不能再说了，得想个办法让她住嘴。猛然间，小李有了主意。只见他一会儿四处张望，一会儿又看看手表，脸上还显露出很焦急的样子。很快，那位女士注意到了小李神态不对，就问小李怎么了。小李也没隐瞒，如实向她说明了原因。那位女士笑了，埋怨小李为什么不早说，然后就催小李赶快办正事，还对小李说以后常联络。

幸亏这位女士是一个爽快的人，而且观察能力还很强，看出了小李有急事的样子，否则，小李还真要为结束交谈而费一番脑筋呢。其实，小李的这种做法是有一点欠妥的。如果对方是个爽快人，可能会询问他是不是有急事；如果对方是一个较敏感的人，很可能会误会他的做法。

俗话说，天下没有不散的筵席。与陌生人不管如何相谈甚欢，都有说再见的时候。如果是对方先提出结束交谈，你就可以礼貌地与他道别；如果对方没有要结束的意思，你就应该找准时机，向对方提出结束交谈。

首先，你可以从时间上把握。比如，聚会快结束的时候，就可以适时提出结束交谈；时间快到晚上，或者是晚上已经很晚了，这时你就可以以"时间不早了"为借口，向对方提出结束交谈。

其次，你可以从双方的交谈内容中找出结束的时机。如果双方就某一个话题谈得很投机，而此话题所涉及的内容又很广，一时半会儿不可能结束时，就可以跟对方说另找时间再谈，或者当转移话题的时候双方都没有什么话可说时，这时你就可以结束交谈。

再次，有突然发生的事情时结束交谈。比如，聚会时有主持人要讲话，或者有人、有电话找对方（自己）时，是最好的结束交谈的时机。

另外，如果是相约见面，你最好到对方家里"登门拜访"，而不是约他"光临寒舍"，这样可以掌握结束交际的主动权。如果对方来做客，你不必为了显示热情而拼命挽留对方，否则，如果对方不好意思立即告辞，那么再开始的谈话只能是纯应酬了，很难涉及实质性问题。

道别的话怎么说

"再见"两个字谁都会说，但如何巧妙结束谈话并让对方记住自己，这才是艺术。

同作为口语活动的演说相比，与陌生人的交谈的结束语并不需要追求"艺术效果"，讲究那么多的"楔子""噱头""出人意料"或"戛然而止"的形式和技巧。然而，交谈毕竟是一种有目的的社会交往，你不光期待与对方进行友好的沟通，更希望借此机会让对方成为你的朋友，以后能够经常联络。因此，懂得结束交谈的礼仪，会说道别话也是必须掌握的知识。

公司派王阳去拜访一个客户，之前他们没有过来往，互相并不熟悉。王阳只是听同事说对方是一个书法爱好者。为此，王阳特意书写了一篇大字，以备交谈的时候用。

对方对王阳很客气，双方就工作上的事进行了一番交谈，又聊了一些无关紧要的话。时间指向了下午六点，到了吃晚饭的时候了，该结束拜访了，但王阳感觉对方与自己的距离还是很远，这不利于以后工作的展开。在起身的时候，他说："时间过得真快啊，我也该告辞了，谢谢您的合作！我还有件事想向您请教，我知道您是书法专家，我也有这个爱好，但不知道如何提高自己的水平。"说完王阳拿出了自己写的大字。

客户听完王阳的话，眼前一亮，拿着大字端详了一下，说："不要说专家，我也只是爱好。你写得不错。这样吧，这个周末我有时间，你来我家咱们共同研究。"

我们生活在一个五彩斑斓的世界，在这个世界里不光有着美丽的风景，同样也有着不同个性，不同气质，不同人格魅力的人。而每个人都渴望被欣赏和认同。无疑，在与陌生人沟通时，这一点是非常重要的。王阳就利用了这点，在结束拜访的时候，提起了对方感兴趣的事，不光争取到了再次见面的机会，还为双方的进一步结交打下了良好的基础。

与陌生人结束交谈，如何说道别话也是一门艺术，说得好，双方欢喜，感情加深；说得不好，双方难堪，拉大了彼此之间的距离。以下就道别话的几种常用方式作简要的介绍，以供参考。

（1）道谢式。它在交谈艺术中具有较强的礼节性，它的基本特征是用讲"客气话"作为交谈的结束语和告别话。道谢式适用的场景和对象是最广泛的，它无论是上下级间、同事间，还是左邻右舍之间都是适宜的。比如，"如果不是听了您的话，我真不知道这件事应该怎样处理，哪天我能再向您求教？""您对我学习上的帮助，生活上的关怀，使我感激不已……""今

天真是谢谢您了,改天一定去拜访您……"

（2）关照式。当你与对方谈了自己的思想、意见、看法或流露了某些内心意向之后,觉得谈话中的有些话和问题是带有范围性、对象性、保密性和重点性的,当交谈即将结束时,就关照对方不要将其中的某些话张扬开去,或关照哪些问题。比如,"刚才我讲的一些话,是一些不成熟的看法,在我觉得不必让他人知道的时候,请你不要传出去,以免引起麻烦……""我说的全是心里话,有关某某的事你千万别讲出去,不然会闹出大乱子的。"

这种关照性收尾,有一种提起注意、防患于未然和强调重点的作用,能增强对方的使命感、责任感。

（3）征询式。所谓征询式结束,是指当一次交谈即将完毕时,可根据自己的"谈话使命"综合"交谈情况"——即目的与交谈后的吻合情况,说出想向对方征求意见、看法、说明、要求,或建设性的建议、忠告、劝诫,等等。如"您对我有其他意见和看法吗？如果现在想不起来,日后您尽管提出来,我这个人是非常乐于接受批评的……""您觉得我还应该注意些什么,怎样做才好？""听君一席话胜读十年书啊,不知道下次什么时候再见面？"无疑,这样的话令对方听了有一种心悦诚服、倍感亲切、心心相印的感觉,从而取得关系融洽、有利于进一步结交的良好效果。

（4）邀请式。即运用社交手段向对方发出礼节性邀请或正式邀请。前者是体现了"套式"所需的礼仪,后者是一种友谊和更具诚意的表示。如正式邀请:"今天跟您的交谈真是愉快。您哪天赏光到我们家来吃便饭,那时我们再作长谈……""您对我们这里的风俗这么感兴趣,不如就在这个周末我带您去参观一下……"

"套式"邀请也是一种礼节；正式邀请更是一种友好和友谊的表示。运用这种结束语,无疑是最符合人们结交朋友的愿望的。

道别话是多种多样的,只要你能够面对不同情境,选择得当的词语,这样的交谈结束语,无疑不仅会是得体的、有趣的,而且也会是有力的、感人的。

第3章 先赚人气再赚财气，塑造价值百万的形象

在交际中，你给周围其他人的印象在视觉上占了很大一部分，如表情、姿态、身材、仪表、服装等方面。特别是在人们真正了解一个人之前，早在第一眼看到他时，就形成了对他的初步看法，即所谓先入为主。这将是今后交往的起点和根据。所以，每一个善于商务交际的人都很重视保持良好的个人形象。

你希望周围的人喜欢你，你希望自己的观点为人接纳，你渴望听到真心的赞美，你希望别人重视你，那你就要使自己成为交际圈里的"明星"。树立良好的个人形象，培养令人景仰的个人魅力，可以为你赢得更多的朋友，为事业赢得更多的良机。

保持良好的个人形象

一个人的个人形象会影响到别人对他的看法，这在商务交际中非常重要。怎样保持良好的个人形象呢？

显然你不能对流行时尚一无所知，也不能过分追赶潮流而在外表上失去你的专业信誉。有几个细节是值得你注意的。

1. 高保湿的头发

湿润亮泽的头发，给人以清新、有活力的感受。千万不能顶着一头干涩的头发去面见客户，要购买无香型的保湿啫喱，抹在干净柔顺的头发上，制造保湿效果。注意别用香气袭人的啫喱，啫喱的香气与面霜、香水的香气混杂起来很刺鼻，缺乏清爽的感受。

要使你的头发看上去像半小时前刚从泳池里出来的效果，湿润亮泽，清爽宜人。

2. 简洁的领口

领口加花边是非常老土的式样，体现你的效率与创新精神的领口，常常应该是简单的半立领式，领子呈不对称的半开放式设计。对称的领子严谨而尊贵，但不能给人意料之外的惊喜，也就不能给人以深刻印象。不对称的领口常常给人以"领先意识"与"创新精神"的双重好感。

3. 唇膏的颜色

灰紫、淡紫、银灰等唇膏色，已继紫色与黑色之后，成为最具先锋感的唇膏色，得到年轻的职业女性的喜爱，但是，它却不适用于工作领域或对外交往场合。玫瑰灰紫、灰紫白、银灰，给人矜持冷淡的印象，显得气质孤傲，缺乏合作诚意。当然，饱满欲滴的火红色和大红色也是不合适的。比如，燃烧般的红色是女性"扩张力"的代言物，无论对话者是女性还是男性,都会令其不安、紧张。所以,为保持优雅而不乏轻松的对话氛围,要选好你的唇膏颜色。深玫瑰紫、粉红和咖啡玫瑰红,是赢得"人心相向"的"武器"之一。

4. 套装颜色是否与皮肤颜色相配

如果你对自己的经验和能力没有把握,套装是最能帮你镇定自若的服装。但套装的颜色若选错了,往往比品牌、款式不匹配更糟糕。乍一看上去,黄种人的肤色都差不多,其实还分许多类:深黄偏红、深黄偏黑、淡黄偏红、淡黄偏白、淡黄偏黑、微黄色、苍白色、焦黄色、褐黄色……每种肤色都与一至三种套装颜色"相克"。穿上了"相克色",常常使人表现出保守、萎靡、拘谨之相。关于你最适合何种套装色,一定要请教色彩搭配师、色彩专家和有经验的朋友。这是确立个人着装风格的第一步。

5. 摆脱制服装的约束

第一次会面就不穿套装,反映了一个人内心的轻松或胆略,有时也体现了一种朋友式的友善态度,像无衬拉链装和底边有本色绣花的针织裙,常常突出了初见者对自身影响力的自信,有一种出奇制胜的效果。因此,日本的营销员们,已在考虑如何将轻便装与职业自信结合起来,从而独创一种"标签式"的户外拜访装,以此来突出自己的年轻优势,也借此体现与老前辈们截然不同的工作姿态和价值取向。

6. 亮丽的旅行袋式挎包

与客户面对面打交道的工作人员,不再用小号公文箱、公文袋及中规中矩的黑色矩形挎包,代之而来的是亮丽的旅行袋式大挎包,已成为一种时尚方向。东京街头早已出现面见客户的保险业女性背紫色旅行袋式LV挎包的时尚风景。大容量的挎包,与女孩的纤细身型相对照,有着强烈的戏剧张力。旅行袋式的挎包,鲜艳、明丽、有运动特质,能使背包的人看起来朝气蓬勃,对工作充满热忱。

7. 鞋子上的时尚特征

无论是靴子还是皮鞋，想体现干净干练的专业人群素养，只能是方头鞋而不是尖头鞋。尖头给人神经质的感受，显得个性过甚，缺乏合作诚意。除了鞋头部分能反映精确的专业气质外，流线型的鞋底也给人潇洒亮丽的好印象——一种对职业游刃有余的优越感。所以一些重视外观形象者，都选择了流线型的鞋底，以期塑造一种优雅敏捷的气质。

人靠衣服马靠鞍

俗话说："人靠衣服马靠鞍"。着装艺术会直接反映出一个人的修养、气质与情操，往往能在别人认识你或你的才华之前，已向别人透露出你是何种人，因此在这方面稍加努力，定会取得事半功倍的效果。

首先应该讲究配色艺术。色调是构成服装美的重要因素之一。对于色调的搭配和选择，每个人都有自己的喜好，它能反映出一个人的年龄、性格、爱好、职业习惯，等等。对于服装的色调来说，整体的协调就是美。心理学研究表明，色彩能引起人的情绪变化，对人的心理影响很大。一般来讲，红色热烈，橙色兴奋，黄色鲜明，绿色清新，黑色沉静，蓝色庄重，紫色神秘，白色纯洁。以红色为代表的色系能让人兴奋、情绪热烈统称为"积极的色彩"；以蓝色为代表的色系则给人以沉着、平静的感觉统称为"消极的色彩"。就色彩本身而言，协调的搭配法是同类色相配或近似色相配，这样使人看着顺眼、舒适、平和；而大胆、创新的搭配法则是强烈色相配或是对比色相配，这样使人看上去醒目，与众不同。不同的色彩搭配法，所产生的效果也会截然不同。所以，你应该根据不同的场合需要，来选择适当的色彩与搭配方法。

其次是款式的选择。一个善于用服饰装扮自己的人，在选择服装时，对款式的要求是很严格的，它既要适合自己的体型，又要与自己所追求的风格统一起来。要想使衣着具有沉稳、高雅的气质，那么衣服的款式一定要以简洁大方为原则，流畅的线条、简洁的样式，配以高级的面料，定能达到满意的效果。如果一件衣服上混杂了太多的色彩，或使用太复杂的图案，只会使人感到累赘而不洒脱；花边、蕾丝繁多的服装只会使人感到"小家子气"。

衣着也要讲究天时、地利、人和。合乎场合的打扮可以使你在工作上无往不利。正式的工作环境中，自然应选择庄重、文雅的服饰。即使平常喜欢穿着随意、不修边幅的人，在庄重的社交场合，衣着打扮也不要随随便便，那样会使人产生不尊重别人的感觉。相反，在一些轻松、愉快的社交场合，或业余文娱活动中，则可选择活泼、鲜艳、式样随意一些的服饰，使人感到富有生活情趣，不拘一格又充满活力。

穿着得体犹如一支美丽动人的乐曲，一首由关系密切、却相映成趣的乐章所组成的交响曲。基调贯穿全曲，使得每一乐章都特点鲜明，却又一脉相承。如果你想成为自己圈子里的"明星"，就得用心去塑造你的形象。它会使你符合身份又能左右他人的感觉，使你在任何社交场合都能轻松自信、游刃有余。

控制好你的眼神

直觉敏锐的客户初次与人接触时往往仅看一下对方的眼睛就能判断出"这个人可信"或"要当心这小子会耍花样"，有的人甚至可以透过对方的眼神来判断他的工作能力的强弱。

能否博得对方好感，眼神可以起主要的作用。言行态度不太成熟的人，只要他的眼神好，炯炯有神，即可"一俊遮百丑"；反之，即使是能说会道，如果眼神不对劲，也不能博得客户的青睐，反而会落得光会耍嘴皮子的下场。

不论你如何强烈地反驳对方都必须笑容满面,如果不笑就无法保持温柔的眼神。在生意人的"辞典"里,不应该有嘲笑的眼神、怜悯的眼神、狰狞的眼神或愤怒的眼神等字眼。想要获得客户的青睐就需要克服以下的不当眼神。

1. 不正面看人

不敢正面看人可表现为不正视对方的脸,不断地改变视线以离开对方的视线,低着头说话,眼睛盯着天花板或墙壁等没有人的地方说话,斜着眼睛看一眼对方后立刻转移视线,直愣愣地看着对方,与对方的视线相交时立刻慌慌张张地转移视线,等等。

众所周知,怯懦的人、害羞的人或过于敏感的人是做不成生意的。哪怕你只有那么一点毛病也必须立刻改掉。不妨在和家人朋友谈话时,下工夫用眼睛盯着对方来进行训练,使自己能以平常心说话。

2. 贼溜溜的眼神

如果有一双贼溜溜的眼神可就麻烦了。有的人因职业关系访问客户时有目的地带着一副柔和的眼神,可是一旦紧张或认真起来则会原形毕露,反把客户吓一大跳。

带有贼溜溜眼神的人仅在从事销售工作时注意还不够,必须时时刻刻注意自己平时的日常生活,养成使自己的眼神温柔的习惯。如果想从根本上解决的话,对一切宽宏大量是治疗这种眼神的唯一办法。

3. 混浊的眼

上了年纪的人眼睛混浊是正常现象。但是有的人年纪轻轻的却也眼睛混浊布满着血丝。这样的人给人一种不清洁的感觉,甚至被误认为此人的人格也是卑下的。作为一位商务人员来说这是非常不利的情况。

只要不是眼病,年轻人的眼睛本不会混浊。眼睛混浊的年轻人往往是由于睡眠不足和不注意用眼卫生所引起的,因此,一定要注意睡眠和眼睛卫生。

4. 冷眼

一个人冷酷无情，眼睛也给人一种冷冰冰的感觉，有的人心地虽然很好，可是两眼看起来却冷若冰霜，比如，理智胜过感情的人、缺乏表情变化的人、自尊心过强的人或性格刚强的人等往往有上述现象。这种人很容易被人误解，因而被人所嫌弃，若从事商务活动则不会有所成就。

因此，上述这类生意人应对着镜子，琢磨如何才能使自己的眼神变得柔和，同时也要研究一下心理学。如果对自己的纠正还不太放心，可请教一下朋友。

5. 直愣愣的眼

出差访问客户时，环顾四周是件非常重要的事。眼不斜视直愣愣地朝着对方的办公桌走去，是没有经验的表现。那应该怎么办呢？首先，要环顾一下四周，视线能及的人就走上前去打个招呼，远的就礼貌地行个注目礼。

客户单位的主管、一般的工作人员即使与你的业务并无直接关系，也要诚心诚意地向他们打招呼，这样不但可以提高你的声望，而且在某些情况下他们还会给你意想不到的帮助。

另外，和很多客户说话时行注目礼也是很重要的事，要一边移动视线看着全体人员的脸，一边说话。一般来说大家比较注意发言多的客户，而往往忽视了不发言的人，这就有点失礼了。对一言不发的人也要注意到，这样一来气氛就大不一样了。

握手，将热情传给对方

握手，是人们在社交场合中司空见惯的礼仪。握手在日常生活中，是一种经常使用的礼节方式，不仅常用在人们见面和告辞时，更可作为一种祝贺、感谢或相互鼓励的表示。它看似简单，但却是与陌生人进行沟通、交流、增进关系的重要手段。

玫琳凯化妆品公司创始人玛丽在当推销员时，有一次，销售经理召集她们开会。会议结束时，大家都希望同经理握握手。

玛丽也非常崇拜这位经理，但由于想跟经理握手的人太多了，玛丽排队等了三个小时，才轮到她与经理见面。

然而，让玛丽失望的是，经理在同她握手时，根本就没有正眼看玛丽一眼，只是去看她身后的队伍还有多长。玛丽看得出经理有一点累。可是，自己也等了三个小时，同样很累。自尊心受到了伤害的玛丽暗下决心：如果有那么一天有人排队等着同自己握手，自己将把注意力全都集中在对方身上，不管自己多累！

后来，玛丽成立了自己的公司，名气也逐渐大了。她多次和数百人握手，常常持续好几个小时。无论多累，她总是牢记当年自己排那么长的队等候同那位销售经理握手时所受到的冷遇。如有可能，总设法赞美对方，也许只是一句，如"你的发型很漂亮"或"你穿的衣服多时尚"。她在同每一个人握手时，总是全神贯注，不允许任何事情分散了自己的注意力。

这样握手，使数百人都觉得自己是世界上最重要的。她的公司就这样成为他们心中全世界最重要的化妆品公司。

一项新的研究再次支持了关于握手的一贯看法，即一次有力的握手不论对男人或女人来说都有利于给别人留下深刻印象。研究人员发现，良好的初次印象确实与握手时的各种特点如力量、持续时间、目光交汇和紧握程度等有实质性联系。

和说一百句话相比较，用力握手一次，更能拉近彼此的距离。它可以发挥缩短与对方相隔距离的最大效果。

正因为如此，国外政治家在选举期间会大量外出与选民握手。比起聆听冗长寻常的演说，选民通常会将神圣一票投给和自己握过手的候选人。这种基于肢体接触的沟通方式，比起利用语言的沟通方式更具影响力。

第3章 先赚人气再赚财气，塑造价值百万的形象

握手不光是一种礼节。当两只不同的手碰在一起，手指稍弯，即握在一起，它会将感情迅速地传递给对方。

有一年的圣诞节前夜，美国的一个珠宝店快打烊的时候，从外面进来了一个30多岁的男子，穿着一套起皱的西装，领带也没有系。他在珠宝店里转悠，一副心不在焉的样子。终于，他的目光定格在一条镶有七颗钻石的手链上，要求店员把手链拿给他看一看。店员是个姑娘，她迟疑了一下，还是按他的请求拿出了手链递给他。

在观看了一会儿后，男子把手链还给了姑娘，忙着往外走。姑娘小心翼翼地将手链放回原处。突然，她看见手链上的钻石只剩下了六颗。她快速往外走了几步，在珠宝店门口追上了男子，伸出右手微笑着说："先生，祝您圣诞快乐！"

男子稍微迟疑了一下，也伸出了右手，握住了她的手，笑着说："谢谢！"说完，转身走了。这时姑娘感觉右手心多了个硬硬的小东西，一看竟然是那颗钻石。

故事到这里还没有结束。十年后的一个圣诞节前夜，还是在这家珠宝店里，一位40多岁的富商握住了珠宝店女老板的手："谢谢你，是你给了我自尊，给了我生存的智慧！"这个富商，就是十年前的那个男子。而珠宝店女老板，就是当年的店员。

面对一个陌生人，当你热情地握住他的手的时候，你和他之间已经开始了一段激动人心的交往旅程。

握手礼中的细节讲究

握手是生意场上常见的礼节。握手的力量、姿势与时间的长短，往往能够表达出不同态度，显露自己的个性，给人留下不同的印象。

通过握手你也可了解对方的个性，从而赢得交际的主动权。美国著名女作家海伦·凯勒曾写道，手能拒人千里之外，也可充满阳光，让你感到很温暖。事实也确实如此，因为握手是一种语言，是一种无声的动作语言。

通常与人初次见面，熟人久别重逢，告辞或送行均以握手表示自己的善意，因为这是最常见的一种见面礼、告别礼。有时在一些特殊场合，如向人表示祝贺、感谢或慰问时；双方交谈中出现了令人满意的共同点时；或双方原先的矛盾出现了某种良好的转机或彻底和解时，习惯上也以握手为礼。

1. 握手的顺序

在一般情况下，主人、长辈、上司、女士主动伸出手，客人、晚辈、下属、男士再相迎握手。

长辈与晚辈之间，长辈伸手后，晚辈才能伸手相握；上下级之间，上级伸手后，下级才能伸手相握；主人与客人之间，主人伸手后，客人才能伸手相握；男女之间，女方伸出手后，男方才能伸手相握；如果男性年长，是女性的父辈年龄，在一般的社交场合中仍以女性先伸手为主，除非男性已是祖辈年龄，或女性未成年在20岁以下，则男性的长者先伸手是适宜的。但无论什么人，如果他忽略了握手礼的先后次序而已经伸出了手，对方都应不迟疑地回握。

2. 握手的方法

握手时，距离受礼者约一步，上身稍向前倾，两足立正，伸出右手，四指并拢，拇指张开，向受礼者握手。

一般来说，掌心向下握住对方的手，显示出一个人的控制欲非常强烈，无声地告诉别人，他此时处于高人一等的地位，因而，应尽量避免这种傲慢无礼的握手方式；相反，掌心向里握住他人的手，显示出一个人谦卑与毕恭毕敬，如果伸出双手去捧接，则更是谦恭备至了。平等而自然的握手姿态是两手的手掌都处于垂直状态，这是一种最普通也最稳妥的握手方式。

握手时应伸出右手，不能伸出左手与人相握。戴着手套握手是失礼行为，一般情况下，男士在握手前先脱下手套，摘下帽子，女士可以例外。当然在严寒的室外有时可以不脱，比如，双方都戴着手套、帽子，这时一般也应先说声："对不起"。握手者双目注视对方，微笑、问候、致意，不要看第三者或显得心不在焉。

如果你是左撇子，握手时也一定要用右手。当然如果你右手受伤了，那就不妨声明一下。

在人际交往中，当介绍人完成介绍任务之后，被介绍的双方第一个动作就是相互握手致意。握手的时候，眼睛一定要注视对方的眼睛，传达出你的诚意和自信，千万不要一边握手一边东张西望，或者跟这个人握手还没完，就将目光移至下一个人身上，这样别人从你眼神里体会到的只能是轻视或慌乱。那么是不是注视的时间越长越好呢？并非如此，握手只需几秒钟即可，双方手一松开，目光即可转移。

3. 握手的力度

握手的力度要掌握好，握得太轻了，对方会觉得你在敷衍他；太重了，人家不但没感到你的热情，反而会觉得你是个大老粗，女士尤其不要把手软绵绵地递过去，显得连握都懒得握的样子，既然要握手，就应大大方方地握。

如果要表示自己的真诚和热烈，也可较长时间握手，并上下摇晃几下。在一般交往中，不要用双手抓住对方的手上下摇动，那样显得太恭谦，使自己的地位无形中降低了，完全失去了自己的风度。

被介绍之后，最好不要立即主动伸手。年轻者、职务低者被介绍给年长者、职务高者时，应根据年长者、职务高者的反应行事，即当年长者、职务高者用点头致意代替握手时，年轻者、职务低者也应随之点头致意。和女性握手，一般男士不要先伸手。

多人相见时，注意不要交叉握手，也就是当两人握手时，第三者不要把胳膊从上面架过去，急着和另外的人握手。

在任何情况下，拒绝对方主动要求握手的举动都是无礼的，这一点你要牢记，但手上有水或不干净时应谢绝握手，同时必须解释清楚并致歉。

恰当的握手是在交际场合向对方表现自己的真诚与自信，接受别人和赢得信任的契机。

在言谈上不露锋芒

人们总是希望自己能够引起别人的注意，只是从言语、行为方面努力的话，又会很容易在言行或举止方面显得锋芒毕露。

锋芒是刺激大家的最灵验的方法，但是如果仔细看看周围一些有人缘的人你会发现，他们和光同尘、毫无棱角，言语如此，行动也是一样，他们个个深藏不露，表面上看好像他们都是庸才，其实他们的才能，颇有出于你之上者；好像个个都很木讷，其实其中颇有善辩者；好像个个都胸无大志，其实颇有雄才大略而不愿久居人下者，但是他们却不肯在言谈举止上露锋芒，不肯做出众人物，这是什么道理呢？

有句俗话说得好：人怕出名，猪怕壮。因为他们有所顾忌，言语露锋芒，便很容易得罪旁人，得罪旁人便会成为自己前进的阻力，成为自己成功的破坏者。行动露锋芒，便要招惹旁人的妒忌，旁人妒忌也将成为你的阻力，成为你的破坏者。如果你的四周都是你的阻力或你的破坏者，在这种形势之下，你的立足点就会被推翻，哪里还能实现你成功的目的呢？

年轻人往往会狂妄自大，树敌太多，与同事之间不能和谐地相处，究其原因就是因为在语言表达上、行为举止上锋芒太露，以致影响到他人。言语、行为之所以锋芒太露，是急于成功的缘故，这也是遭人妒忌的最大原因。

张卫在年轻时颇以"三头"自负，即笔头写得过人，舌头说得过人，拳头打得过人。在学校读书时，已是一员猛将，不怕同学，不怕师长，以为都不及他。初入社会还和在校时一样的锋芒毕露，结果得罪了许多人。但是还好，总算觉悟得快，一经好友提醒便连忙负荆请罪，倒也消除了不少的埋怨，但是无心之过仍然难免，结果终究还是遭受了挫折。他在受足了痛苦的教训后，才知道言语露锋芒，行为露锋芒，就是自己为自己前途设下的荆棘，有时为了避免再犯无心之过，就故意效法古人三缄其口，即使不得不开口，也是多方审慎，虽然"矫枉过正"，但是要掩盖先天的缺点，就不能不如此。

当然，你也许会说，采取这样的办法不是永远没有人知晓了吗？其实只要一有表现自己才能的机会，你把握住这个机会，并作出过人的成绩来，大家自然就会知道你、赞赏你。这种表现的机会不怕没有，只怕把握不住，只怕表现得不能令人感到满意。如果你已经具有真实的本领，就要留意表现的机会了，如果你还没有，就得在自身的素质上多下工夫。

总之，该表现的时候就要抓住机会，不该表现的时候就别露自己的锋芒。

在举止上要有涵养

人的举止是自身素养在生活和行为方面的反映，是反映现代人涵养的一面镜子。

中国自古以来就对人的姿态和举止有"站如松，坐如钟，行如风"的要求。正确而优雅的举止，可以使人显得有风度、有修养，给人以美好的印象；反之，则显得粗俗，甚至失礼。

有些人虽然仪表堂堂或是漂亮异常，但是一举手投足便显俗气，令人生厌。因此，生意人要想在交际活动中，给人留下美好而深刻的印象，外在美固然重要，而高雅的谈吐和优雅的举止则更让人喜爱。这就要求你在平时的一举手一投足之间，都要有意识地让自己养成良好的行为姿态，做到举止端庄、优雅得体、风度翩翩。

举止优雅是指人们在日常生活、工作、学习和社会交往中，站、坐、行等一些基本动作应具备的礼仪规范。

1. 站有站相

人的正常站姿，也就是人自然直立的姿势。要求头正、颈直、两眼平视，嘴、下腭微收；双肩平且微向后张，挺胸收腹，上体自然挺拔；两臂自然下垂，手指并拢自然微屈，中指压裤侧缝；两腿挺直，膝盖相碰，脚跟并拢，脚尖张开；身体重心穿过脊柱，落在两脚正中。从整体上形成优美挺拔、精神饱满的体态。

2. 坐有坐相

人的正常坐姿是在身后没有任何依靠时，上身挺直稍向前倾，膝关节平正，两臂贴身自然下垂，两手随意放在自己腿上，两脚间距与肩宽大致相等，两脚自然着地。在正式社交场合，即使背后有依靠时，也不能随意把头向后倾靠，以免显得懒散。理想的坐相就是常说的"坐如钟"。

在日常生活中，你当然不可能时时处处都像上面所说的那样端庄稳重。但为了坐姿的正确优美，还是应该注意以下几点：

落座后两脚不要分得太开，女性这样坐尤为不雅。

两脚交叠而坐时，悬空的脚尖应朝下，切忌上下抖动。

与人交谈时，勿将上身向前倾或手支撑下巴。

落座后应该安静坐好，不要一下向东、一下向西，给人以不安分的感觉。

坐下后双手可相交搁在大腿上，或轻搭在沙发扶手上，但手心应向下。

如果座位是椅子，不可前俯后仰，也不能把腿架在椅子或踏在茶几上，这是非常失礼的。

端坐时间过长会使人感觉疲劳，这时可变换为侧坐。

在社交或会议场合，落座要轻柔和缓，坐姿要端庄稳重，不可猛起猛坐，弄得座椅乱响，造成紧张气氛，起身站立时，更要小心别带翻桌上的茶杯等用具，以免尴尬。

总之，坐的姿势除了要保持腿部的美观、背部挺直以外，还应做到轻松自如、落落大方，方显得文静优美。

3. 走有走姿

行走的姿势是每个人最基本的行为动作，也是行为礼仪中必不可少的内容。人行走的时候比站立的时候多，且行走多半在公共场所进行，所以，应该非常重视行走的姿态，给人以轻松优美的形象。

人的正常行走应当是身体挺立，两眼直视前方，两腿有节奏地向前迈步，并大致走在一条等宽的直线上。行走时要求步履轻捷，两臂在身体两侧自然摆动。走路时步态美不美，是由步度和步位决定的。如果步度和步位不合标准，那么全身摆动的姿态就失去了协调的节奏，也就失去了自身的步韵。

总之，走路的正确姿态应当是：轻而稳，胸要挺，头抬起，两眼平视，步度和步位符合标准。

锻炼出你优雅的举止，将高雅的一面充分展示出来，会使你的形象高出几分。这主要有以下几种方式。

1. 不在人前打呵欠

当你和别人谈话时，尤其是当你的朋友正在滔滔不绝地高谈阔论时，你在一旁感到有些疲倦了，你必须忍住不把你的嘴巴大大地张开。

在社交场合，在人前打呵欠给别人留下的印象是：这个人不耐烦了。

当你留给别人一个不耐烦的印象时，那么你先前的言行举止很可能都被看做是虚伪的自我炫耀。为什么呢？因为你只对自己感兴趣，而不把别人放在眼里。

不要以为你疲倦了打个呵欠是很自然的，但是，别人永远都不会这么想。

2. 不在人前掏耳挖鼻

有些人手痒，只要他看见什么可以用，就拿过来掏耳孔挖鼻子，似乎里面藏有许多宝物一样。

尤其是在餐厅里，大家正在饮茶、吃东西的时候，挖鼻孔、掏耳朵之类的不雅之举，往往让旁观者感到恶心，无心再吃什么，某些女性甚至因此而反胃。

这个小动作在自己看来可能感觉很舒适，但在别人看来，则是很失礼。即使你真的痒得难受一定要解决时，不妨暂时离开并表示歉意。

3. 不在他人面前抖动双腿

你经常会发现有人在坐着的时候，双腿犹如痉挛般地不停颤动，有时还伴随着上身的摇晃，连头也不可避免地动了起来。而此时，他的表情往往是很洋洋自得的，<u>丝毫不顾及他人的感觉</u>。

谁会喜欢这种吊儿郎当的人？双腿颤动不停，不但令对方视线不舒服，而且也给人以情绪不安定的感觉。

这时，你的仪表再潇洒也会在瞬间荡然无存了。

4. 系好拉链和鞋带

鞋带忘记系上或是男士的裤子拉链忘记拉上，在大庭广众的场合，无疑是件有伤大雅的事。这种疏忽，是一种难以宽恕的疏忽。

一个举止有涵养的人，犹如一块强力的磁铁，不断地吸引别人乐于与其交往。你如果想充实自己的人脉，就要在自己的举止上下工夫。

在礼仪上分清场合

1. 生日庆贺的礼仪

本人或亲朋好友生日到来之际，一般都举行生日聚会，以表示对这个特别日子的重视。

对生日表示祝贺一般有两种形式，即个人和集体的。个人的祝贺方式可送点小礼物，一本书、一束花、一张贺卡等，都非常有意义，甚至只说几句祝贺的话，也同样会令对方欢喜。集体的祝贺方式，通常是几个要好的同事、朋友凑在一起，合送一份礼物表示心意。

生日蛋糕和生日蜡烛能为生日聚会增添很多情趣。生日聚会上，当过生日者怀着兴奋而激动的心情点燃生日蜡烛的时候，伴着"祝你生日快乐"的歌声，过生日者一口气把点燃的蜡烛全部吹灭，在这一刹那间，大家应以热烈的掌声祝贺主人的生日。接着，生日聚会的中心人物把生日蛋糕切成若干等份，分给在场者。大家愉快地交谈，尽情地享受这人生值得怀念的时光。随着中外交流的日益发展，有很多外国人在中国庆祝他们的生日，中国的东道主要记得接待的外国来宾的生日。如果你能在某位外宾生日的时候出其不意地送上生日蛋糕或一束鲜花，这将是令外宾十分难忘的，也是非常符合礼仪的。

随着工作节奏的不断加快，对于庆祝生日聚会的活动也变得简化，当亲朋好友在异地不能聚在一起时，邮寄贺信、贺卡发个E-mail或打电话祝贺，也不失为得体的传递友好情谊的表达方式。

2. 参加婚礼的礼仪

婚礼的规模由婚礼礼节的习惯和被邀请客人的数量来决定。能够被邀请出席新人的婚礼是一种荣幸，一个应邀出席婚礼的人如果举止文雅，谈吐幽默，注意礼节，可以为婚礼增添许多光彩。参加婚礼的宾客应适当修饰仪容，不能不修边幅地去参加婚礼。应换上整洁的礼服，以示对婚礼的重视。但也应注意不能修饰过度，尤其是女宾，如打扮得艳丽异常，则会产生喧宾夺主的效果，可能会引起主人的不快。

应邀出席婚礼者一般应在出席婚宴前送上礼品，送礼最重要的不在于礼品的价值，而在于表达庆贺的情意。因此，可在力所能及的范围内，精心挑选一两件有意义的纪念品、工艺品或当事人喜爱的生活用品。可用比较巧妙的办法征求一下当事人的意见，或根据平时相知的情况进行判断，不必与其他送礼人攀比。

来宾到达婚礼场所时，通常会在入口处受到新郎新娘等人的热烈欢迎。来宾这时应走到新郎新娘面前，简单地道喜："祝贺你们！"或"恭喜恭喜！"这时，千万不要缠着新人喋喋不休，以免妨碍他们接待其他宾客。

隆重的婚礼场面，来宾应按接待人员的安排入座；如果是自助式的婚礼宴会，则可以比较随便些。

在婚礼上，如果有人发表讲话，出席者应留神倾听，并随时鼓掌，注意保持婚礼的热烈气氛。

每个来宾在婚礼上都能遇见一些老朋友和其他熟人，此时，要好的朋友喜欢聚在一起，但切记不要老是几个人在一起窃窃私语，这对其他客人和主持人来说是很不礼貌的。在婚礼上，与几个同事大谈单位里的事或工作问题，也是很不合适的。

当相熟识的人在一起谈笑时，有其他宾客走来，应主动请他们一起参与交谈。

在出席婚礼时，你的言谈举止要有分寸，不能因为气氛热烈而忘形失态。有些人喜欢玩些"捉弄新郎和新娘"的把戏，对内容过分庸俗的应坚决杜绝。总之，婚礼中的新郎和新娘是主角，其他人则是围绕他们的配角，来宾的目的是让新人和双方家长们感到亲切、喜庆、温暖、幸福和充满祝福。

3. 探望病人的礼仪

当听到关系亲密的熟人和朋友得病或负伤的消息时，马上就想去探望，这种心情乃是人之常情。然而探望伤病号并非越早越好，要知道，在不恰当的时候去探望，反而会给伤病号增添麻烦。比如，病情严重、必须绝对安静或者病人刚做手术之后，暂不要去探望才符合礼仪。

因此，前去探望病人的时候，应该事先尽可能了解病人的病情和精神状况。可向已经探望过的人了解，也可挂电话向病人家属询问，或者先在电话中表示慰问之意，同时了解病人的情况。倘若事先无法取得联系，也可先去探望，到达后应向护理人员或家属了解病情，根据病情再确定探望病人的日期。

无论病人是在家休养还是住院治疗，都不宜清晨、中午、傍晚、深夜，以及病人吃饭时和饭后休息时前去探望。因为病人体弱，这时是病人必须充分静养的时候，如果有人冒昧去探望，反而会影响病人的休息，对其健康十分不利。一般来说，上午10点至11点，下午2点至4点是探望病人的最佳时机。如果是住院的病人，还要注意医院规定的探望时间，遵守医院的规章制度。

探望病人的时间以多久为宜，应根据病人的身体状况来定，长时间地与病人交谈，容易使病人劳累，因而探视一般以15分钟左右为好。不过，若病人已在康复中，并有较强兴致希望交谈，那么探望者可交谈的时间长些，但不应毫无节制，通常应在二三十分钟后起身告辞。探望初交或不大熟悉的友人时，问候几句后便可退出。如有病人的亲属在场，通常探望者也不便久留。

病人，尤其是患重病的人，往往有某种心理负担，或隐或现地感受到生活的不公平。故探望病人时不宜穿色彩过于夺目、怪异的服装，女性也不宜浓妆艳抹，以免刺激病人。但是，也不宜衣冠不整，过于随便，因为这也会影响病人的情绪。一般来说，探望病人时的着装以色彩素雅为宜，力求给病人清新、柔和、平稳的感觉，这样有利于病人情绪的稳定，加速病人的康复。

在与病人相见时，探望者的神态应自然、和蔼、亲切，让病人感到他与探望者之间仍像他健康时一样正常。即使被探望者已身患绝症，也应自然、冷静地出现在病人面前。有人以为满脸愁容能显示对病人的关切，也有人以为谈笑风生能使病人愉快，其实，这都是不妥的，其效果往往适得其反。

在病人的住所，探望者的举止要稳重，走路脚步要轻，动作要小心，不要若无其事地高声说笑。

探望病人时，谈话自然会涉及病情，对此不必回避。但探望病人的主要目的不是为了解病情，而是进行劝慰，减轻病人心理上的负担。因此，应避免详细地向病人询问病情，或当着病人的面向医生或病人的亲属询问病情；也要避免自作聪明地向病人介绍药品，以免引起病人的困惑。

在与病人交谈时，如果病情很严重或是不治之症，应尽量回避涉及病情。如病人尚不知自己的严重病情，探病者不仅在交谈时不能告之，而且在表情上也不能流露，否则不仅是严重失礼，还可能造成无法挽回的后果。所以，与病人最好多说些轻松、宽慰的话，不妨谈谈不同国家的文化、习俗、社会新闻、战胜疾病的事例，也可以告诉病人，同事和好友都在关心着他，这类话题轻松、愉快，使人感到温暖，有助于病人稳定情绪。

一般来说，鲜花是探望病人最合适的礼品。一束美丽的鲜花可以极大地安慰病人的心灵；但是，香味过于浓郁的花和色彩过于浓烈的花也应避免。

总之，掌握了不同场合的礼仪，你就会在受人敬重的同时，人脉关系网也会在不知不觉中提升到一个新的层次。

在个性上更有魅力

魅力是别人对你的看法，他们通过你的外在表现、行动与思想，对你产生了喜欢以致某种带有主观色彩的感情，所以魅力本身是一种感情。而别人对你的感情是与你对他们的感情密切相关的。如果你的感情特征是积极的、友善的、温和的、宽容的，那么你一定会魅力大增；反之，你就会成为一个不受欢迎的人。所以一个人的个性在很大程度上影响了他的人际交往。

那么什么样的人是富有魅力的人呢？什么样的性格可以造就魅力呢？西方心理学家曾提出了一种说法，称为令人愉悦的个性。如果你拥有令人愉悦的个性，你往往会使自己的魅力大增。人的情感和表现是复杂的，并非所有的性格都是令人愉悦的，有一些性格令大部分人感到不喜欢、讨厌，甚至是难以容忍。

比如，人们一般不喜欢消极的、极端化的性格特征，人们对报复性的、敌意的性格特征更是感到厌恶；但一般人们都喜欢富有热情的、积极向上的、友善的、亲切温和的、宽容大度的、富有感染力的性格。所以，如果你能够培养出为大部分人所喜欢的正面性格，那么你成功的可能性就大大增加了。

一般来说，令人愉悦的个性包括以下几种方面的性格特征。

1. 富有热忱

很多人不能成功，是因为他们缺乏热忱，他们缺乏对人、事、物的热忱关注，甚至对争取成功也缺乏热忱，这样他们当然无法成功。你是否对某些事情充满热忱？你是否特别关注于某个学科？你是否希望自己在某个领域有所建树？是否有些知识和问题在不断地吸引你的注意力？你是否热衷于学习钻研某项技术，并全身心地投入其中？如果你不是这样的，那么你就要有所改进。你要记住：一定要培养自己对人、事、物的无限热忱。如果你能逐渐做到这一点，那么你就是一个潜在的成功者。

在人与人的交往中，每个人都喜欢谈论自己最擅长的东西，展现自己的魅力所在。所以你与他人友好交往、建立良好人际关系的前提，是尊重并倾听他人所谈论的话题，因为这些话题往往能体现出他的优势与价值，但这对你来说，往往又是学习和吸取新知识的大好机会。你要对任何人感兴趣，而不是只关注你现在认为最重要的人物，而且最好能一直保持下去。如果你无法做到这一点，那么你在其他方面的优势就要大打折扣。你真正地去注意别人，这比对他说些恭维的话要更有益处。你要学会去关心别人正在做的事情，这对他人来说，意味着你很重视他的工作与成就，而这对你本身来说也是一个学习新知识的机会。

培养热忱的一个重要方面是对事物的兴趣。当你每天起床的时候，你是怎么想的呢？"新的一天开始了，我又可以做更多事情了。我很高兴。"还是"一天又开始了，又要去上班了。真烦！"如果你长期保持后一种状态，你的成功几乎就没有什么希望了。你之所以讨厌上班，可能是因为你不喜欢你现在的工作，也可能你完全缺乏做事的热忱。如果是后一种情况，你就应该换个喜欢的、能调动你热忱的工作了，即便新的工作给你带来的直接收入要少一些，你还是要这样去做，因为你会在新的工作岗位上不断学习新知识、不断进步，直至成功。

除此之外，对事物的热忱还会有助于你激发带动其他人，使他们觉得你是一个精力充沛、充满活力的人，这也可以大大地提升你的形象与魅力。所以拿破仑·希尔经常告诫人们，"要努力表现并提高你的热忱"。热忱是令人愉悦的个性的一部分，热忱可以改变你的人生。

2. 亲切随和

许多关于魅力的书籍都强调伟人大都有一种神秘感与威严，这有一定道理。威严固然令人敬畏，但随着社会的进步、教育的普及、身份的平等化，这种个性成功的可能性越来越小，亲切随和则更会使所有的人喜欢。因此，在一个自由平等的社会，让他人喜欢你，远比让他人敬畏你更有价值。让别人喜欢你，可以为你带来合作机会，为你带来一笔笔交易，为你带来商业利益；而让别人敬畏你，能给你带来什么呢？

威严也许是专制社会中成功的个性，但在现代社会中人们认为成功的个性之一是亲切随和。亲切随和的最大好处是对人平等，给人以尊重感。如果你不尊重别人，总以强者自居，若想与别人建立起一种良好的关系，这几乎是不可能的。尊重他人是人际关系最重要的一条原则。亲切随和的人往往更能广交朋友，善结人脉，总能获得他人的好感与认同。

"你为什么喜欢与他在一起？"

"与他在一起让我会感到很轻松，他很随和。"

你经常会听到这样的对话，这就说明亲切随和是令人愉悦的个性。所以，如果你希望培养自己令人愉悦的个性，就要做个亲切随和的人。

3. 温和谦恭

你在生活中经常会遇到这样一些人，他们对他人的看法总是很刻薄，容易急躁，一生气便暴跳如雷，在与人交往时经常咄咄逼人、盛气凌人、立场不容他人辩驳。大家恐怕都不会喜欢这样的人，更谈不上令人感到愉悦了。这种人的共同特征是缺乏温和的性情与谦恭的心态。

温和谦恭的性情表明一个人富有涵养、非常成熟,对人和物都有全面的看法。而与之相反的品性,比如,急躁、易怒、不安、尖酸刻薄、锋芒毕露等,都说明这类人离高尚的境界还有很大的距离,也很难获得他人的同情和帮助,从而也较难获得成功。成功者在性格上的特点往往是不骄不躁、心平气和,他们在任何复杂问题面前都能保持清醒的头脑,不被烦躁不安的情绪所支配。即便他们受到了恶意的攻击,也能心态平和,因为他们知道,谦虚温和与泰然处之是对付恶意攻击的最好办法。当他们的观点看法被人彻底否定时,他们也能耐心地听取别人的看法,而同时保持一种友好的姿态,并要求自己有则改之,无则加勉,不断提高自己的涵养和性情。

如果你在一切场合,都能做到性情温和、彬彬有礼,这就为你奠定了成功的基础。在令人愉悦的个性中,绝对找不到傲慢、自大和唯我独尊的影子。在任何时候都不要愤怒,愤怒没有任何价值;在任何时候都不要急躁不安,急躁不安也不会给你任何助益。成功者有一颗清醒冷静、充满信心的头脑,但他们一般也有一颗谦恭的心。金无足赤,人无完人。在任何社会,你都找不到全能的人。在现代社会,个人的知识与纷繁复杂的社会生活相比,尤其微不足道。所以,每个人都会在很多领域是知识上的盲人,而谦恭可使你无须掩饰自己的无知与缺陷,还会使你学到很多更有价值的东西。

4. 富有感染力

如果你做到了前面所讲的内容,你就是一个很受欢迎的人了。但如果你还能做到这条所讲的内容,就会使你更具魅力。你是否注意到,成功者的重要特点是他的个性富有感染力。每到一处,他都善于用自己的行动和语言打动别人,否则他怎么给别人留下深刻的印象呢?所以,你要努力培养你的感染力。

那么,怎样才能培养感染力呢?是什么构成感染力的基础呢?是什么东西能感动你自己?你要观察那些使你深受感动的人,他们的一举一动、一言一行。这里既有性格的因素,又有语言的技巧。但是有一点是相通的,感染力的基础是共鸣,是一个人能力因素和情感因素的完美结合。

一些成功的人之所以具有感染力，是因为他们懂得大部分人所关心的事物，他们能细心地观察每个人的利益、态度与感受。

一个人的正义感、同情心往往是感染力之源。在日常生活中，一个人的感染力更多是来自于情感方面。所以，一个具有感染力的人，也是一个具有道德影响力的人、一个正直善良的人、一个对他人的痛苦具有同情心的人。

性格塑造人，同样也是性格塑造了一个人的成功。热忱、亲切、随和、谦恭、温和、宽容、感染力这些优秀的品质，构成了你令人愉悦的个性，从而有助于你获得他人的善待，建立一张宽广结实的人脉关系网。

第4章 交四方朋友聚八方财源：怎样与周围的人交朋友

如何与不同类型的人交朋友？这个问题困扰着每一个想打开交际圈的生意人。毕竟，只有与人相处才能获得商机。但人与人之间是不同的，正是这些不同，构成了生意人对于各个方面朋友的渴求。你要找到结交各种人的方法，努力成为他们的朋友，当你有事的时候，就会发现自己是如何的左右逢源。

你要抓住每一个交友的机会，才能朋友遍天下。

怎样与老同学交朋友

转眼间，刘浩已经毕业四年多了，在三年的东奔西跑之后，终于在上海某公司做了一名业务员。今年七月，他奉命去广州联系一项业务，到了那儿以后才发现，对方公司的客户经理江涛正是自己的大学同学。刘浩很高兴，心想看在老同学的面上，对方怎么也会照顾着点。谁知道江涛对他并不热情，根本没有一点照顾他的意思。这让刘浩又怨又气。两周后，刘浩回到了上海，逢人就说同学关系靠不上，他不知道江涛也在对别人说："就是一个大学同学，毕业以后从来都没跟我联系过，要办事时想到我了！我又不是垫脚石，用得着时搬过来，用不着时就踢过去！"

刘浩平时不注意与同学交朋友，结果在需要同学帮忙时碰了钉子。这并不奇怪。你在和老同学分开后不相往来，有事时再去找人家，人家怎么会乐于帮忙呢？

俗话说："十年同窗半生缘"。由同窗之情而发展出的友谊是纯洁、朴实的，有可能日后发展为长久、牢固的友谊。在现代社会，同学关系是潜在的资产。一位在复旦大学爱立信中国学院的MBA就读的胡先生曾经表示，读MBA有两大目的：一是学习爱立信的一流管理经验；二是多交些朋友。胡先生认为自己从事的市场推广工作，人际关系特别重要，真关系比什么都有用得多。念这个MBA的都不是等闲之辈，与今日的同学成为朋友，就意味着明日的财富。

同学关系有时在关键时刻的确能帮上大忙。但是，前提是这个同学与你是朋友。这里面的好处是来自于自己的努力。如果你在与同学分开之后并没有经常性联系，那朋友关系从何谈起呢？

当然，或许有人说纯洁的同学之情不应该充满功利的味道。但实际上，

第4章 交四方朋友聚八方财源：怎样与周围的人交朋友

同学之间本来就有守望相助的义务。在现今这个时代，带着商业或功利的目的走进学校，也并没有什么不妥。同学之间因为接触比较密切，彼此比较了解，同时因为少年时不存在利害冲突，成年后则大多数从五湖四海走到一起，彼此也甚少存在利害冲突，所以友谊一般都较可靠，纯洁度更高。这对于生意人来说，是值得珍惜的最重要的外部资源之一。

那么，怎么才能把同学之情变为朋友之谊，从而获得这种外部人际资源源源不断的支持呢？

首先，必须从现在开始整理和积累同学资源，这样你才能够谈得上和他们取得联系。

毕业经过数年后，你的同学可能会分散在全国各地，从事各种不同的行业，有的甚至已成为某一行业或某一领域的"重量级"人物。这种老同学关系可从大学向下延伸到高中、初中、小学，如能加以掌握，这将是人生中一笔相当大的资源。因此，你可以按照一定的类别，将你的同学资料整理一下。这样至少可以让你知道你究竟有多少同学资源，知道可用的同学资源的联络方式。

同学会可以说是你与同学交朋友的纽带，比如，各种大学毕业生的同学会，留学生同学会。还有一些基于MBA、EMBA等培训机构成立的同学会，这种同学会直接将同学会归类为交际手段，学员以企业老板、券商和政府部门要员为主，性质上更接近一种俱乐部的性质，是一种纯粹的社交方式。此种同学关系与普通学校同学的区别：普通学生们关心"谁是我的老师"；MBA则关心"谁是我的同学"。更多的人在加盟后者的同时，寻找可能的商机和合作伙伴。因为这个成员原本就拥有丰厚的社会财富资源，在他们之间再建立一种学友关系无异于是一个加固手段。这是一种先天带有功利色彩的同学会，在营销手段中被肯定为"提供服务、增进交流、丰富生活、发现商机、永续情谊和扩大影响"。因此，要想把同学，尤其是对你的生意有帮助的同学变成朋友，一定要多参加同学会。

参加同学会一定要注意礼仪，否则很容易给同学带来不良的形象，应该注意的礼仪有如下几方面。

1. 准时

参加同学聚会和商务洽谈一样，应该准时赴约。有些人认为，大家已经是老同学了，迟到一会儿无所谓。但是，让大家都等待是非常失礼的。如果当时确实有事要晚到，也应该打电话给聚会的发起人，说明情况并表示歉意，当然，也要事先说清楚自己抵达的时间。

2. 忆旧

同学们聚在一起，肯定会畅谈过往今朝。但是在言谈中也要注意，也许你想提一段自己觉得很有意思的往事来助兴，可是要看看同学有没有带着配偶或朋友来参加聚会，也要想一想，提起这段往事会不会让同学感到尴尬或是不自在，如果起到了反效果，那么还不如不提。同样，如果有外人在场的情况下（如同学的朋友、配偶等），那么也不要轻易乱喊小时候互起的绰号，也许别人会不高兴。

3. 联系

同学聚会时，很多人都会选择喝酒。但一定注意要有所节制——如果醉酒闹事，不但会让大家扫兴，而且还会成为同学中的笑柄。中年人士同时还要想想，自己的脂肪肝、心肌炎能不能多喝酒，要顾及自己的身体健康。

保持联系，互相帮助才能让你赢得同学的友谊。

现代人生活忙忙碌碌，没有时间进行过多的应酬，日子一长，许多原本牢靠的关系就会变得松懈。同学之间逐渐互相淡漠，这是很可惜的。希望你珍惜人与人之间宝贵的缘分，即使再忙，也别忘了沟通感情。

有位刚去美国的人说："我们在那儿没有什么社交生活，我们难得去看看同学，这当然是因为我们初到异境，那里的同学不多，但后来我听说，其他的人也一样……"

"我们每星期工作五天，星期六和星期天都去郊外，这是一种家庭式的

第4章 交四方朋友聚八方财源：怎样与周围的人交朋友

生活。就是说，要去郊外，就跟自己的家人去。"

"我们不能利用假期去探望同学，因为一到假期，谁都不在家，除非同学患病在床……"

"平时我们也不可能利用下班后的时间去看同学，因为交通太挤。"

"但我们常常和同学通电话，这是我们唯一可以联系同学的方法，我们无事也打电话，哪怕是寒暄几句，或者讲些无关紧要的事。"

"但有事情时，我们会立刻聚在一起的，比如，上星期我儿子肚子痛，我急忙起来打电话给同学江医生想办法，他马上驾车从70公里外赶到，初步诊断，认定他患了盲肠炎，就用他的车子送孩子进医院做了手术……"

有事之时找同学，人皆有之；无事之时找同学，你可曾有过？

你必须跟你现有的同学经常保持联系，才能使友谊之花常开不败。有空给远在异地的同学们打打电话，通通信，询问一下对方近来的工作、学习情况，介绍一下自己的情况，互相交流一下，这是很有必要的，这点时间绝对不能节省。碰上同学们的人生大事，如果有空最好尽量参加，如果实在脱不开身，也得打个电话或者托人带点什么，不然，怎么算得上同窗之谊呢？

对方有困难的时候，更应该加强联系。

而当听到同学家人生病或遇上不幸的事，应马上想办法去看看。平日尽管因工作忙没有时间来往，但有困难时鼎力相助或打声招呼，才能显出你们之间的深厚情谊来。"患难朋友才是真朋友"，关键时刻拉人一把，同学会铭记在心。

另外，常常和同学保持联系对你自己会有很多好处。和同学经常联系、谈心，一旦你碰上什么事情，听听同学的意见，或者找他们帮忙，对你是直接或间接的帮助。如果平时不联系，有困难时找上门去，别人是不会帮忙的。

朋友间交际的一个重要原则是通过多次见面和接触来加深相互关系。原则上要求与对方直接接触，只要有见面的机会，就应该积极和对方接触。比如，到某地旅游，可以去找找当地认识的同学，遇到去同学公司附近的地方出差的机会时，最好去见见对方，加深双方之间的关系，哪怕只有短短的五分钟，除了运用这种直接接近对方的方法外，有时利用书信或电话也能起到出乎意料的效果。

最后，你要学会整合你的同学资源。

很多人在和同学交朋友的过程中，往往只是去接触那些和自己脾气相投做事情合得来的同学，这部分同学往往是少数。这样一来，你就丧失了其他大部分可能和你脾气不合的同学成为朋友的可能。因此，要想获得大部分同学的友谊，你必须要处理好这些同学和你之间的关系，尽可能与他们交朋友。

整合同学资源是一门大学问。不少生意人也积累了相当多的同学资源，也能够得到相当多同学的支持。可是总是感觉上差了那么一点。比如，在自己危急需要同学帮助时，有些同学尽管也对自己给予了支持，但是很难算得上是鼎力相助。还有一些人的同学拥有良好的资源，但是由于与这些同学个性不合，也没法得到这些同学的支持和帮助，白白浪费了很多成功的机会。

要想得到这些同学的友谊，你必须要学会用非凡的气度和处理困难局面的技巧来折服他们。只有这样，你才能够得到这些人尽心尽力的帮助。

如果你在学生时期不太引人注目，想必交往的范围也很有限。然而，现在你已大可不必受限于昔日的经验，而使自己变得消极。因为，每个人踏入社会后，所接受的磨炼是不相同的，绝大多数的人都会在工作中学会培养人际关系，丰富社会经验，而变得相当注意朋友资源的重要性，因此，即使与以前很少打交道的同学来往，通常也能相处得很好。由于这种缘故，再加上曾经拥有的同学关系，你可以完全重新与他们交朋友。不要太拘泥于学生时期的自己，而要以目前的身份，热情、大方的开展交往。

第4章 交四方朋友聚八方财源：怎样与周围的人交朋友

怎样与同乡交朋友

中国人对故乡有一种很特殊的感情。俗话说："爱屋及乌"，爱故乡，自然也爱那里的人。于是，同乡之间就有着一种特殊的缘分。尤其在社会人口流动很大的今天，身在陌生的环境里，交朋友有一定的难度，那就不妨从老乡关系入手，打开局面。

中国的老乡关系是很特殊的，也是一种很重要的人际关系。在涉及某些实际利益时，"肥水不流外人田"，只让老乡圈子里的人"近水楼台先得月"。既然同乡观念在人们头脑中根深蒂固，足以影响一个人的发展前途，那么为什么不利用同乡关系多交几个朋友，拓宽自己的路子呢？

在外地的某一区域，能与众多同乡取得联系的最佳方式是同乡会，在同乡会中站稳了脚跟，跟其他老乡相处得不错，那就等于结交了一个朋友网。总有一天你会发现这个朋友网的作用很大。

朱治是个早年离开家乡出外闯荡的游子，现在已在异乡开办了自己的公司，并在当地定居。朱治的生活是美满的。但他一直为没回家乡感到遗憾，每当遇到老乡，都十分高兴。

恰在这时，同在这个城市的几位老乡，深感有必要成立一个同乡会，定期聚会，加深感情，有什么事大家可以相互照应。

一接到邀请，朱治毫不犹豫地加入其中，积极筹划，联络老乡，把这个同乡会当成了自己的"家"，并成为"家"中领导之一。

经过三年的时间，同乡会终于发展到了具有近600人的规模。朱治也等于多认识了近600人，并与其中很多人成为朋友。这些老乡朋友，各行各业的都有，用朱治自己的话来说："我现在办什么事非常方便，只需一个电话，或打声招呼，我的老乡都会为我帮忙。"

正因为朱治在老乡中建了个朋友网，他做起事来才会有那么多的方便。

所以，与老乡交朋友是非常重要的。

与老乡交朋友其实并不难，可从下面所讲的方法着手。

1. 利用乡音作为拉关系的契机

既然是老乡，就必然有共同的特点存在于双方之间，其中重要的一点就是乡音。

清朝末代的大太监李莲英的发迹可以说是运用了此种技巧。李莲英出身贫苦，个子瘦小，若以当时清朝宫廷太监的标准来衡量，他是根本不够资格的。可一次偶然的机会，李莲英听说在宫廷中有一个太监是他老乡，且是同一村的。于是李莲英大胆地去找了这个老乡。

李莲英当时很穷，没有钱买东西去送礼。他虽然知道这个老乡很重乡情，但怎样才能引起老乡的注意呢？

终于，他想出了一个办法。一天，他瞅准了正当这位老乡出来当值时才去报名，然后用一口地道的家乡话说出了自己的姓名与籍贯。李莲英的这位老乡听了这声音，身体不由得抖了一下，抬头看了看眼前的这位小老乡，心里暗暗记了下来。

后来，在这位老乡的帮助下，李莲英做了慈禧太后梳头屋里的太监，以梳得一头好发型深得慈禧太后的宠爱，最后成了慈禧太后面前的红人。

李莲英只说了几句话，就博取了对方的注意与好感，但要注意的是，这几句话是家乡话，是乡音，而对方也恰巧是同乡人，且又同处异乡，在这种情况下，李莲英轻而易举地争到了一个名额就不足为奇了。

用家乡话作见面礼，可以说是独树一帜的，它不需要物质上的东西。在这里，有一点相当重要：那就是运用这种方法的场合，最好是在异乡，因为在异乡才会有恋乡情绪，才会"爱乡及人"，这时再来个"他乡遇老乡"，哪有不欣喜之理。对方离乡越久、离乡越远，心中的那种情就越沉越深。因此，越是这种情况，越要运用乡音这种技巧，你就会得到老乡所带给你的种种好处。

2. 利用乡产作为拉关系的契机

在与老乡打交道时，一般人都会有这样一种想法：既为同乡，理应帮忙，如还用礼物送之，这不太俗了吗？这种想法在某种特定意义上来说，是有一定道理的，但就广义来说，则是谬论。

老乡与其他关系不同之处在于：老乡之间的关系是以地域为纽带的，有一份"圈子"内的情存在心上。

乡产也许是很普通的东西，本身并不贵重，但在乡产上所包含的情意却非外乡人能看出来，体会出来的。它会起到勾起老乡思乡之情的作用，然后会在这种感情的支配下，对你这位老乡"另眼相待"，照顾有加。你再适时加上句"老家的东西，尝个鲜儿"之类的人情话，效果更佳。

3. 利用乡情作为拉关系的契机

一个人，无论是出自什么原因离开家乡，离开生养他的土地，也许刚开始并不感到难过，但时间一久，或在他乡碰到不习惯的生活习俗、遇到挫折，他就会感到家乡的亲切、美好。这个时候，一个人才会深深地感到，自己在家乡有割不断、丢不掉的感情寄托，那是支持着游子出外去闯世界的精神依靠。

因此，在游子的记忆深处，有一块属于家乡的领地，也许，现实的生活会暂时把这块领地掩盖起来，而一旦触及到了这块领地，那一股思乡潮就会源源不断地涌出来，充满游子的大脑，触及记忆的神经。

老乡关系是一笔巨大的财富，如果你能够在老乡中广交朋友，当需要帮忙时，自然会感受到别样的温暖。

怎样与同事交朋友

同事关系不同于私人朋友，同事在一起工作，有合作也有竞争，尤其是会涉及升职和加薪等利益关系。

有的人和同事成为好朋友，分享了很多隐私，特别是对单位和领导的不满，但结果却被对方向领导打了小报告。有的人靠自己的真实能力被提拔了，可原来的好朋友却认为是他瞒着自己背地里搞小动作爬上去的，感觉受到了欺骗，于是用泄露他的隐私来"报复"。

但是，与同事交朋友又是如此重要。工作的成功离不开同事的并肩协作；很多解决不了的难题会在与同事的沟通中茅塞顿开；同事可以对你的工作表现提出意见和建议；与同事的公平竞争能带给你动力和学习的机会，让你在工作中保持愉快心情。

同事有时就像一个撑杆，让你跃过不可能的高度；有时就像3D加速卡，让你事业的画面更加生动流畅。毫不夸张地说，与同事成为好朋友，有的时候要比娶个好太太或嫁个好老公更重要。很多成就事业的伟人婚姻并不美满，但他们无一例外都有好同事。刘备可以没有孙夫人，但如果没有诸葛亮，想三分天下有其一无异于白日做梦。约克在曼联威风得不行，因为他身后有贝克汉姆、吉格斯的强大"火力"支持，还是这个约克，一回到特立尼达和多巴哥国家队就碌碌无为，就是因为孤掌难鸣。当天才遇到天才，互相切磋砥砺，将散发更耀眼的光芒。即使是庸才遇到庸才，只要互相取长补短，同样能成就伟业。

和同事交朋友的坏处和好处如硬币的两面一样并存。你必须应对自如，才能游刃有余。

方法一：不同级别分别应对。

赵蕾两年前从秘书专业毕业，行政助理就理所当然成为她的第一择业目标。因为没有什么工作经验，刚到公司时不能合理地安排好时间，8小时的工作变得异常忙乱。同事刘小雪在公司已经4年，算是老员工，说话也很有威严，赵蕾就总找机会跟她请教处理事情的方法，并且学习怎样进入角色。因为是同级关系，工作职能不同，也没有太大的利益冲突，两人慢慢成为无所

第4章 交四方朋友聚八方财源：怎样与周围的人交朋友

不谈的好朋友。可是有一天，公司突然要从助理中选一名作为总裁助理，这不仅意味着在公司的地位、待遇都有大幅度提高，也相应地扩大了职场的提升空间。当赵蕾征求刘小雪意见的时候，突然发现她一改常态，不是支支吾吾就是找借口搪塞她提出的问题，而在内选测试时，赵蕾终于明白坐在一旁的刘小雪原来是怕自己成为她的竞争对手。

好在赵蕾的英语底子不错，应变能力也很强，在这次测试中脱颖而出，从此告别了原来的岗位，成为直接能拿到总裁口谕、上传下达的角色。想到以往刘小雪的指点，以后在传达工作的时候，需要她的支持，朋友的关系需要珍惜并维护起来。她和刘小雪约了一起吃晚饭，先对刘小雪说了些感激之词，待她消除对自己的戒心后，赵蕾又跟刘小雪探讨了很多工作上的事情，比如，怎样和总裁相处，又如何对待下级等，刘小雪都一一耐心解答。

此后，赵蕾听取了刘小雪的意见，对工作认真负责，在和总裁的日常接触中，不卑不亢。总裁做了错误的决定她不会马上反驳，而是从客观的角度给总裁一定的建议。但她也不会和总裁走得很近，即使是一起吃饭，也尽量找一些很正式且有客户陪伴的商业场合。对于总裁的私事绝对不过问，如果这些私事和日常工作也有牵涉，一定要和总裁先确认，是否一定要她去做，是否在她的职责范围之内。如今，赵蕾已经做了一年的总裁助理，无论是中国客户还是外国客户，都对她赞赏有加。

对需要支持自己工作的同事，赵蕾会把事情交代得很清楚，并给他们一定的建议。私底下也会关心同事日常生活的细节，比如，看谁中午常常是带饭来吃的，她想也许是经济上有问题，也许是工作餐不合口味，就会经常给他们买些酸奶、水果等，大家一起吃着玩着关系就拉近了不少。随着时间的推移，赵蕾在同事中的朋友越来越多。

供参考的交友法则：

（1）新人入行，需要找对师傅。与人品好、威信高、心地善良的同事交朋友对日后的发展有很大帮助，可以通过工作接触仔细比较，并积极主动请教。

（2）同级之间，一旦发生利益冲突，不要急功近利，要多想想如果得到机会自己会有什么发展，多从长远的角度权衡利弊，尽量走公平竞争的路线。忌讳拉帮结派，有一两个关系甚密的同事，遇到问题一起商讨足够了。

（3）面对上级分配的工作，首先要负责、认真，充分理解领导意图后，再去执行。千万不要依靠主观来决断，同时和领导保持恰当的距离，尽量不要让同事觉得你有巴结之嫌，影响与同事的朋友关系。

（4）对待下级，要给予一定的生活关怀，交代工作的时候要耐心细致，帮忙作些分析。让他们把你当成自己的朋友。

方法二：把握尺度公私分明。

朋友是把双刃剑，与同事做朋友如果结交过密，难免存在私念，有违公正，过分听信对方一面之词，便不能对事情有充分的认识，影响自己的判断。刘铃就曾经因为朋友的事情，差点被报社开除。

当时刘铃刚从实习生转正，有独立采写文章的能力，因为一次独家深入报道某食品对肠胃会产生负面影响，不仅在读者中引起广泛的关注，而且也因为取证客观，得到了报社的嘉奖和肯定。可是一个月后，一个同样在报社工作的同事找她，说这种食品是她一个闺中密友创办的，经过这样的负面报道，利益严重受损，能否由刘铃提供成分说明，并在报社上发一个声明，表示这种食品其实对人体并没有想象中的伤害严重。

刘铃感到很为难。首先自己刚刚转正，再有这个稿子是自己采写的，自己知道其中的原委。可这个同事毕竟对自己很照顾，而且私人朋友关系也还好，当时也就重新写了声明稿，在领导那里含糊地说明一下，见报了。可是，见报第二天，就不断接到读者的电话质疑。刘铃因为这事又变成了实习生的身份，半年来的辛苦等于白费，那位同事不久也跳槽了。

经过这件事情后，每当再遇到工作上需要决断的时刻，刘铃都会给自己提个醒，要公私分明，对侵害公众权益的事，哪怕豁出去得罪了同事，也不能手软。

第4章 交四方朋友聚八方财源：怎样与周围的人交朋友

再就是单位大了，难免会有各种议论，千万不要参与其中，即便有的时候，同事以朋友的立场跟你说了些什么，也不要深信不疑，时刻坚持从一个公正客观的角度去处理问题，不要太过感性，如果是坏的议论听听就可以了，不必再充当传播的媒介。

供参考的交友法则：

（1）不要太介入同事的私生活，尤其是讨论办公室恋情。在一起是工作，过多的干涉同事私生活对自己一点好处都没有，反而会被划入长舌妇的行列。

（2）不要恶意传播绯闻，随时随地发表不公正言论，或者受到别人影响，轻信别人的挑拨等。

（3）任何侵犯公司利益、违反公司规章制度或者是法律不容许的事情，即便是碍于友情，也不要轻易陷入其中，一定要公事公办，工作第一，友谊第二。在公私分明的条件下，学会好好相处。

（4）平日里，与同事交朋友，要懂得参透对方心理，在谈话过程中，要给对方留有余地，做个含蓄的人，不要乱拿别人的过失开玩笑，也不要随便谈些不切实际的话题。这样，你们的友谊才能长青。

第一，要尊重对方的决定。

"我支持你！"看起来是句极为简单的话，但在交际行为中却很重要。尊重朋友的决定，即便是随时都可以提出异议，说出心中的疑虑，也要给对方留有考虑和决定的空间，但是绝对不要在事情发生之后推卸自己的责任。

要学会换位思考，多站在对方的角度上思考问题，简单有效地去执行一件事情，让对方明白你才是真正能够跟他站在同一战壕中，真正理解他的人。

第二，发挥个人语言魅力。

人与人相处，总会有一个适应的过程，适当说些小笑话，发挥个人的语言魅力或者保持微笑，会消除生疏感，同时，幽默感也可以化解一定程度上与同事可能发生的冲突。

第三，不要触碰禁区。

多说话表示热情，但是话题永远不能过于开放，尤其是涉及工作或个人信息时，也要适当避免敏感话题，不要去探究别人的年终奖、月收入等之类，如果换作你被问，即便与同事的关系很好，相信你也不愿轻易告诉别人。

第四，不可能结交所有的同事。

为人善良固然没错，但个性差异和在职场中担当的不同角色，决定你不可能结交所有的同事。过于消沉、负面的同事，不结交也罢，一而再、再而三推卸责任的同事，也没有必要姑息。要团结更多人，而非建立个人小圈子。

同事中没有绝对的坏人，即使是爱使坏的人，他也愿意和好人交友。保持一颗平常心，顺其自然，遵守原则，相信你会在同事当中，找到一群真正投缘的朋友。

怎样与邻居交朋友

俗话说："远亲不如近邻，近邻不如对门。"意思是说，居家过日子，若遇到个大事小情，邻里的帮助及时、便捷，往往要胜过亲戚的帮助。因为亲戚离得远，远水难解近渴，远不如邻居来得迅速。这话道出了邻里关系友好相处的重要性。

邻里关系若处得好，有时要胜过亲戚关系。它是你在社会上成功办事可利用的人脉关系网。事实上，有许多成功者都是得益过邻居帮助的。

当今的香港富豪李嘉诚，在少年时代过得非常贫困，母亲要养育几个孩子，生活十分困难，邻居出于同情，便介绍李嘉诚去一个塑料厂做工。这个帮助对李嘉诚一家来说，真是解危难之急，使他能够帮助家庭维持日常开销，而这份工作又为他日后成为世界富豪奠定了最初的基础。

第4章 交四方朋友聚八方财源：怎样与周围的人交朋友

邻居的帮助是适时的，也正是这个家庭所急需的，他们也许没想到李嘉诚会以此为基点，开创将来的事业，但他们的确为他提供了这样一个机会。

邻里关系的重要，就在于它有时能解危难之急。

所以，想求得邻里的帮助，你就应该在适当的时候主动去帮助邻居。比如，询问对方身体状况、事业发展、家人情况等，或是记住一些对方曾经说过的话，然后向对方表示"您曾说过……"这样邻居就会感受到你的关心。

好事同庆是维系和促进邻里关系友好的最佳时机。

邻居办喜事，道一声祝贺，送一份礼；邻居的孩子考上大学，也不失时机地说两句祝福的话都是十分必要的。

而当自己的家中有喜事，同样也可以请邻居小聚，让这乐融融的气氛融洽彼此的关系。好事同庆就如催化剂，巧妙地起着作用，加快邻里关系的发展。

一位叫刘小霞的女士与一个叫龚莉莉的女士楼上楼下，她们彼此都有一个和睦的家庭，而且孩子都已长大，年龄相近。

龚莉莉的儿子今年上了高三，刘小霞也似乎能够体会到作为母亲的苦处，平时碰面时，言语中总要融入几分真心的关怀，龚莉莉也感到很高兴，而且慢慢地对刘家喜欢大声放音乐的习惯也没有意见了，想起对方的关心，心里总觉得暖融融的。

终于，龚莉莉的儿子不负众望，考取了重点大学，而且是热门专业，对于母亲来说，这的确是件从心底里高兴的事。

当接到通知的那一刻，全家都为之欢腾。第二天，刘小霞就提了一大包水果来到龚家，随意地说着一些祝贺话，并说起自己孩子也是从"千军万马过独木桥"中走过来，自己也是饱尝其中的苦楚，不过看这孩子聪明好学，不像自己孩子那时调皮，考上好大学是意料中事，但也确实捏着一把汗，心里也挺紧张的。作为母亲的龚莉莉听了她这一番情真意切的话后，一股暖意在心里油然而生。的确，在这个人们认为真诚已不多的世界上，能感受到这样的热情是非常幸福的事。

刘小霞这样主动关心龚莉莉儿子高考的举动看起来不过是人之常情，但其结果必定是促进了两家的和睦相处。

其实，人们内心中都渴望与邻里分享快乐或痛苦，只要你认真地参与进去，就会像看一本精美的小说，与作者一起和主人公同喜同悲，便会增添不少生活中的乐趣，同时也为促进邻里关系迈进了一大步。

邻里关系"走动"到如此好的地步，试想，如果你有事求他帮忙的话，他能不尽力吗？

怎样与客户交朋友

根据美国斯坦福研究中心统计：有50%以上的销售之所以完成是由于交情关系。如果你能注重与客户的缘分，双方从业务关系上升到朋友关系，那么彼此就能像朋友一样相互照应，完成销售也会事半功倍。让他们感觉到与你合作，是值得信任的，虽不是最好，却会做得更好。相反，如果你没有与客户交成朋友，就等于把50%的市场拱手让人。

而事实上，很多人在做生意的时候，不仅不能够让客户持久地接受自己的产品和服务，更不能够让客户为自己的生意摇旗呐喊。他们不知道如何培养客户对自己的产品和服务的忠诚度，不知道如何和客户作感情投资，不知道如何和客户谈生意，不知道如何让客户为自己推销，也不知道如何避免客户和自己产生冲突甚至被客户所坑害。一句话，他们不知道如何与客户交朋友。

和不同的客户打交道，面对不同性格的客户，你就要用不同的方式去接待、应付他们。如果你想赢得这个客户，那就要用他们喜欢的方式去做，尽可能多地了解客户的喜好、习惯，从中找到突破口，然后与他们交朋友。

博西是世界一流的潜能大师，一流的效率提升大师，一流的销售教练。

他的书籍被翻译成多种文字,他的训练帮助了千千万万的人。他的秘诀就在于:把客户变成自己的朋友。他相信,只有客户成为自己真正的朋友,愿意和你打交道,他们才有可能成为推动你生意前进的重要力量。

那么,他是如何让客户成为自己朋友的呢?

1. 在客户身上需要有更多的耐心,花更多的时间与顾客相处

博西在和客户相处的时候,他绝对不会急着赶时间。他要向人表明,他愿意花足够多的时间去帮助客户作出正确的购买决定,他绝对不会对客户没耐心。

2. 真诚地关怀客户

你越关怀客户,他们就越有兴趣和你做生意。关怀的感情因素是那么的强烈,往往使得价格、相对品质、交货效率、市场规模,都敌不过它的威力。一旦客户认定你是真正关怀他和他的处境,不管销售的细节或竞争者怎么样,他都会向你购买。

3. 尊敬所遇到的每一个客户

一个人的骄傲、尊严、自我肯定,大部分都来自于受到别人的尊敬程度。你越在意别人的意见,别人对你的尊敬程度就越会影响你的行为。

客户感受到你的尊重,客户就会对你特别重视。假如你尊敬客户,客户就会认为你比较优秀,比较有判断力,比较有内涵,而且个性也比较好。

4. 绝不批评、抱怨或指责客户

绝对不要站在你的立场上批评任何人或任何事,不要恶言相向或批评你的竞争者。每当你听到别人提起竞争者的名字时,只要微笑地说:"那是一个很不错的公司。"然后就继续做你的产品介绍。假如有人告诉博西,他的竞争者是如何地批评他,他只会一笑置之。

5. 毫无条件地接受

希望能够被他人毫无条件地接受,是所有人最重要的需求之一。你只需要用微笑,并且表现温和友善,就可以表达你接受他人的态度。一般人都喜欢和那些能够接受他们本性的人在一起，而不想受到任何评判和批评。你越能够接受别人，他们就越愿意接纳你。

6. 赞同客户

每当你称赞并同意他人所做的事情时，他就会感到快乐，而且会变得更有精神，他的心跳会加快，会觉得自己很棒。当你在每个场合都竭力找机会对他人表示赞扬和同意的时候，你就会成为到处受人欢迎的人物。

7. 感谢每一个帮助过你的客户

你感谢任何人所做的任何事，都会让彼此的自我肯定上升。你会让他觉得自己更有价值也更重要。

你一定要养成随时感谢他人所作所为的习惯，尤其要向那些会让你期望的好事接连不断发生的人，表达感谢之意。

8. 羡慕客户

每当你羡慕一个人的成就、特质、财产时，就会提高他的自我肯定，让他更得意。只要你的羡慕、赞同、感谢都是发自内心，别人就会因此而得到正面的肯定的影响。他们对你产生好感的程度，会相当于你让他们对自己及生活的满意度。

9. 绝不与客户争辩

你绝不要跟客户争辩。不管客户说什么，你只要点头、微笑，并且欣然同意。客户喜欢和自己英雄所见略同的人打交道，他们不喜欢和爱抬杠的人相处，甚至当客户明显犯错时，他还是讨厌你把他的问题揪出来。你应该把眼光放在建立关系上面，从建立关系的利益来考量。

10. 集中注意力，倾听客户在说什么

当客户在说话时，你把注意力集中在他的身上，就是对他最大的尊敬。你让他觉得自己很有价值，而且很重要。

11. 对质量严格要求

客户追求的是较高质量的产品和服务，如果你不能给客户提供优质的产

品和服务,终端客户就不会对他们的上游供应者满意,更不会建立较高的客户忠诚度。因此,企业应实施全面质量营销,在产品质量、服务质量、客户满意和生意赢利方面形成密切关系。向客户提供比竞争对手具有更多"顾客让渡价值"的产品。这样,才能提高客户满意度并加大双方深入合作的可能性。为此,你可以从两个方面改进自己的工作:一是通过改进产品、服务、人员和形象,提高产品的总价值;二是通过改善服务和促销网络系统,减少客户购买产品的时间、体力和精力的消耗,从而降低货币和非货币成本。

12. 倾听客户的意见和建议

客户与你的企业之间是一种平等的交易关系,在双方获利的同时,你还应尊重客户,认真对待客户提出的各种意见和建议,并真正重视起来,才能得到有效改进。在客户提建议时,认真坐下来倾听,扮好听众的角色,有必要的话,可以拿出笔记本将其要求记录下来,要让客户觉得自己得到了重视,自己的意见得到了重视。当然仅仅是倾听还不够,还应及时调查客户的反映是否属实,迅速将解决方法和结果反馈给客户,并提请其监督。

13. 关注客户的利益

你与客户交朋友,就得关注他们的利益。有很多的问题都会影响客户的利益,如窜货问题导致客户无利可图,你应迅速解决。定期派出业务人员到市场上进行巡查,一旦发现窜货迹象,要及时向企业反映,以争取充足的时间来采取措施避免窜货的发生,从而降低经营风险。因为,在很多情况下,猖獗的窜货往往致使客户无利可图,最后客户才无奈放弃产品经营离你而去。

14. 建立投诉和建议制度

95%的客户不满意是不会投诉的,仅仅是选择停止购买,最好的方法是要方便客户投诉。一个以客户为中心的企业,应为其客户投诉和提建议提供方便。许多饭店和旅馆都备有不同的表格,请客人诉说他们的喜忧。宝洁、通用电器、惠普等很多著名企业,都开设了免费电话热线。很多企业还增加了网站和电子信箱,以方便双向沟通。这些信息流为企业带来了大量好建议，使它们能更快地采取行动，解决问题。一家跨国企业声称它的产品改进建议有超过66%是来自客户的意见。

15. 建立预测系统，为客户提供有价值的信息

山东某饲料厂的厂长曾谈到这个问题，他们厂真正为客户着想，在预测到饲料价格短期内将上浮的消息时，总会及时告诉经销商，而了解到这个消息的经销商就会大批量地进货，以赚取更多的差价。而一旦预测到近期内，市场的需求量将下降，企业在减少生产量的同时，也通知经销商降低库存，以减少不必要的资金积压和成本费用。信息就是财富，客户对厂家自然是感激不尽。

16. 与客户建立关联

通过为客户建立档案，利用客户关系管理系统，不仅能有效地控制因人员流动导致客户流失的情况，而且，企业能利用该系统搜集、追踪和分析每一个客户的信息，从而知道他们是谁，他们需要什么，并把客户想要的送到他们手中，使企业与客户的关系及企业盈利得到最优化，从而最大限度地满足客户需要和最大限度地降低企业成本。

你是否察觉在你和你的客户的商务交际之中也需要感情投资。所谓感情投资，说简单点，就是在生意之外多了一层相知和沟通，能够在人情世故上多一分关心，多一分相助。即使遇到不顺的情况，也能够相互体谅，"生意不成仁义在"。

这种情况往往有多种表现。一种是自然形成的，在生意交往的过程中遇到比较投缘的客户，有了成功的合作，感情自然融洽起来，这就是常说的有缘分的人。有缘自然有情，关系好的时候，互相付出自然不在话下。问题在于如何保持和持续这种私人关系，继续爱护它、增进它，使其长久。

其实，就是有缘，彼此能够一拍即合，要保持长期的相互信任、互相关照的关系也不那么容易，仍然需要不断进行感情投资，尤其在商场上。各自都为自己的利益，很容易彼此起疑心。结果就会由合作变成对立，人情变成了敌意。为什么走到了这一步？往往是忽略了感情投资的结果，甚至已经忘

第4章 交四方朋友聚八方财源：怎样与周围的人交朋友

掉了这一点。

很多人都有这种毛病，一旦关系好了，就不觉得自己有责任去保护它，往往会忽略双方关系中的一些细节问题。比如，该通报的信息不通报，该解释的情况不解释，总认为"反正我们关系好，解释不解释无所谓"，结果日积月累，变成难以化解的问题。而更不好的是人们关系好了之后，总是对另一方要求越来越高，总觉得别人对自己好是应该的，稍有怠慢或者照顾不到，就有怨言。由此很容易形成恶性循环，最后破坏了双方的关系。

可见，感情投资应该是经常性的。在你需求客户支持的过程中不可没有，也不可似有似无，而应该从小处细处着眼，时时落在实处。

在办公室以外的地方，就是你和你的客户交朋友的好地方，因为环境相对比较放松，谈话也常常涉及个人的情感世界与兴趣。因为共同的兴趣，你们之间的关系也会变得密切起来，建立起亲密的友情。在很多情形之下，这种亲密的人际关系确实能够为后续的合作铺平道路，顺利地转化为生意关系。不过，在与客户建立人际关系时，要注意度的把握。过度亲密的人际关系往往弊大于利。

第一，过度亲密的人际关系有可能使商务关系受损。友谊为双方都带来了不言而喻的责任。朋友之间就要始终互相关照、互相帮助，在商务中建立的友谊也不例外。你也许就认识一些人，他们与某些客户交往甚密。他们的产品总是能在客户发布的广告中得到特别推荐，在商店里摆在特别显眼的位置。这确实很好，但却可能要付出代价。这种友谊大多数是短暂的。如果客户换了工作、被解雇或退休了，而你却依然沿用以前的操作方式，关系就会以不愉快而告终。

一旦建立了友谊，有些销售人员就会把这些商场中的朋友视为当然的客户，也就不再一如既往全心全意地提供服务。客户方面会立刻感觉到这种懈怠，但是为了维持友谊，他们很少把自己的失望情绪迅速反馈给销售人员，而往往是听任情况继续恶化下去。

反过来，客户又将怎样回应呢？在这种情况下，买方常常会要求种种特别的优惠待遇，比如，更大的折扣、优先购买权、宽松的退货条件与付款期限，等等。如果你答应了诸如此类的要求，就会伤及企业和其他合作伙伴的利益。其他的客户或潜在客户就无法分享这些只有"朋友"才能享受的额外服务，长此以往，会给企业的业务带来相当的负面影响。而且，如果你拒绝这些请求，就肯定会对感情造成伤害，一旦出现意想不到的状况的话，很可能连朋友都没得做了。

第二，会给公司带来昂贵的交际成本。你在和客户交往的过程中通常会负担全部的娱乐交际花销，而且会向关系密切的客户提供第一流也是最昂贵的娱乐节目。这些客户也就逐渐习惯于享受最好的待遇。

大多数时候，你都会对交际费用设定一个上限，一般会是总销售额的0.25%~0.5%。比如，一位客户的月均购货额为5万元，按规定，你每月花费在这个客户身上的钱就不能超过250元。在现在的社会中，这笔钱大约只够支付4人外出吃一顿普通的晚餐或几顿工作午餐，也许可以再买一件小礼物，但根本不可能进行一些档次较高的交际活动，比如，打一次高尔夫球等。但是客户方代表却未必了解这些。他们可能提出超过你承受能力的要求。要亲口告诉一位客户，他这样的客户，企业每月只能拿出250元来应酬，试问你能说得出口吗？

与商界的朋友应酬或者与客户培养友情并没有错，但是如果这种关系过于密切就不妥了，明智的做法是与客户保持一定的距离。应当设定一个界限，保持一点严肃和尊敬，并且明确双方的角色。如果这种关系处理不好，就很可能会出现不幸的局面。

第三，与某些客户过度亲密的交际会造成各种关系难以平衡。你一旦与某个买家建立了牢固的友谊，行业内的人们很快就会知道。你说其他的客户对这种友谊会怎么看呢？帮助朋友以最优惠的价格给朋友提供最好的产品与服务是顺理成章的事情。你在企业的竞争对手会不会知道呢？当然

第4章 交四方朋友聚八方财源：怎样与周围的人交朋友

会。只要你在生意上为朋友提供了优惠的服务，其他人就一定会知道。即便你没有给朋友优惠，他们仍然会认为你的朋友占了便宜，最终你会两边不讨好。

与朋友做生意同普通客户一样，你有时必须向对方施加压力，争取更大的订单，催缴货款，甚至以某种理由拒绝送货。比如，你要求买方增加订货量，而买方可能会置之不理。无论你的要求多么强烈，客户方也不再认真地对待。这样一来，同样会引起你的强烈不满。你期望这些朋友在需要时拉自己一把，但有时却办不到。所以，一定要划清友情和商务的界限。

在生意场上与个人生活中一样，广交朋友是件好事。但是，绝不能把个人友谊与商务关系混为一谈，让友情影响到商务关系。虽然你成功地和客户交了朋友，但要理解你的客户工作的环境以及种种约束，同时也要让他们了解到你的难处。这样，你们的友谊才会常青。

怎样与老板交朋友

普通人是很难与大企业的老板有缘见面的，更不要说成为朋友了。如果能和老板交上朋友，那将是很荣幸，也是很珍贵的事。

生意场上，如果能得到事业有成的老板的帮助，一定会飞得快，跑得远。因此，结交几位老板为友，为你"呼风唤雨"是非常重要的，作为生意上的"小字辈"如何与他们结缘，如何让他们喜欢你呢？

首先，必须掌握老板的社会关系。老板同样也是人，他们有各种社会关系，有各种各样的业务，也有各种各样的喜好、性格特征。特别是现代媒体，经常关注一些老板的情况，你从中定会了解一二。你可以从他的历史认识他的过去、经历、祖辈、父辈，也可以从他的亲属、朋友、子女等认识、了解他。

从业务上了解老板也是一条好途径。他经营的业务范围主要是哪些，次要的是哪些，他的分公司、子公司分布在什么地方，这些公司的经营者是谁，他多长时间会查看分公司、子公司，等等。

从兴趣爱好上了解老板。他喜欢什么运动、什么物品、什么性格的人，他喜欢或经常参加什么聚会，他休闲娱乐的方式有哪些，常到什么地方去，等等。

总之，要结交一个老板又没有机会的时候，你不妨从以上几个方面去了解，总会发现一些机会的。

其次，制造初次见面的氛围。当你发现或者创造了与老板见面的机会后，最重要的便是如何制造一种特殊的会面氛围。因为，在众多人物中，你本身就是芸芸众生中的一员，说不定连话都跟老板说不上。

在共同出席的会议或聚会上，选择位置时，一定要选择一个与老板尽可能近的位置，以便他能注意到你，并且一有机会便可搭上话。

同时，要以穿着表现自己的个性，因为与人第一次交往，别人往往是从服饰上得来第一印象。着装要表现个性、特色，给人舒服的感觉。

要针对老板关注的事予以刺激，要尽快发现对方关心注意何事，找到适当的话题，抓住对方的注意力，刺激对方对自己的兴趣。话语要力求简捷、有独创性，使对方产生震撼，留下较为深刻的第一印象。

最后，适当展示自己的能力，以赢得老板的青睐。老板一般都爱才、惜才，如果你一贯表现出对他意见的赞同，不敢表现自己独到的见解，他会对你产生反感。因此，适当地表现自己的独特才干，会受老板喜欢。当然，你不能表现得太过锋芒毕露，让人一见就觉得有喧宾夺主之感。

与老板有过几次接触，并感觉到他对你态度不错，那么别出心裁地赠送礼品是联系老板情感的重要方式。这要针对老板的具体情况，不能千篇一律，也不能委托他人。不一定昂贵就是好礼品，要赠送就要送他特别喜爱的东西。同时在赠送方式上也要别出心裁，从包装样式、赠送仪式都要显得别

第4章 交四方朋友聚八方财源：怎样与周围的人交朋友

具一格。

写信是交流思想、联系感情的好方式。随着电讯事业的发展，电脑技术的开发，很多人都是通过电话、电子邮件等形式联系，很少以书信方式交流了。你用书信方式向老板请教问题，交流思想，他会感到很亲切，当然，书信的字不能太潦草，否则会让对方觉得不真诚。

有时候，你也许需要采取一些别具一格的方式，比如，借搭乘头等舱的机会来结识成功人士。搭乘头等舱的乘客大都是政界人物、企业总裁、社会名流。在他们身上可能会存在许多潜在商机。也许你乘坐一次头等舱，就可改变你的人生。

不少生意人都有过在短短几个小时的飞行中就谈成一笔生意的事情，常有机会结下难得的友谊，这在经济舱内的旅行团体中是很难碰到的。坐头等舱的人都希望了解同舱里的其他乘客为什么愿意多付20%～30%的费用来换取喝杯香槟，比其余乘客早20秒着陆的权利。特别是在长途的国际旅行中，你真的可以结识一些商界的高层人士，从而建立珍贵的友谊。

当然，要成功与老板交朋友，仅仅这些还是不够的，还要从以下两个方面着手：

首先，你要了解对方引以为荣的事。

人不是历史的符号，但在每个人成长发展的历史过程中又满载着历史记录，其中不乏自己引以为荣的事情。对这些引以为荣的事情，每个人都渴望得到别人较高的评价，如果能够得到衷心地肯定和赞美，更是让人高兴和自豪。

对于想要结交的商界高层，可以从他的职业、所处环境及历史年代大体判断其引以为荣的事情的范围。

不要怕找不到话题。一位将军引以为傲的资本往往是他曾经取得的累累战功，一位研究历史的教授则必然对自己发表的论文和专著引以为豪，律师则会以自己办的影响力较大的案子而得意，纵使是一个农民，也会为他比别人种得好的庄稼生出几分成就感。同样,作为商界同行,你应该更容易了解对方。

称赞一个人引以为荣的事情必须注意三点:其一,赞美的话语表达要准确,不能偏离事实。其二,赞美必须是由衷的、发自肺腑的言语,不要夸张。其三,赞美之时要专注,让被赞美者感到你有共享其光荣和快乐的心情。

其次,你要了解对方的爱好。

几乎每个人都有自己的爱好,有自己擅长的事物,琴、棋、书、画,养花种草,甚至吸烟喝酒也算得上是爱好。爱好是一个人的乐趣所在。为了自己的爱好,每个人都舍得花钱,也舍得投入时间和精力,有的甚至达到废寝忘食的境界。对有些人来说,爱好就是他的命根子,你若冲撞他的爱好,轻则讨人嫌,重则怒气冲天。尊重别人的爱好,可以赢得对方的喜欢。常言所说的志趣相投,很大程度上是指兴趣、爱好接近,才使两人走到一起。

要做一个赞美的高手必须了解别人的爱好,尊重别人的爱好,赞美别人的爱好。要想使你的赞美真正能够投其所好,必须有一"技"之长。

1. 对大众化的爱好有所了解

大众化的爱好数不胜数,当前热门的足球、集邮、气功等。这些爱好有益于大家身心健康,易为人所接受,颇受大众欢迎,人们在评价上也没多少分歧,比较容易称赞。比如,你赞扬一个足球迷时,不论夸他足球知识渊博,劲头足,还是赞扬他喜爱的球队,他都会感到高兴。

2. 虚心请教是高超的赞美

一般来说,爱什么懂什么。一个人爱好书法,必定有丰富的书法知识;一个人爱钓鱼,钓鱼经验必定丰富,你没有必要恭维其爱好如何,这样的话他必然听得太多,如一阵风吹过耳畔,脑中留不下半点痕迹。这时,只要你虚心地讨教一番,做毕恭毕敬状,他定会耐心地向你传授其中奥秘。

3. 不妨把自己变得外行一些

爱好相同的两个人相处时,谈得最多的自然是他们的爱好,两人即使

第4章 交四方朋友聚八方财源:怎样与周围的人交朋友

是萍水相逢,也可能一见如故。对于爱好相同者,他们会全神贯注地进行交流。他们可能互相交流经验也可能为某一技术性问题争得面红耳赤,然而,有时候你想恭维对方,不妨把自己表现得外行一些或水平更低一些。赞美的高境界应该是沁人心脾而不露痕迹。

总之,为了自己的事业,你要在与老板交朋友上苦下工夫。成功的结交一位老板,很可能会给你带来一笔大生意,甚至有可能会缩短你的奋斗历程。

怎样与律师交朋友

随着当今社会法律体制的健全和法律意识的推广,人们与律师打交道越来越多。如果能有一个律师朋友,对于做生意来说,无疑是方便了许多。

与律师交朋友,就要考虑律师的职业特点:律师这个行当是"无根无助"的行当,一来要通过自我发展养活自己,二来还得背负着"救世"的名头。

在中国各行各业里,唯独律师这个行当有着太多的不同,没有任何保障,没有任何特权,至今的名分也很难从法律上确定下来,说是法律工作者,但却得不到认同;说是自由职业者但处处被限制。就法律来说,律师法的内容完全是管理律师的法而很少在权利上进行规定。许许多多的特殊性决定了律师必须要通过业务收入才能养身立命,要挣钱就得练就挣钱的本领。

生意人同律师打交道,大多就是律师处理业务的过程。生意人和律师在着眼点和思维方式上有着很大的不同,生意人更多地从事情的"正面"着眼,主要考虑的是利益、差价、有多少个点;而律师则更多地从事情的"反面"着眼,主要考虑的是利益、差价、有多少个点背后可能背负的风险和责任。

由此可见,如果将生意人的着眼点和思维方式与律师的着眼点和思维方式充分地结合起来,将会更加完美地实现生意人的利益。因此,相互需要使得律师和生意人应当成为好朋友、好伙伴。

由于生意人是律师的业务对象,所以,同律师交朋友对你来说相对容易得多。

在平时,你可以主动向律师朋友咨询与生意有关的法律来加深双方的交流。特别是有新的法律出台或重大法律的修改,让律师朋友分析会对自己的生意产生什么样的影响。

当发生经济纠纷时,可以让律师朋友及时提供相关法律服务,为自己赢得最大的利益。

怎样与官员交朋友

无论你从事哪行哪业,都难免要和各级政府机构的官员打交道。如何才能和政府官员交朋友并且得到他们有力的支持呢?你要注意以下几个方面。

1. 掌握好与政府官员的距离

和政府官员打交道,一定要保持高度警惕,既不能太近,也不能太远。太近说不定哪一天哪一根绳子串起来,就"进去"了,本来做事情想做一辈子,但是才刚刚做几年就栽倒了,企业也没法再办得下去。但是与政府官员离得太远也不行,离得太远,很多门槛就迈不进去,人家先得到了信息,你后得到,从而失去先机。所以,一定要掌握和政府官员打交道的技巧,你的目的要非常明确。

通常,你和政府官员完全可以成为净友、益友而非损友,并非是一提和政府官员交朋友,就一定有什么东西不可告人。现在很多政府官员,在他那个圈子里面很难听到真话。但是,你作为局外人,你可以就他所关心的事情,去同他研究和探讨,给他讲别人讲不出来的话,你就会

第4章　交四方朋友聚八方财源：怎样与周围的人交朋友

得到他的认同。比如，社会上的很多弊端，社会上对他这个地区有很多的看法和意见，你如果能够开诚布公地去和他交谈，就他关心的问题进行讨论，你就可以成为他的朋友，而这种朋友是君子之交淡如水，没有金钱的关系。没有金钱关系的交往才是长远的，在这个问题上生意人要树立正确的观念和动机。

2. 建立彼此诚信的关系

"在中国做生意，每时每刻都要与政府官员打交道！"百威中国政府关系顾问袁海鹰说，百威啤酒在进入中国之时，就曾经与国家计委、内贸部、外经贸部、税务总局、财政总局、环保总局、农业部等相关的政府主管部门进行有关投资政策的交涉；而在选定武汉作为投资地时，再和当地的政府、劳动、公安、环保部门进行具体投资事宜的沟通。

加拿大籍华人刘志东在任加拿大SNC工程咨询公司董事经理时，善于搞"院内公关"，他经常来往于蒙特利尔和渥太华之间，穿梭于加拿大政府的国际开发署、出口发展局、外交部、工业发展部等部门之间，以他的真诚结交了好多政界朋友。有一次，加拿大出口发展局请刘志东把他公司的实力写一份详细情况给发展局，以便决定发展局对刘志东所在公司的态度。有人打算故意拔高公司的实力，想用一些泡沫资料欺骗政府，刘志东认为此举不可为，因为骗政府官员一次，以后一旦被识破，在对方心目中就砸了牌子，得不偿失，公司最后如实上报了自己的实力，并向政府官员提出好多合理化建议。由于刘志东的真诚，这些政府部门的官员经常向他传递加拿大和其他国家经贸关系发展的最新动态，邀请他参加各种出访和国外来访的活动，经常和企业家一起召开圆桌会议，听取新的建议。在特大项目的营销中，加拿大政府官员有时就成了他最好的推销员，部长甚至总理都可以出面。这也是刘志东成功的一大秘诀。刘志东还聘用加拿大前政府官员、前部长、前驻外大使、前商务参赞为公司顾问，来作为公司与政府打交道的桥梁，因为他们非常熟悉政府的运作规律和办事程序。

3. 让你和政府官员实现"双赢"

对于很多政府官员而言,他们最需要的是树立良好的政绩。因此,如果能够帮助他们在政绩上有所突破,无疑将会得到他们的大力支持。如果企业管理得好,就能给地方提供更多的税收,让地方财政也有钱。这符合现在很多政府官员的利益。而一旦企业搞好了,上级政府看到地方有这样的优秀企业,也会认可这些政府官员的能力,因此,这种方法通常比较奏效。

另外,你也可以考虑让你的企业通过参与各种社会公益活动,充分展示企业的良好形象,在政府心目中留下一个好的"第一印象",事业就成功了一半。比如,一家能源企业为了争取西气东输项目策划了一次政府公关活动,由该公司投资500万美元在北京长城附近种植一条绿化林带,并题名为"友谊林"。这项活动既保护了环境,又提升了该企业关心环保、公益事业的形象,自然也为它赢得了政府官员的好感,增加了招标成功的筹码,可以说是两全其美。

另一个例子来自福特。2005年福特在中国投入巨资设立了环保奖,并授予荒山造林4 000亩的河北农民李荣"福特汽车环保黄河奖"。当然,福特也得到了它想要的。在环保奖的启动仪式上,原林业部副部长董智平,全国人大常委、环境与资源保护委员会主任曲格平都高度称赞了福特的环保贡献。福特中国公司总裁程美玮坦言,这样的活动既增加了政府官员的信任,又增加了品牌的美誉度。

其实,在合法的范围内进行政府公关可以有各种各样的方式,比如,赞助残疾儿童、特困学生,支持政府举办的重大活动,向大学、科研机构提供科研器材,等等。只要换一种方式思考,政府公关就可以海阔天空,赢得发展的法律空间。

在今天,如果你要想和官员成为朋友,要从上面三个方向入手,与政府官员建立健康、积极的关系。只有这样,你们才能成为真正的朋友。

第4章 交四方朋友聚八方财源：怎样与周围的人交朋友

怎样与学者交朋友

在现代社会中，学者是知识和智慧的结合体。如果能和学者交上朋友，你就可以借用他们的知识和智慧找到发展的方向，使自己的事业更上一层楼。

学者由于在知识文化上的素养十分高，所以想和他们交朋友是很难的。要想打动他们的心，并与之结交，你不妨从以下内容入手。

1. 诚心求教

人都有好为人师的本性。能够指点他人，以显示自己的高明，对于每个人来说都是引以为豪的事。但有的学者对生意人有一定程度的误解，甚至有的学者自命清高，对"沾满铜臭""不学无术"的生意人比较厌恶。你要是想借请教问题来拉近与学者的距离，就得在你所请教的问题上多多了解，最好能与学者在这个问题上进行探讨。如果你的见识能打动对方，那彼此交朋友就容易得多。

2. 多多赞颂

人对于自己所取得的成就都是很在意的。很多学者经过长期研究取得了成果，虽然得到了荣誉，但由于专业性太强却很少有人能了解，因而在自己学术界之外名气不大。生意人如果在与对方的交往时主动提及对方的成就，对方自然会十分高兴地与你结交。

3. 共同爱好

学者也是人，虽然他们的知识和见解远超一般人，但他们也有一般人的爱好。有的学者喜欢钓鱼，有的学者喜欢保龄球，有的学者喜欢书画。如果你能知道学者的业余爱好。在这个方面入手与其交朋友，那将更加容易。

4. 经人介绍

在现代社会，喜欢社交的学者也不在少数。你可以通过朋友的介绍来与学者结交，进而通过对方认识更多的学者。

在与学者结交的过程中，你要注意自身的修养，不要给对方粗俗的印象，以便使对方更容易接受你。

怎样与名人交朋友

在心理学上有一种叫做"趋势"的心理，就是结交、崇拜、依附名人的心理。这种心理绝大多数人都会有，只是不同人在程度上不同而已。

只有与站在顶端地位的名人交往，他们的优点、做法才能引导自己向上。名人中固然有名不副实者，但毕竟大多数人确有本事和才能，倘若能吸取他们经验和观点中的精华，对你的生活和工作必将大有裨益。而与那些远不及自己的人往来，最后很容易使自己落到那些人之后。

结交名人也可能获得更切实的帮助。如果你立志要干出名堂来，首先就要想办法接近商界名人，与其交往，建立起良好的信赖关系。一旦与你建立了信赖关系，他就会考虑："替这个人找个机会造就人才吧。"如此一来，你的命运可能会大获改观，甚至可能一层层地脱胎换骨，一步步地走入名流社会。可能你还没有真正认识到，有名的人往往有深远的影响力，一句赞许的话就可能使你获益良多。

不过，想与名人结缘很难，名人不是那么容易就能结识的，特别是那些处于"金字塔顶端"的名人。如果你想与名人交朋友，首先要与名人"搭上线"。这里介绍一些可以和名人交上朋友的方法。

1. 提前了解名人的有关材料

这方面的材料要尽力广泛搜集，多多益善，力求全面详细。比如，他的出生地、过去的生活经历、现在的地位状况、家庭成员、个人兴趣爱好、性格特点、处世风格、最主要的成就、最有影响力的作品（歌曲、著作……）、将来的发展潜力、他的影响力所及的范围。总之，凡是与他有关的材料，只要能搜集到的就尽力去搜集。当然，也许你搜集到的有些材料是关于他的隐私的，那么就要特别慎重，切忌不能轻易传播出去，更不能作为日后"要挟"他的把柄，只能作为你全面地了解他的参考资料而已。

2. 托人引荐

这是比较常用的办法，一般托那些与社会名人交往密切的人作为中间人引荐，往往会起到事半功倍的效果。因为名人对与他交往密切者所引荐来的人，自会刮目相看，郑重地对待你。

找中间人需要注意的是：你要让中间人尽可能地了解你，并获得中间人的充分信任和欣赏，这样他才会有积极性去引荐。中间人对一个不太了解的人，或不太赏识的人，是不会轻易出面引荐的。贸然引荐，令名人不高兴，也会降低了他自己在名人心目中的"印象分"。

3. 自己主动结识

这也是较多结交名人心切的男女通常采用的办法，即冒昧地给名人写信、打电话，主动提出结识要求，这种方式也不乏成功的案例。

需要提醒一点的是：当你冒昧地给名人写信，而且又希望名人能回信的，那么千万别忘记随信附上地址、姓名并贴足邮票的信封。

4. 容易结识名人的场所

对于政界要人、影视明星、歌星、球星、巨富等名人来说，他们经常会出入一流的地方。这些一流的地方就是结交名人的理想场所，只要努力寻找，到处都有。比如，高尔夫球场、高级宾馆的健身娱乐场所（游泳池、保龄球馆、咖啡厅）、一流的影剧院和音乐厅、高级商场等，甚至高级理发店、酒吧都有可能是名人出入的地方。

出入一流的地方，不知不觉就会培养出一流的习惯和气质，这就是所谓近朱者赤。常去一流的地方，可了解一流场所的规矩，也可体会到一流人物的生活方式。即使未结识上名人，能学到一些东西也是值得的。

5. 不要刻意寻访名人

一些名人不是你想结识就能结识上的,有时再费心机也是徒劳的。因此,不要刻意去寻访名人,本着自然的态度,随缘而定,有缘分的话,你也许会在意想不到的地方与之相识;没有缘分的话,就是近在咫尺也无缘相会。比如,你想当场得到作家、歌星、球星、影视明星的亲笔签名并不难,但因此而与之相识恐怕就不那么容易了。

与名人结识,只是交朋友的开始。要想对方愿意和你交朋友,还要进一步争取。

6. 要有信心和诚意

名人的知名度和影响力取决于崇拜者的多少。一般来说,名人对自己的崇拜者是很客气、很欢迎、很感激的。如果想结交你所崇拜的名人,就要有"精诚所至,金石为开"的信心。比如,可以写信请教,因为写信很简便,名人又能收到。当然,你的信要有独特的地方,提的问题新颖,甚至能启发他思考问题,能引起名人的兴趣,那肯定会得到满意的回答。托人介绍去结识名人,或者到有名人参加的社交场合去接近他们,结识他们,也是与名人主动交往的一种形式,更要表现出自己慕名而访的诚意。俗话说:"心诚则灵",只要心有诚意,总有一天能得到名人的理解和青睐。

7. 不卑不亢,称赞不宜过分

跟名人打交道,不要拘谨也不要太直白。举止言谈要落落大方,不要给人以谄媚、讨好的感觉。每个人都会对名人怀有敬佩之情,真实地表达你的钦佩之情,适当地奉承一下也未尝不可,但一定要让他感觉到你的称赞是发自内心,发自肺腑的。因为他们听惯了吹捧话,甚至有些麻木,你再多而又俗套的吹捧也难以打动他的心和引起他的兴趣,要想衷心地赞美,不妨找些别人尚未想到的话题。

8. 以平常心对待名人

名人也是普通人,也有七情六欲,也有喜怒哀乐,也会有很多缺点,切不要把他们"神化",风光的外表之下也许有不为人知的地方。你既要想到他同样可能有令人失望的地方,也要理解名人的苦衷,不要因为你写信、求见,受了名人的冷遇就横加指责,大肆嘲弄。要知道,一个名人的社交机会太多,崇拜者也很多,因此有可能顾不过来,可能造成某种失误、失言。如果你能体谅、支持他们,真心诚意地批评帮助他们,名人也会感激不尽的,甚至会因此跟你结为知己至交。

9. 慎重选择话题

交谈前,一定要对你所崇拜的名人所从事的职业、专长有一定的了解。如果第一次给人留下了好印象,就为今后打交道打下良好的基础。交谈中,你的真本领会使名人刮目相看,甚至视为知己。初次交谈时间不要过长,切忌班门弄斧,不懂装懂,说些外行话。谈他的成就时,一定要多谈一些他最为得意的成绩,而不要"抓不到重点"。最好选择一些能显示出你对他关心的问题,比如,最近去了哪些地方、身体状况如何等。这些话体现了你一直在关心名人,处处为名人着想。

要保持谈话轻松,不要谈起那些令人沮丧的而且纯属你个人的事。不要告诉他你在生活中遇到的各种不痛快、你的疾病以及你所遭受的不公正,因为这些与名人无关的话题太沉重,太令人沮丧,这些只属于你的私事而已。

10. 不要忽略走"霉运"的名人

名人之所以成为名人,一定有他一些特殊的才识、天赋,即使此时正走"霉运",你一定不要忽略,相反这正是结识他的绝佳机会。他走下坡路时,很多崇拜者会弃他而去,正当他深感世态炎凉、人情淡漠,你此时去结识他,多说一些相信他、鼓励他的话,会令他十分感动,所谓患难见真情,他一定会视你为知己,日后东山再起,你就是他的座上宾。

在与走"霉运"的名人结识时,当你们相互还不十分熟悉时,千万不要谈及他的近况,而是把话题集中在他过去显赫的成绩上,既能把他带到过去的辉煌时光从而受到鼓舞,又避免揭伤疤。当你们已十分熟悉后,再聊他现在的日子也不迟。

结交名人既是事业所需也是人之常情。所以，你无须畏缩，只需要拿出勇气和智慧来与名人交朋友，不断地从内在和外在两方面一起提升自己，最终会迈入名人行列。

怎样与异性交朋友

结交异性朋友是当今社会开放的一种新型的社交现象。过去那种男女授受不亲的时代早已过去，男女彼此平等交往、共谋大业，展现了开放时代的开放精神。

异性之间有两种情感：爱情和友谊。男女双方对于爱情与友谊的看法，往往有些出入，两者的概念如果混淆不清，很容易使人走入误区，产生误会。尤其是比较小心眼的妻子，往往疑心生暗鬼，于是电话查勤、突击检查，甚至秘密跟踪，演出侦探小说般的话剧来。男人也有特别多心的，对在外做事的漂亮太太很不放心，整天猜想一大堆，疑心重重。其实，只要有信心，互相信赖，对于友谊和爱情之间的界限有明确的认识，也就不至于庸人自扰，自寻烦恼了。

友谊与爱情是不同的。友谊被认为是青年时期一种最主要的情感依恋和人际关系，它没有排他性。友谊是青年男女社交的最重要的组成部分。人生不可能没有友谊，对于青年男女来说，友谊在他们的生活中更占重要的地位。青年男女经常在一起学习、工作，进行思想交流，就会建立一定的友谊。但这种感情不同于爱情，爱情是男女间基于一定的客观物质基础和共同的生活理想所产生的一种互相倾慕、爱恋并渴望对方成为自己终身伴侣的特殊情谊。爱情具有这样的特征：

一是以男女平等互爱为条件，是两性之间的感情联系；

第4章 交四方朋友聚八方财源：怎样与周围的人交朋友

二是具有专一性和排他性；

三是它的目的是结为婚姻伴侣。

因此，它和友谊是有明显区别的。在青年交往当中，有些青年男女错把友谊当成爱情，这样的情况有两种：一是对方错把自己的友谊当成了爱情，再一种就是自己错把对方的友谊当成了爱情。这两种情况如果处理不好，不仅会损害双方的友谊，而且会给男女双方带来不必要的痛苦。因此，应该认真对待友谊和爱情的问题。

现实生活中，对于存在爱情或友谊的双方，人们常常这样界定：正在恋爱的双方互称"男朋友""女朋友"，而友谊交往的双方被称为"男性朋友""女性朋友"。

封建社会"男女授受不亲""男女之间只有爱情，没有友谊"之类的观念是极其片面的，也是人际交往的一大误区。它把男女之交狭隘地控制在一种"性别之交"的范围内，那仅是从人的自然属性出发，而忘却了人的社会属性。这种理念的发展往往导致男女交往进入误区，变成麻烦。

应该承认，男女之间除了爱情和亲情的关系，还可以有一种真诚的友谊存在。结交异性朋友，将使自己受益匪浅。男女之间由于性别差异，因而有着迥异的性格差异。性格的互补，往往成为友爱帮助的互补。这种帮助有时是同性朋友之间爱莫能助的。

周涛是一位生意人，独身。此人性格豪爽，为人正派，学识渊博，谈吐幽默，因而有许多朋友——包括许多女性朋友。

前不久，他住院做手术。术后，朋友去看他，闲聊时，他谈起了异性朋友对他的帮助感受。他说："我得这场大病，多亏了朋友照顾。不然，无父无母无妻无子，可怎么办呀？有趣的是，从住院这件事中，我发现，贤妻良母其实是一种'专业'。

比如，做手术吧，医生问谁能签字？那天单位领导没来，我身边只是一群朋友。朋友就为难了：这要是手术失败了可怎么办？谁能负得起这个责任？我要自己签名，医生又说不行。这时我的男性朋友全部手足无措了，虽然他们平时可够聪明的。女性朋友吧，却站出来一位，她是我朋友的妻子，也是我的女性朋友之一。她跟医生说，'我来签字吧。我是他的朋友'。你瞧，贤妻良母就是不一般，她们就知道应该怎么办，也敢于怎么办。

手术后，这种差异更是显露出来了。仿佛有了默契，每当我需要进食进水，女性朋友便主动上来关照；而男性朋友则跑前跑后，甚至抬我上厕所。这种社会角色的自动选择和承担，显然是出于一种习惯，而且人们觉得这很合理很正常。"

周涛言谈之中，充满着对女性朋友帮助的感激和自豪。

有一次，朋友们在酒吧聚会，当然都是清一色的男人。大家一边品着咖啡，一边低声议论着时事、物价和奇闻趣事。可是这种和平舒缓的气氛没能持续多久，席间就有两个朋友因为对某个问题的看法不同而吵了起来，而且越吵越凶，其他人劝说也不管用，他们几乎要动起手来了。就在这千钧一发之际，他们的一位女性朋友来了。一见这阵势，就明白发生了什么事了，于是她和颜悦色地说："都怎么了？有话好说，坐下来慢慢谈嘛！"两位朋友一听，感到不好意思，便又坐下来，重新变成绅士，与刚才脸红脖子粗的争吵判若两人。

对于未婚青年男女，友谊可以发展为爱情。婚前多结交几个异性朋友，可以比较选择，是合情合理的事。年轻时，可以在感情的汪洋中漂流探险，寻找理想的对象，留下一些浪漫的回忆。一旦结了婚，就得收住感情的帆，准备驶入爱的避风港，过风平浪静的生活。婚前的友谊是自由自在的，无拘无束的，婚后的爱情是独占的、专一的。

为保证友谊的神圣纯洁，保证家庭婚姻的和谐而不致产生误解，已婚男女与异性交往，应掌握好下列内容。

1. 不宜隐瞒，应该坦诚相待

已婚男女与异性交往，最好让爱人知道。如果你的异性朋友不认识你的丈夫或妻子,你应介绍他们相识。若有单独的交往,也要告诉你的爱人,避免引起误会,影响夫妻感情。切忌背着自己的爱人,与其不相识的异性交往。

2. 应该热情大方

已婚男女与异性交往,和未婚男女的最大区别,在于这种交往是纯正的友谊而不包括丝毫择偶因素。所以这时的交往,应一扫少男少女的腼腆羞涩而落落大方。特别是在家中待客,对所有客人要一视同仁。

3. 不宜有非分之想,要洁身自好

年轻男女,才华出众、性格开朗、多才多艺、温柔美貌,这些都会引起异性的爱慕。即使是已婚男女,也会因此而引来异性的倾心。对此切忌两点:一戒虚荣轻佻,玩弄他人感情。视自己能以已婚身份而引起异性的思恋而得意非凡,并以此来抬高自己;或是向丈夫或妻子吹嘘,引起对方的猜疑、不快,甚至导致家庭破裂的悲剧;或是借此玩弄他人,引火烧身,最后弄得尴尬万分,以致造成严重后果。二戒见异思迁,把握不住自己的感情,禁不起新的感情的诱惑,轻率地背叛自己原有的爱情。

至于怎样对待爱慕自己的异性,最简单的办法就是提醒对方,你是有夫之妇或有妇之夫。此时,表明自己的态度要重于尊重对方的感情。因为这不只是你们两个人的事了,还牵涉到道德、法律、义务等各个方面,切不可掉以轻心。应晓之以理,因势利导,将其恋情转化为友谊。但这对双方的理智和毅力都要求很高,自信心不足的人,为了避免今后的纠葛,最好的办法是尽快地疏远、回避。

只要有信心,互相信赖,对于友谊和爱情之间的界限有明确的认识,也就不至于庸人自扰,自寻烦恼了。

结交异性朋友要有正常的理由和环境气氛。共同的兴趣和事业追求,是你同异性交往的自然理由,交谊活动是异性交往的理想场所。结交异性朋友时,一定要掌握分寸,异性交往毕竟不同与同性交往,要尊重对方的生理心理特点,切忌语言粗陋,任何失态的行为就会断送异性间的正常交往。

异性朋友的情谊往往非常珍贵，也非常真诚，只要你心地纯洁，胸怀坦荡，就会体验到异性友谊之花的芬芳。

怎样与老年人交朋友

在你的朋友圈子中，老年人是必不可少的。老年人有其丰富的人生阅历，从某种意义上说是一种财富。如果能和老年人交上朋友，借用其经验对自己进行一定程度上的指导，对你的事业是有很大帮助的。

然而，这对于上了年纪的人还好说。对于年轻人，由于与老年人在思想、感情、思维方法和生活品质上的较大差异，双方的交往常被相互之间的心理障碍——"代沟"所阻隔。

年轻人要想和老年人交朋友，这种"沟"是必须要填平的。任何社会阶段都要靠各个年龄层次的人的相互作用来发展，这种作用既有选择性的继承，也有创造性的更替、继承与创新。老年人与年轻人的矛盾，正是推动社会文明进步的动力。要解决好这些矛盾，要靠两代人的努力合作，而交际是沟通双方需要，实现能量互补的有效途径。

要和老年人交朋友，年轻人必须客观地、辩证地认识老年人与自己的长短优劣之处，也要看到双方的不同的互补"功能"。

培根就曾这样论述过："年轻人的性格如同一匹不羁的野马，藐视既往，目空一切，好走极端，勇于改革而不去估量实际的条件和可能性，结果常常因浮躁而改革不成；而老年人的考虑多于行动，议论多于果断。为了事后不后悔，宁愿事前不冒险。最好的办法是把两者的特点结合起来。"

年轻人可以从老年人身上学到自己真正需要的那种坚定的志向、丰富的经验、深远的谋略和深沉的感情。而且，老年人有着丰厚的人际关系资源，可以为你提供广泛的人际关系网。而老年人也可从对方身上学习自己所缺乏的蓬勃朝气、创造精神和纯真的思想。

要想成功地与老年人交朋友，就要知晓老年人的心理特征。一般有以下几个方面。

1. 失落感

发生在离退休早期阶段，老年人从繁忙的工作岗位上退下来，回到家里，无所适从，常常要回到单位去看看，了解情况，当接班人工作顺利，对他们的建议持保留态度时，他们就有人走茶凉的感受，内心产生烦恼、愤怒，甚至敌意。失落感强烈者，一般发生在担任领导工作的老年人中，他们以前的生活前呼后拥，门庭若市，一旦退休在家，闲得发闷，产生强烈的无奈、无能的心理，害怕别人再不重视自己了。

对此，你可以帮助老年人给自己晚年生活作出计划，让对方学习自己过去喜欢又长期忽略的特长以陶冶情操，为平凡的老年生活锦上添花。

2. 孤独感

由于缺乏沟通技巧，退休以后，不愿意与人交往，常常离群独居，甚至与子女保持距离，内心又非常害怕别人不接受自己，出现了一系列的负面情绪行为，如自怜、自闭；孤独感强烈的老年人，常常是性格比较内向，不善于表达思想，又乏于交流、人际交往有困难者。

对此，你可以帮助老年人积极参加社区活动，扩大交往范围，从交往中体会快乐和幸福。

3. 忧郁感

有的老年人由于退休前工作不尽如人意，退休后条件较差，出现自我评价低，对前途感到渺茫等一系列的情绪表现，如痛苦、悔疚、责备、自卑，甚至轻生的负面情绪。这种忧郁情绪常发生在性格脆弱、敏感多疑、善于内省、缺乏自信的老年人中，他们倾向主观判断，忽略客观环境条件的影响，一旦碰到问题，应对策略贫乏。

对此，你可以帮助老年人积极地行动起来，参与到各种活动中去，在完成任务的过程中体会成就感，以保持心理健康水平。

要想成功地与老年人交上朋友，想他们之所想是对方愿意和你打交道的前提。

与老年人进行沟通不同于其他年龄段的人。如何与老年人交谈十分关键，要注意以下内容：

态度：要和蔼可亲，平易近人，脸上常带微笑，让老年人能感受到你的亲切感；

位置：不要让老年人抬起头或远距离跟你说话，那样老年人会感觉你高高在上和难以亲近，应该近距离弯下腰去与老年人交谈，老年人才会觉得与你平等，觉得你重视他；

用心交流：你的眼睛要注视对方的眼睛，你的视线不要游走不定，让老年人觉得你不关注他，同性间可以摸着对方的手交谈；

语言：说话的速度要相对慢些，语调要适中，有些老年人听力比较弱，则须大声点，但还要看对方的表情和反应，去判断对方有何需要；

了解情况：要了解老年人的脾气、喜好，可以事先打听或在日后的相互接触中慢慢地了解；

话题选择：要选择老年人喜爱的话题，如家乡、亲人、年轻时的事、电视节目等，避免提及老年人不喜欢的话题，也可以先多说一下自己，让老年人信任你后再展开别的话题；

真诚的赞赏：人都渴望自己被肯定，有的老年人性格就像小朋友一样，喜欢表扬、夸奖，所以，你要真诚、慷慨地多赞美他，他就高兴，那谈话的气氛就会活跃很多；

应变能力：万一有事谈得不如意或老年人情绪有变时，尽量不要劝说，先用手轻拍对方的手或肩膀作安慰，稳定情绪，然后尽快扯开话题；

耐心：老年人一般都比较唠叨，一点点事可以说很久，你不要表现出任何的不耐烦，要耐心地去倾听老年人的话。

第4章 交四方朋友聚八方财源：怎样与周围的人交朋友

总之，和老年人交朋友，你就要充分照顾到对方处于这个年龄段的特点，在交往的过程中体现出自己的诚意，老年人自然容易接受你。

怎样与年轻人交朋友

现代社会日新月异，你只有跟上时代的步伐，才能在竞争中立于不败之地。年轻人是社会中最前卫、最容易接受新事物的群体，与年轻人交朋友，可以让你从中获取许多新的观念和新的知识，有时，这对你的事业来说获益匪浅。

但要想同年轻人交上朋友并不容易。一般来说，年轻人爱与同龄人打交道，觉得与其他年龄段的人没有多少共同语言。因此，与他们同龄的人还好说，要是年长的人与年轻人交朋友就得花费些工夫了。

孙磊的儿子孙强是一名重点中学的初一学生。孙强从小就是一个"电脑迷"，也是一个游戏高手，在学校小有名气，人称"孙不败"。由于要练就一身高超的游戏本领，在同学中保持不败之名，孙强在许多种电脑游戏上花了大量的时间。孙磊看在眼里，急在心上，担心因此会影响儿子的学习，思考再三后决定主动学会打电脑游戏。他欲擒故纵，首先主动向儿子孙强学习如何演练网络游戏"魔兽世界"，再逐步深入研究其奥妙。他逐渐发现，"魔兽世界"是一个多人参与的游戏，它建立在一个充满着冒险经历的幻想世界中，在这里需要进行战斗、谋求生存、不断地升级，同时还有很多困难。而另一个网络游戏"诛仙"，是一个幻想世界，不仅仅是一个游戏，实际上，它也表现出网络游戏的人文特征。这类游戏支持玩家模拟进行社交往来，还安排了专门的职位用来平衡这些角色。这些手段将辅助玩家去设计、探索、编排他们在游戏当中的生活方式和状态……这些都让孙磊大开眼界，对孩子们的游戏世界也有了一个客观、全面的再认识。如今，孙磊已把儿子

"拉"了过来，父子俩业余时玩的都是那些有趣味、有教育意义和道德启迪作用的益智健康的电脑游戏。

其实，与年轻人交朋友并不难。其中的关键是要了解他们，不能老是拿自己的想法去衡量对方。只要有共同的语言，即便是上了年纪的人也能同年轻人结成忘年交。

很多年轻人都有自己的个性，他们讨厌别人以教导的口气对自己说话。你与年轻人交往时，即便年长，即便事业有成也大可不必端架子，最好主动与他们打招呼。你如能谦虚地向年轻人学习请教，那么年轻人肯定会对你产生好感，比如，请他们教教你电脑的使用或操作，等等。年轻人中也不乏各界精英，你主动与年轻人中的精英交往，可能获得更大的收益。

和年轻人交朋友有很多办法。比如，参加由很多年轻人构成的旅行团，加入年轻人组建的俱乐部等。不要怕彼此观念上有差异，也不要怕年轻人不接受你。只要你主动，就会发现年轻人还是容易结交的。

第5章 知己知彼商海难败，生意有风险交友需谨慎

俗话说："画虎画皮难画骨，知人知面难知心"。在现实生活中，有这样一种人：他们打着"朋友"的幌子，专门坑害那些把他们当朋友的人，让人防不胜防。这种人对于生意人来说是一种大害。对此，你要练就一双"火眼金睛"，将这些人从朋友中区分开来，为自己的事业保驾护航。

一眼看穿别人的企图

喜欢下象棋的人都有这样的经验,若你想赢得这盘棋,除了要清楚棋盘上的棋子外,还必须要看透对方下这步棋的用意,并进而判断出其后的布局,方能最后赢棋。"正所谓高手前后看三步",讲的就是这个道理。

人与人之间的交往有很多时候是抱有某种目的的。与人相处,从某种意义上说就如同下象棋,知道对方的企图才能更好行事。

人心藏于胸腹中,即便是朋友,也未必就能轻易地了解对方。但是,人的心思却可由其显现于外的表情、动作、言谈等流露出来。下面几种方法可以帮你看穿对方的心理。

1. 反问对方以确认其意图

有些人惯常使用模棱两可的回答。如果你遇上说话语意不明者,而他又避免作明确的结论,乍听似乎有理,实则并不然时,为了确认他是否为踌躇的人,可利用他自发的双面理论来加以辨明。在他提出强调一方结论后,应立即反问他对于另一方的理论有何看法。

2. 请坚持讲完你的话

如果与人见面时,对方表现出闻一知十的态度,你在心里须先设戒心。因为他对你的个性、情绪毫无所知,却表现出闻一知十的样子,其意义大多表示不想倾听你谈话的拒绝姿态,只是碍于礼仪或情面,不好直接表明。但是,如果话才说出,对方即频频点头表示了解,你不可缄默其口,而要坚持说完你的话,让他更加了解。

3. 内心不安的表面特征

通常,见面双方都持着该有的礼仪待人,若是对方态度异常地冷淡无礼,有可能说明他的内心隐藏着不安,为了掩饰其弱点,便采用这种扰乱战术。

你可不要被他的假面具所吓退，此时要以冷静的态度应付，才是上上之策。

4. 面无表情的表情

面无表情的表情，正是对方内心无言的表达。当人类强烈的欲望无法得到满足，或心底充满敌意与不欲为人知的情感，不敢直接表露而努力压抑时，就会变得面无表情。所以，无表情并非内心毫无所感，而是波涛暗涌，畏于表现出来。在他们没有表情的面孔下，实则深藏着不为人知的想法。

5. 对方突然多话时

人变得多话，并非只是在他想表达自我的时候，相反的，想打断或想结束某话题时，也是如此。所以当对方突然高谈阔论起来时，仔细想想是否提到他们不愿触及的问题呢？话多并不表示能言善道，只不过是掩藏自己的烟幕弹罢了。

6. 对方特别亲切时

面对对方亲切无比的态度，若是认为自己交际成功而沾沾自喜，那真是大错特错。过度亲切是不是因为为了掩饰内心的不安才如此？此时，你应该若无其事地转变话题，以探知他的真意。

7. 递上一支烟

香烟盒乃是人们用来不露痕迹地表示己方的意思的一种信号。因此，若是推拒了对方所递过来的香烟，而取出自己的香烟来抽的话，会被认为是不接受的一种拒绝态度。

8. 对方将手插入裤袋时

手插入裤袋，多半是在紧张之余，无意识地把手放入裤袋中的。不论何人，为了要解除内心的紧张，大都会作出解除身体紧张的动作。他将手插入裤袋中，也只不过是要借着触摸自己身体中易于接触的位置，来提高与自己的亲密性，进而消除紧张。初次会面的对象，即使他作出违反礼仪的动作，因此责难他也并非上策。接受对方的那些信号，并使其紧张得以缓和，这才是引出他真心话的一个前提。

9. 故意与对方的意见相左

在以了解人品和思想为目的的面谈中，为了能在有限的时间内尽可能地了解对方，就有各种深层的方法被使用，其中有一种被称为压迫面谈的方法。这是一种向面谈者提出令他不快的问题，或是将其置于孤立状态而迫使他作二者择一的决断的方法，将其赶入危机的状况中而视他的反应。

10. 持续提出问题，让对方回答

对于人际交往，特别是要探知对方的真意时，不论有关任何一方面，都有必要让他说出更多的话。因此，这一方法应是一个有效的助力。

11. 对方若把话题岔开

对方将话题岔开，大致上有三种情形：其一是因为完全不留神而岔开了，其二是因为突然产生出乎意料的联想而岔开，其三则是故意将话题引到别处的情形。这些情形，都表示说话者目前的兴趣和精力，已转向别的话题上。因此，不要在中途截断他的谈话，让他继续一段时间。如果是第一种情形，不久他就会对于究竟何者才是正题也感到非常诧异。第二种情形，因为本人并没有忘记本题，所以能自然地了解到其联想与本题的关系。而如果隔一段时间之后仍然不能回到本题的话，就可以判断为第三种情形。依此种方法，可以了解到，乍看之下是很浪费时间精力的"离题谈话"，也可以成为读出对方心理的一个绝好机会。

12. 不妨闲话家常

在不了解对方的性格、感情特点等的情况下而与之作初次见面的谈话，就像拳击比赛，需要猛击，完全脱离目的的闲谈，就如同看似没有目标的进攻，提供了看清他本意的线索。如果他加入了闲谈中，则可视为接受己方态度的表现。假设他并不参与闲谈，那么对于己方所引出的闲谈，他应该表示出一些反应。视其反应，己方就可以决定是进是退，或是再进一步试试看等，以改变自己的战术。

当你被夸奖时，夸奖的言辞、恭维话，并不都是单纯可喜的。一被别人

称赞就立刻上当的,会被认为是太简单、太幼稚。然而,若是露骨地表示出猜疑心并冷冷地应对,这也会破坏交际的气氛。因此,最顺当的方法是,先谦虚一番,然后继续保持着探索对方真意何在的姿态。由此就能够找出他隐藏于赞赏言辞后面的观察之心,并且判断出他是否对你怀有敌意或某种企图。

当然,人心是无法仅从肤浅的表面所能够了解的,有时,你认为自己已经了解了对方的想法。可实际上,这正是他为了掩饰自己的行为而故意施放的"烟幕弹"。

要想探测别人的内心世界,就得从对方的眼睛中读出真意来。眼睛是人类心灵沟通的重要工具,经由眼神,可以达到交换彼此意见的目的。它能真实地反映人类内心的所思、所虑。无论一个人心里在打什么主意,他的眼神都会立刻忠实地反映出来。不管对方说得如何动听,其眼神也会出卖他自己。

下面来看一下,在交谈时怎样从别人的眼神和视线里探出对方的真正意图。

你见他眼神沉静,便可明白他对于你所认为着急的问题,早已成竹在胸,应付之后,定操胜算。只要向他求教办法,表示焦虑即可,如果他不肯明白说,这是因为事关机密,也不必要多问,只静待他的下文便是。

你见他眼神散乱,便可明白对于你所认为着急的问题,他也是毫无办法,内心焦虑之余,反弄得六神无主。你徒然着急是无用的,向他求教,也是无用的。你得平心静气,另想应付办法,不必再多问,这只会增加他六神无主的程度,这时是你显示本领的机会,快快自己去想办法吧。

你见他眼神凌厉,仿佛有刺,便可明白他对于你是异常冷淡的,如有请求,暂且不必向他陈说,陈说反而显得你不知趣、不识相,应该从速借机退出,即使多逗留一会儿也是不适的,退而研究他对你冷淡的原因,再谋求恢复感情的途径。

你见他眼神阴沉,应该明白这是凶狠的信号,你与他交涉,须得小心一点。如果你不是早有准备想和他见个高低,那么最好从速鸣金收兵,且防追奔逐北。

你见他眼神异于平时,便可明白他是胸怀诡计,想给你苦头尝尝。这时应步步为营,不要轻近,前后左右,都可能是他安排的陷阱,一失足便跌翻在他的手里。他是个诡而不正的人,不要过分相信他的甜言蜜语,这是钩上的饵,是毒物外的糖衣,要格外小心。

你见他眼神呆滞,嘴唇泛白,便可明白他对于当前的问题惶恐万分,尽管口中说不要紧、有办法,其实他虽未绝望,也的确还在想办法,但却一点也想不出所以然来。你不必再多问,应该退去考虑应付办法,作为互相切磋的资料,如果你已有办法,应该向他提出,并表示有几成把握。

你见他眼神似在发火,便可明白他此刻是怒火中烧,意气极盛,如果不打算与他决裂,应该表示可以妥协。否则,再逼紧一步,势必引起正面的剧烈冲突了。

你见他眼神恬静,面有笑意,便可明白他对于某事非常满意。你要讨他的欢喜,不妨多说几句恭维话,你要有所求,这也是个良好机会,相信一定比平时更容易满足你的希望。

你见他眼神四射,神不守舍,便可明白他对于你的话已经感到厌倦,再说下去必无效果。你不如赶紧告一段落,或者乘机告退,或者寻找新话题,谈谈他所愿听的事。

你见他眼神坚定,便可明白他对于你说的话,认为有一听的必要,应该照你预定的计划,婉转陈说,只要你的见解不差,你的办法可行,他必然是乐于接受的。

你见他眼神不对劲,连头都向下倾了,便可明白他是心有重忧,万分苦痛。你不要向他说得意的事,你的得意事反而会加重他的苦痛;你也不要向他说苦痛的事,因为同病相怜越发难忍;你最好说些安慰的话,并且从速告退,多说也是无趣的。

对方在和你谈话时,并不看你,即使你在对他说些什么,他的眼光也是遥视远处。在说话进入正题的时候,对方时而移开目光看向远处的话,不是他根本不关心你说些什么,就是正在想着其他事情。特别是你决定和对方合作,正谈到相关事宜时,对方若时常把目光移向远处,东张西望的话,就可以判断,其内心正在进行着各种打算。

当你们见面的时候,看到对方暗淡的眼神,就应该想到对方有不顺心的事或发生了什么意外的事情。而当你和对方交谈时,对方的眼睛突然明亮起来,则表示你的话正触着了他的心灵和兴趣。

在交际过程中,只要你细心观察,你就会发现眼睛确实会传达出内心的想法。下面,是从对方视线中识破对方心理的一些其他方法。

虽然想着对方,但总是装出左顾右盼的样子,这不但表示对方具有强烈的关怀,而且他也不想让对方知道自己的意思;将视线集中于对方身上,又很快地收回自己的视线的人,大多属于内向性格者;将视线落下来看对方,表示有意对对方保持自己的威严;尽量开阔视野,或者视野的方向变化得很厉害的人,这种人大体上怀有某种不安和警戒之心;有些人一旦被别人注视,会忽然将视线躲开,这些人大体上都怀有自卑感,或有相形见绌的感受。

生意场上,你要能够一眼看穿别人的企图,彻底解读对方复杂的内心活动,就无异拥有一把锋利无比的锐器,在商海中"知己知彼,百战不殆"。

通过衣着来看内心

在平时与别人的交往中,你是否因为无法了解对方的内心而困扰?这时,你不妨从对方的衣着上来判断。衣服本是人类用来遮体御寒的,但是人们却很难想到,为了要穿上自己喜爱的衣服,反而会把自己毫无掩饰地暴露出来。因为每个人所选购的衣服,包括颜色、质地等都无一例外地把自己的心理状态袒露无遗。

1. 衣着华丽者

在茫茫人海中，你可以发现某些人总是穿着引人注目的华美服饰，这种人大体上有强烈的自我表现欲，爱出风头。此外，这种人多数对于金钱的欲望特别迫切。所以，当你与这类身着华服的人做生意时，你就能洞察到他们的这种心理，多夸奖他们的服饰，满足其膨胀的表现欲是一个好办法，这种人不仅不会与你为敌，反而会轻易地答应你所提出的条件。

2. 衣着朴素者

有一种人穿着非常朴素，不爱穿华美的衣服，这种人大多缺乏主体性格，对自己缺乏信心。希望对别人施加威严，以弥补自己的自卑心理。和这种人谈生意时，千万注意别与他们争执不休，因为越是自卑的人，越想掩饰自己的自卑，越会与人喋喋不休地争吵，以期保存残存的一点点面子，争吵绝对不利于和他保持良好的生意关系。这时候，你可以大大方方承认他的观点，他反而会感到你的宽容大度，在对方心平气顺的时候，你可能会取得意想不到的效果。

3. 喜欢时髦服装者

有一种人，完全不理会自己的嗜好和别人的看法，甚至不知道自己真正喜欢什么，他们只以流行为嗜好，向流行看齐。实际上，这种人在内心深处常有一种孤独感，情绪也经常会波动不安。与此类人打交道，可以采取"以迂为直"的策略，你不妨也来点"时髦"，并尽量从时下最流行的事和物谈起，从而引起对方对你这个人感兴趣，然后再逐步切入生意的正题。

4. 不理时尚者

有一种人对于流行的状况丝毫不为所动，这种人的个性可以说是十分强硬，但也有一些人是不敢面对外面的花花世界，而一味地把自己关在小屋子里。这种人认为，如果事事跟别人趋同，岂不是等于失去了自我？这种人常常以自我为中心，经常弄得大家索然无味。和这种人谈生意，要采取"顺毛摸"的办法哄着、顺着，在其兴高采烈之时，不知不觉拍板成交。

5. 常突然改变服装嗜好者

也许你某一天发现经常打交道的客户突然改变了习惯的穿戴，你千万不要惊慌，这种常会突然改变自己服装嗜好的人，大多是想改变生活方式，也有逃避现实的成分。你若想与他保持良好的关系，应当显得不当一回事；或者说些赞美他穿什么都很不错之类的话，相信他的心灵大门一定会向你敞开。你承认对方的态度比质疑的态度要强，你就会赢得别人的回报——合作。

6. 冷静对待时尚者

有一种人对流行既不狂热，也不会置之不理，改变穿衣也是渐渐实行。这一种人处世中庸，情绪稳定，一般不会做什么出格的事。他们多有理性，不过于顺从欲望，也不盲从大众时尚。此种人比较可靠，值得结交。与他们做生意应以诚为本，因为他们既是你可以信赖的客户，也可能成为你今后的长期合作客户。

握手礼中透露的信息

握手是最简单的礼仪，其中所表达的丰富含义可以让人获得很多的信息。

握手是从原始的双手举起的姿势（表示没有携带武器）演变而来，后来采用罗马式手碰胸的姿势表示问候之意。在现代，握手是表示欢迎。手心张开表示公开，而接触表示合二为一。

握手这一"见面礼"形式虽然简单，但每个人握手的方式都不尽相同，一个人与他人握手时所采用的方式，很能反映出其的个性。

这是比较容易理解的常识：使劲握手的人，通常表示他的主动性很强，而且充满了信心；反之，不用劲握手的人，表示其有气无力，或性格脆弱。在舞会或公共场合里，不断地前去和陌生人握手，表示这个人富有社交经验和较强的自我表现欲。

具体地说，利用握手的方式，到底要怎样才能了解对方那种微妙的心理活动呢？最具代表性的一种现象，就是透过手的温度状况来判断。

在人类的身体中，当发生恐怖或惊吓的感情变化时，跟自己无关的自律神经意识会突然活跃起来，并引起呼吸的紧张、血压与脉搏的变化，或是汗腺的兴奋等状况。你如果跟对方握手，发现对方的手掌出汗时，这就表示对方的情绪高涨，也可以说是失去心理平衡的表现。有些女性表面上看来冷若冰霜，但若握住她的手，却发现她的掌心有汗，这是因为男性的容貌、身体、或者语言、气氛等，引起了她某种兴奋的表现。

由此可见，你可从握手的力度和手掌的感触，来观察对方的内心。

下面，来看一看各种不同的握手方式及其所透露的信息。

1. 大力挤握型

握手时，紧抓对方手掌，大力挤握，令对方痛楚难忍，此类人精力充沛，自信心强，为人则偏于专断专行，但组织力和领导才能都很突出。

2. 沉稳专注型

握手时力度适可，双目注视对方，此类人个性坚毅坦率，有责任感而且可靠，思想缜密，善于推理，经常能为人提供建设性的意见。每当困难出现时，总是能迅速地提出可行的应对方法，很得他人的信赖。

3. 漫不经心型

握手时只轻柔地触握，此类人随和豁达，绝不偏执，颇有游戏人间的洒脱、谦和从众。

4. 双手并用型

握手时习惯双手握住对方的手，此类人热诚温厚，心地善良，对朋友最能推心置腹，喜怒于形而且爱憎分明。

5. 长握不舍型

握手时握住对方久久不放，此类人情感丰富，喜欢结交朋友，一旦建立友谊，则忠诚不渝。

6. 用手指抓握型

握手时只用手指抓握住对方而掌心不与对方接触，此类人平和而敏感，情绪易激动。不过，心地善良而富有同情心。

7. 上下摇摆型

握手时紧抓对方，不断上下摇动，此类人极度乐观，对人生充满希望。他们以积极热忱而成为受人爱戴倾慕的对象。

8. 规避握手型

有些人从不愿意与人握手。他们个性内向羞怯，保守但真挚。

通过举止来辨真伪

社会很复杂，什么样的人都有，很难保证别人对你说的话都是真的。为了利益而撒谎的人大有人在。也许当时你并不知道他在说谎，除非谎言当场被揭穿。然而这种情况很少见，大多数人是在事后才知道，那是因为谎言已付诸行动显现出来了。

你是否察觉到，人在说谎的时候总是不自觉地作出一些小动作来掩饰自己内心的不安。

下面是一些说谎者常有的小动作，从这些小动作中，你可轻易一眼判断出对方是否在说谎。

1. 掩嘴

这是一种明显的孩子气的动作，用拇指触在面颊上，将手遮住嘴的部位称作掩嘴。也许说谎者大脑潜意识中使他想忍住那些欺诈的语言，而导致了掩嘴这一动作。也有人假装咳嗽来掩饰其掩嘴的动作。如果一个与你谈话的人常伴有掩嘴的手势，说明他也许正在说谎话。可当你讲话时，听者掩着嘴，说明也许听者觉察到你在说谎。

2. 揉眼睛

说谎者为了防止别人看出其虚假的表情，常用这种手势掩饰自己。说谎时，男人一般用力揉眼睛。如果说了大谎，他讲话时经常会向别处看，通常会向地板上看，女人说谎时通常轻揉眼睛稍下的部位。

3. 挠脖子

说谎者讲话时常用写字的那只手的食指挠耳垂下方部位。有趣的是这种手势通常要挠上5次左右。

4. 摸鼻子

这种手势是老练、乔装的表现。摸鼻子手势包括在鼻子下方轻揉几下，或者很快地揉一下，甚至摸得特别快，几乎不容易察觉到。有一种关于摸鼻子手势产生的解释是：当相反的想法进入脑子时，潜意识就会指令手去掩嘴。然而在掩嘴的最后时刻，为了使动作不明显表现出来，手又不知不觉地离开面部，快速摸鼻子就这样形成了。

5. 搓耳朵

这种手势常暗示着听者没有听出谎言。搓耳朵的变化形式还包括拉耳朵，这种手势是小孩子双手掩耳动作在成人动作中的一种重现。搓耳朵的说谎者还会用手拉耳垂或将整个耳朵朝前弯曲在耳孔上。

在错综复杂的商场上，这几种小动作虽不是判定谎言的直接依据，但也能给你作为一种参考和一点提示，让你对谎言留心观察。

交朋友一定要慎重选择

有这样一个寓言故事。有一个没有亲属孑然一身的人，住在远离城市的荒僻的森林里成为一名隐士。由于十分孤单，他和一只熊认识了，不久就成了好朋友，谁都觉得不能分离，所以整天待在一起。

有一次，在一个明朗的夏天，他们定了一个小小的计划，要到森林里草地上去溜达，还要翻山越岭地去远足。可是，因为人的力气总比不上熊，隐士在正午的炎热下跑累了，熊回头看到它的朋友远远地落在后面，心里充满了关切。它停下脚步来喊道："躺下来歇一歇吧，老朋友，如果你想睡，何不打个盹呢！我坐下来给你看守，以防有什么意外。"

隐士感到有睡觉的必要，就躺下来，深深地打了个呵欠，很快就睡熟了。熊忠实地守候在朋友身边。

一只苍蝇停在隐士的鼻子上，熊连忙来驱赶。苍蝇又飞到隐士的脸颊上。"滚开！"苍蝇又落到朋友的鼻子上去了，而且越发坚持要留在那儿。熊于是一声不响，捧起一块笨重的石头，屏住气蹲在那儿。

"别吭声，别吭声！"它心里想道，"你这淘气的畜生，我这回可要收拾你！"它等着苍蝇停在隐士的额角上，就使劲把石头向隐士的脑袋砸过去，这一下砸得好准，把脑袋砸成两半，熊的朋友就永远长眠不醒了。

紧急的时候得到朋友帮助是宝贵的，然而并不是人人都会给予恰当的帮助。千万不要交过分愚蠢的朋友，因为他们比任何敌人都要危险。也许他们是好人，但是他们很有可能将你的生活或事业弄得一团糟，使你不得不花费很多时间来理顺自己的人生轨迹。

"朋友"一词在现今越来越受到人们的关注。虽然大家都说只要生命存在，"朋友"就会在生命中扎根，但还是有太多的人因为交友不慎而走上了扭曲的人生道路，因为朋友的背信弃义、相互攻击、拆台而感叹人间的苍凉。

因此，在交朋友时你要谨慎，要对对方多了解。人是很复杂的，了解一个人并不是一件简单的事。但只要你注意观察，就可以通过一个人的喜好来了解他的素质、修养和品德。

物以类聚，人以群分。只有性情相近、脾气相投的人，才能走到一块成为朋友。如果对方的朋友都是一些不三不四、不伦不类的人，他的素质也不会太高；如果他结交的都是些没有道德修养的人，他自己的修养也不会太好。有的人交朋友以性格、脾气取人，能说到一块就是朋友；有的人则以追求取人，有相同的追求就能成为朋友；有的人则因为爱好相同而走到一起。但无论如何，只有两个修养相当、品质差不多时才能成为永久性的朋友。所以，了解一个人的朋友也就了解了这个人。

想了解一个人，还可以观察他是怎样对待别人的。

人在得意的时候，特别爱诉说他与别人在一起交往的情景，他说的时候是无意的，不会想到他与被说人有什么关系，所以，一般比较真实。

如果对方当着你的面说自己如何占了别人的便宜，如何欺骗了对方等，那你以后就得对他注意一点，有可能他也会这么对待你。

还有一种人比较圆滑，好像很会处世似的，往往是当面一套，背后一套，当着你的面说你如何如何好，别人如何如何不好。聪明的人就得注意这种人了，因为他在背后说人坏，就有可能在你背后说你坏。

而有一种人可能当面批评你，指出你的缺点来，却又在你面前夸奖别人的优点，你也许不愿接受他这种直率，但这种人却是非常值得信赖的人。

另外，看一个人如何对待妻子、儿女、父母，就可分析出这人是否有责任感，自私还是不自私。

你可以通过他是否按时回家，有急事时是否想着通知家人，说起家人时感觉是否很亲切等，从这些细节可以看出他对家人的态度。一个不把家人放在心上的人是不会把朋友放在心上的。这种人往往心里只装着自己，只关心自己的得失安危，根本就不会想到朋友。所以交往时要注意尽量不要与那些没有责任感或没有家庭观念的人结交。

交朋友，要结交懂得自尊自爱的朋友。因为一个人如果不自尊，便无法尊敬别人。近朱者赤，近墨者黑，假使你所结交的朋友都是懂得自尊自爱的人，相信彼此都会互相尊重的。

与身心健全的人交往，不仅可以使自己得到别人的尊敬，而且也可以促进自己的身心健康,提高品德修养。

有自尊心且身心健康的人,通常都有很强烈的个人主义意识,不喜欢轻易附和别人的意见。但其具有诚实的本性,不仅能忠实于自己,也能忠实于朋友。

而且,他们为了保护自己,常常会表现出很强的自尊心,但这种自尊并不是一般所谓的傲慢,而且也丝毫不含一点轻视别人的意味,只是事事自己做主,不容他人插足而已。并且,这种人是无法忍受他人欺侮的,一旦有人欺侮他,就一定会遭到激烈地反抗。

另外,他们的心态一直很稳定,能与人愉快相处,以整体的观点来说,这种人是属于和蔼、意志坚定的类型。因此,很容易成功。他们一般的生活情形如下:

工作很卖力,而且也有经济独立的能力;

过着安定、快乐的家庭生活;

能尽情地享受生活乐趣和休假的闲情;

一般健康状况良好,很少生病;

常受到人们的尊敬和喜爱;

很清楚自己的能力,而且能将自己的感情表达给别人知道;

能控制自己,因此,对自己的缺点也比较清楚;

能享受过去和现在的生活,对于未来也充满希望。

有自尊心且身心健康的人不仅能在工作岗位上尽忠职守,而且也能在人生的过程中,享受到真正的乐趣。如果你本身就是一个有自尊心且身心很健康的人,一定能够很轻易地分辨出别人是否和你具有同样的性格。

人生的成败与择友有着密切的关系。"欲知其人,先观其友。""智者永远不和愚者为伍。"真正的朋友会解救你于危难中,居心叵测的"朋友"会推你入万丈深渊。不要轻易当别人的朋友,也不要轻易接受别人当你的朋友,因为真挚的友情比生命更久远。

张晓莉和赵蔚在大学时同住一间宿舍，两人好的跟一个人似的。毕业后她们合租一套房子，合用一台电脑和一个电子邮箱。一天，赵蔚打开电子信箱发现国外某大学发给张晓莉一封入学通知书，赵蔚立刻不怀好意地假冒张晓莉的名义给该大学回了一封信，说自己已经联系好其他学校，不去该校进修了，并谢谢对方的录取。信发出后，赵蔚将邮件彻底删除，并对此事只字不提。一个月后，张晓莉打开电子信箱，发现该大学发给她的又一封信，信中说很遗憾张晓莉不能来该校进修，校方只好另作了计划。张晓莉看完信后莫名其妙，好一会儿才反应过来：有人冒充她拒绝了此校的录取。而且张晓莉猜测这个人就是赵蔚。赵蔚对此事供认不讳，还幸灾乐祸地说："我就要这样做，我不能去国外留学，你也休想，你不能比我强。"

朋友不能随意结交，而要慎重挑选。"同声相应，同气相求。"要怀着纯净之心选择知心的朋友。真正的朋友不会把友谊、义气挂在嘴边，他们只为友谊付出，而不向友谊提条件。

人人都有吸收他人思想、模仿他人行为的本能，朋友如果有不良嗜好，那么自己会在不知不觉中染上这些恶习，而且轻易无法改掉。"近朱者赤，近墨者黑。"把自己置身于卑鄙小人中，要不了多久，自己也成了小人；把自己置身于品德高尚的人中，自己也就进步很快。

马小伟上学时有偷东西的恶习，中学毕业后，他和班上的胡强分到同一家工厂上班。由于年龄小，环境陌生，两人便成了朋友。马小伟小偷小摸的毛病不改，经常偷厂里的小零件。胡强严厉地给他指出这样做的害处，开始马小伟不听，还和胡强翻脸，胡强仍然耐心地帮助马小伟。马小伟反复掂量胡强的话，觉得胡强说的是对的，是为自己好，便决定改正。终于，马小伟不再偷了，把心思都用到了钻研技术上。几年后，马小伟已经是技术能手了。

交朋友就要"择其善者而从之，其不善者而改之""要做好人，须寻好友。"选择德高行洁者为友，你的灵魂会得到无声的净化；选择才华横溢者为友,你的精神如同在圣洁的图书馆遨游;选择情操高雅者为友,你的心灵会终日得到甘露般的滋润。

对不良朋友敬而远之

古时候,有个叫黄东生的人。他平日里不务正业,交了个狐狸精做朋友。狐狸精借助自己的法术天天带他去吃喝玩乐。一次,他和狐狸精去酒楼任意取酒客的酒食,狐狸精对一个穿黄衣服的人避得远远的。黄东生问狐狸精:"为什么不去取黄衣人的酒食?"狐狸精顺口说:"这个人很正派,我不敢接近他。"这时,黄东生恍然大悟,他想:狐狸精和我交朋友,一定是我已经走上了邪道,今后必须得正派才是。他才一转念,狐狸精就跑掉了。从此,他果然走上了正路。

黄东生的教训生动地说明了远离不良朋友的重要性。俗话说:"近朱者赤,近墨者黑",就是这个意思。人与人之间彼此相处,必然在思想、言论、行动和各个方面相互影响,这种力量是不能低估的。

在日常生活中,特别是在你为成功而奋斗之初,你可能需要寻求朋友,但是,你要注意,不要结交那些对你有害无益的人,不要被拖入浑水之中。

身边的环境和朋友,对你的一生有莫大的影响,可以说,交上怎样的朋友,就会有怎样的命运。

有这样一个寓言故事。一只虱子常年住在富人的床铺上,由于它吸血的动作缓慢轻柔,富人一直没有发现它。一天,跳蚤拜访虱子。虱子对跳蚤的性情、来访目的、能否对己不利,一概不闻不问,只是一味地表示欢迎。它还主动向跳蚤介绍说:"这个富人的血是香甜的,床铺是柔软的,今晚你可以饱餐一顿!"说得跳蚤口水直流,巴不得天快黑下来。

当富人进入梦乡时,早已迫不及待的跳蚤立即跳到他身上,狠狠地叮了一口。富人从梦中被咬醒，愤怒地令仆人搜查。伶俐的跳蚤不见了，慢慢腾腾的虱子成了不速之客的替罪羊。虱子到死也不知道引起这场灾祸的根源。

虱子因交错朋友而死，人同样也会因交错朋友而被其所累。因此，在选择朋友时，你要努力与那些乐观、富于进取心、品格高尚和有才能的人交往，这样才能保证你拥有一个良好的生存环境，获得好的精神食粮以及朋友的真诚帮助。这正是孔子所说的"无友不如己者"的意思。

相反，如果你择友不慎，恰恰结交了那些思想消极、品格低下、行为恶劣的人，你会陷入这种恶劣的环境难以自拔，甚至受到"恶友"的连累，成为无辜受难的"虱子"。

何为良友？何为恶友？在以下几个方面仔细审查一下你和朋友是如何相处的便知：

其一，吃吃喝喝。有一种说法："朋友，朋友，抽烟喝酒。"朋友凑在一起，就是吃吃喝喝。一喝起酒来，便一醉方休，一高兴起来，便划拳行令，甚至酗酒闹事，醉卧大街。固然，朋友交往少不了必要的宴请，如某人升学、参军等大家聚在一起，举杯话别，相互勉励。但是，动辄吃喝则是一种庸俗的习气。还是古人讲得好："君子之交淡若水""友如作画须求淡"。

其二，玩玩闹闹。朋友在一起玩玩闹闹，也是正常的，有害于友谊的是那种庸俗的玩乐。何谓庸俗的玩乐，可以从以下内容看：首先，为什么要玩乐。如果把友谊同玩乐画等号，朋友之间就是为了在一起玩乐，那就是庸俗的习气。如果把玩乐放在从属的地位，朋友在一起玩玩，是为了调节一下气氛，为了舒展一下筋骨，交流一下信息，这是正常的、有益的；其次，用多少时间玩乐。如果对打扑克、下棋、跳舞等娱乐活动入了迷，一玩起来就什么也不顾了，甚至通宵达旦，影响了第二天的工作，那就不好了；再次，怎样玩乐。在工作之余，朋友们登山、游泳、欣赏音乐等这种玩乐可以开阔视野、陶冶情操、锻炼意志，这与学习、工作有关，是必要的、有益的。若是沉湎于不健康的活动里，如赌博、斗殴、寻衅等，就是不正常的、有害的。

第5章　知己知彼商海难败，生意有风险交友需谨慎

社会主义精神文明建设的逐步完善，为大家开辟了业余生活的广阔天地，应让高尚的情趣充实你的业余时间，从中汲取健康的养料和丰富的知识。

其三，闲聊扯皮。谢觉哉同志在《交朋友的道理》一文中指出：朋友相聚，不谈工作、不谈学习、不谈政治，只谈些个人间私利私愤的事，这叫做"群居终日，言不及义。"有的人正是这样，聚在一起专谈一些庸俗的生活小事：谈女人，说脏话；讲吃讲穿，比派头，比阔气；互相奉承，比赛吹牛；海阔天空，不着边际，玩笑庸俗；拉三扯四，搬弄是非……正常的友谊，就要被庸俗的闲聊扯皮蚕食掉了，朋友变成了"帮闲"。

假如你已不慎交上了不良的朋友，应采取敬而远之的态度，要知道：把一只烂苹果留在筐里，会使一筐的苹果都腐烂掉。

一个人择友一定要在"良"字上下工夫。固然，"金无足赤，人无完人"，你选择的朋友，尽管会有这样那样的不足，但必须本质是好的。他能与你坦诚相处，道义上能互相勉励，当你有了成绩能与你分享，有了过错能严肃规劝你，这种真诚待人的朋友可称为"挚友"，这种能指出你过错的朋友又称为"诤友"，这种能使你对真、善、美的事物更加向往，使你变得更高尚，更富有智慧的朋友，就是你应当寻求的，并使你终生受益的"良友"。与这样的朋友建立起健康而真挚的友谊，会成为你前进的动力。

相反，那种可能使你变得庸俗低下，使你思想品德"滑坡"，或以封建的哥们义气拉拢、迷惑你，没有原则，不讲是非，拉帮结派，甚至会坠入犯罪的深渊，这种所谓的"朋友"是万万交不得的。

贝多芬和歌德在未曾谋面之前，就相互思慕和景仰。歌德视贝多芬为当代最伟大的音乐家。贝多芬则表示，"歌德和席勒是我在奥西安和荷马之外最心爱的诗人！"

1812年，两位伟人在著名的避暑胜地波希米浴场首次会面。当歌德和贝多芬挽手散步时，迎面遇到了皇族。此时，歌德松开了贝多芬的手臂，站在路旁，准备让路，而贝多芬却昂首阔步继续前进。当他回头看见歌德站在路边向

皇族脱帽弯腰的情景时，非常生气，并毫不客气地把歌德批评了一顿。

后来，贝多芬把这个情况写信告诉他的朋友并指出："尽管君王和贵族可能会造就教授和机要参赞，还可以赏赐给这些人头衔和勋章，但他们不能造就伟大的人物，不能造就超越庸俗社会的高尚的精神……而像我和歌德这样两个人在一起的时候，这些君侯贵族应当感到我们的伟大。"

在现实生活中，确实有很多的功利朋友，他们看中的是你的权势、关系，像这样的人，一旦现出原形，就要及时断绝来往，避免被拉下水，没有回头的希望。

与朋友断交，有几种方式，不同的情况可采用不同的断交方式，会起到较好的效果。

反目成仇型：断交以突变、公开决裂为特征。一旦朋友关系破裂，便会忘却过去的情谊，来个一百八十度转变，由朋友变成仇人，甚至互相对骂、揭丑、大打出手，把对方置于死地而后快，这是下下之策。

渐变冷却型：当发现对方不够朋友，不能再继续交往下去，他们并不公开争吵、决裂，而是逐步降温、渐渐疏远，使彼此的关系在较为平静的情况下由朋友降为路人，心照不宣地完成断交过程。

友好分手型：双方在决定分手时，依然不失和谐气氛，相敬如宾，彬彬有礼，心平气和地告别昨天，并祝福未来，这是上策。

对于心中有鬼的朋友，采用第二种方式比较好，但是如果对方找后账，也不要怕他。要意识到你再也不能"滑坡"了，宁可得罪他，也不能犹犹豫豫，否则将给你带来更大的祸患。

对言外之意要仔细斟酌

朋友之间虽然好说话，但涉及实际利益的时候，难免双方就顾虑重重。

第5章 知己知彼商海难败，生意有风险交友需谨慎

尤其是对于生意人来说，很多时候，听不出朋友的言外之意，看不清他虚伪的表演，就容易被朋友利用和陷害。所以，对朋友的话要一分为二的考虑，切不可偏听偏信。

有一次，一位女主人决定要测试客人是否真的在聆听自己的话，她一面请客人吃点心，一面说："你一定要尝一尝，我加了点砒霜。"所有客人都毫不犹豫地吃了下去，还说："真好吃，一定要把做法告诉我。"

言为心声，朋友对你说的话非常重要，你不要因为听不出真情，而盲目相信。

生活中，不可避免地存在这类朋友，他为了自己一时的利益和地位，不惜反戈一击背叛你，甚至落井下石，他的危害是你不能预料的。

你不要认为平常人是这样欺骗和利用朋友的，即使是大艺术家也可能这样，为了自己的私利，甚至虚荣，也可能作出有害朋友的事情。

毕加索有一阵常常往勃拉克的画室跑，他们形影不离，大家都觉得这是一对老朋友。再说，立体主义又是他们俩一起搞出来的。

有一天，勃拉克很沮丧地说，他把一幅画画坏了，许多见到这幅画的人都皱起了眉头。"真想毁掉这件败笔之作。"勃拉克这样嘀咕。

"别，别毁了它，"毕加索眯着眼睛，在那幅画前踱来踱去，倒像发现了杰作似的大声称赞个不停："这幅画真是棒极了！"

勃拉克有点将信将疑。的确，在那个年头，好的和坏的都搅在一起，是杰作还是垃圾自己也分辨不清。

"真的很棒吗？"勃拉克问。

"当然，"毕加索认真诚恳地回答，"你把它送给我吧，我用我的作品与你交换，如何？"

于是，毕加索回赠勃拉克一幅画，换回了勃拉克差点要扔掉的"杰作"。

几天以后，有一些朋友去勃拉克的画室，他们都看到了毕加索的那幅画，它挂在房间里十分引人注目。勃拉克感动地说："这就是毕加索的作

品。他送给我的,你们瞧,它真是美极了!"

差不多同一天,还是这些人,也去了毕加索的家,他们一眼就看见了勃拉克的"杰作",当他们睁大两眼迷惑不解的时候,毕加索开始说话了:"你们看看,这就是勃拉克画的,勃拉克画的就是这东西!"

毕加索的言外之意就是:"勃拉克的画真是太差了,怎能跟我的画相比呢?"

细心的你可以发现:毕加索在假惺惺骗取朋友的"物证",以便毫不留情地在背后攻击朋友。他是这样表现的:毕加索眯着眼睛,在那幅画前踱来踱去,一幅认真、仔细的样子,然后,对勃拉克那幅失败的画大加赞赏。生活中背叛你的朋友也可能采用这种夸张、不切实际的表演。

但是你千万不要做勃拉克,首先他不相信自己,其次如果他相信自己的判断,就不要犹豫,如果他知道毕加索的眼力不会那么差,提防他的那套虚假的表演,以后的事就不会发生。

有一位饱经风霜的老人,一生结交了许多朋友,而没有一个朋友能够对他隐瞒什么。他的做法非常简单:从谈话中推测未道出的真情。每当与朋友交谈以后,他总是把当时的谈话重温一遍,把对方谈话中的停顿、声音的变化、词语的选择等进行分析,然后他就能猜出对方在谈话中根本未提及的事,诸如"李莉想卖房子""潘锐准备和赵丹分手"……

这位老人的成功就在于他善于揣摩对方说话的意思,能听懂、听透,品出话语中的言外之意。

他其实也不能钻进朋友的脑袋,能作出这些结论完全是运用了"内容分析法"——通过对谈话内容的系统分析,从微不足道的细节中发现朋友对你的态度,和他自己要做些什么,这对你与朋友的交往很有帮助。

李主编约王教授为刊物写一篇稿子,恰巧李主编的刊物搞座谈会,他也邀请了王教授。王教授刚进会场,李主编就冲了过去:"太好了!我一直在等您的稿子。"

第5章　知己知彼商海难败，生意有风险交友需谨慎

"糟糕！"王教授一拍脑袋，"抱歉！我留在桌子上，忘记带了。"又拍拍李主编的肩膀，"明天上午，您派人来拿，好吧？"

"没关系！"李主编一笑，"也不必等明天，我等会儿开车送您回去，顺便拿。"

王教授一怔，也笑笑，"可惜我等会儿不直接回家，还是明天吧！"

座谈会结束后，送走了学者、专家，李主编到停车场开车回家。转过街角，他看见王教授和贺律师在等出租车。

李主编摇下车窗热心地问："到哪儿去呀？"

贺律师说："陪王教授回家。"

李主编一听，就停下车将王教授和贺律师拉上车。李主编边开车边说："我送您回家，顺便拿稿子。"

"我家巷子小，尤其这假日，停满车，不容易进去。"王教授拍拍李主编："您还是把我们放在巷口，我明天上午叫女儿把稿子给您送去，她也顺路。"

谁知李主编说自己更顺路，一定要去。李主编硬是转过小巷子，一点一点往里挤，开到王教授的门口。

"我还得找呢！这巷子不好停车。"王教授说。

"没问题，您不是说放在桌子上吗？"正说着，后面的车大按喇叭催促。

"您还是别等了吧！"王教授拍着车窗，"告诉您实话，我还没写完呢。"

王教授再三找借口推辞，李主编居然没有听出王教授"我还没有写完呢"的言外之意，结果弄得两人都不愉快。

俗话说："说话听声，锣鼓听音"，这个"声"指的就是言外之意。

比如，你在路上遇到一个朋友，你问朋友："你上哪呀？"朋友答："到那边。"如果你又问："干什么去？"朋友答："办点事。"

朋友的话根本没涉及正题，只是含糊应答，如果你会听的话，就要意识到朋友不愿讲出来，就不要再追问。听不出朋友的言外之意，打破砂锅问道

底会令朋友生气的。

通常除说话以外，一个眼神、一个表情、一个动作都可能在特定的语境中表达出明确的意思，就是同一句话也可以听出其弦外之音、言外之意。如果不能掌握和摸透这一点，就有可能遭受他人的伤害或伤害他人。

在朋友的交谈中，你需要留意朋友的言外之意。

朋友在谈话中常常提及"我""我的"这几个字眼，证明他是一个极端自私和不关心你的人。一个心理学家说："如果一个人的汽车出了故障，他就会常常提到它。同样，一个人有了心病，那他也会经常提起的。"只有他的话中"我们"的次数增加，你才可能与他发展友谊。

如果一个朋友经常提到那些不择手段的成功者，并且眼中露出羡慕之色，尤其津津乐道其手段的果断和残忍，他可能也是一个阴谋家，必要时，他不会顾及你们的友谊，会一脚把你踩在脚下。

你去请求朋友帮忙办事，而他始终不正面回答你，躲躲闪闪，顾左右而言他，那就已经说明他不准备帮助你，你就不要在他那里耽误时间了。

你和朋友商谈一件重要的事，他不公开称赞你的想法，而是说："完全可以，但是……"这说明他不支持你的想法，甚至反对，只是碍于你的情面，不好意思直说出来。

李强想卖掉公司去从事投资，而他的朋友却说了一大堆"投资的风险很大"的话，他听出朋友不喜欢他这么做，而主要原因是他们的公司之间是合作关系，自己卖掉公司，朋友就缺少了强有力的支持，朋友现在又没有资金买下他的公司，所以他采取了反对的意见。

所以，你要善于留神朋友话语中的言外之意，这是"知"的一个重要环节。这样既可以改变你与朋友的关系，办事方便，还可以帮你了解朋友的内心，避免伤害朋友。

第5章 知己知彼商海难败，生意有风险交友需谨慎

不要为友情而抵押面子

朋友之间开口借钱是最平常的事，因为是朋友，谁都有向朋友开口的事，朋友就是要相互帮助。当然，许多人都能做到好借好还，但也有各种原因，总有人不按时归还，或根本就不能归还。有的人甚至在借出之前就知道，这钱已丢在水里了。但不借吧，又碍于情面和友情，觉得对不住朋友，左右为难。

这个时候得问清楚，朋友用钱做什么，如果是生活所必需的，用于衣食住行，那义不容辞，当然借，没偿还能力也必须借；反之，则不然，因为他已经失去了最起码的信用，如果再去冒险做生意之类的事情，就必须拒绝。

你可以给予一定数额的馈赠。有人向你借5 000元钱，而他又没有多少偿还能力或信誉不佳时，你可以主动资助他300元或500元，剩下的钱则不借了，并言明，他可以不用还了。这样看来你吃亏了，但实际上你失去的并不多。

首先，由于你的无偿资助保护了你的友情，可能还加深了这种友情。其次，你也能避免更大的损失。因为有些借款是要冒大风险的。有一个人，他这样借钱。当朋友介绍他结交了另一个朋友后，他主动打电话交谈，这自然加深了友情。一天，他突然找到新结交的朋友，很随意地提出借钱，朋友也很自然地借了他1 000元。他说一周后一定还，果然如期偿还，他的信誉就得到了保证。过了没有多久，他突然找到那位新朋友，一副十万火急的样子，开口就要借5 000元，并说一周准还。因为有他前一次的信用在先，朋友当然帮忙，结果，人去钱空。这便是一种诈骗了，是利用友情的诈骗。

有位台湾作家说过，借钱给你的朋友，就意味着可能失去一个朋友。据说钱钟书先生就用这个办法对待朋友借钱的，如果你向他借500元，他会说，我给你200元，你不用还了。

大众传统的友情观是："你的就是我的，我的就是你的"或"都是朋

友,好说"。说得潇洒听得欢快,但其实不然,得重视立字为据,来个先小人后君子,否则往往为友情埋下了"翻脸"的导火线。

做生意的朋友都有过和朋友合伙的体验,生意好做,伙计难处,民间早已有了定论。一般人都有这样的经历,在经济交往中,如果与一般的人有什么金钱交往,往往都会想到立个字据,而和朋友间的交往,谁也不愿提及或根本就想不到字据这个说法。

现代社会是个法制社会,朋友间的任何交往都要受法律的制约,你的友情也要适应这个法制的社会。作为朋友,作为友情的载体,你必须转换心态,不要让友情为你承担太多的负担。你要学会运用合法的手段维护友情,这是现代人应酬成功的关键之一。

别成朋友"杀熟"的对象

"杀熟"现象兴起于20世纪90年代。在当时,由朋友构成的关系成为一种重要的社会资本。谁有较多的社会资本,谁就可能获得商业上的成功。

在现代社会,对朋友的信任和对陌生人的不信任,一直就是硬币的两个面。这种信任使得人们对朋友的防范之心大为降低,从而导致很多人在商场失利,而原因恰恰是被朋友所"杀",因为不是朋友不会上当。

在十几年前,许多人下海经商,于是到朋友那里买东西,几乎成了人们的一种消费观念。有一热心人根据自己的经历,曾在报上发表过几则"生活忠告",其中有一则的标题是"不要到朋友店铺买东西"。大意是,到熟人那里买东西,起码有两大坏处:一是没有足够的勇气杀价,人家说按进价卖给你,你就不好怀疑,所以往往"以占便宜的方式吃亏";二是明知上了当挨了宰,又碍于情面,没法去理论,所以往往有气无处出。

有一段时期,社会上到处办"保安培训班",招生简章天花乱坠。贫困地区的一些青年以为是天赐良机,一个接一个从农村涌入城市,梦想着将来也穿上制服,在城里谋一份工作,改变自己的命运。但这之间,却发生了许多让人伤心的事。

甘肃环县山区曾发生过一个这样的真实故事:一男孩经不住一个远方亲戚孩子的鼓动,家里借了几千块钱,送他到某大城市去"学习"。但没过几天,这男孩就摇身一变,成了保安学校"招生办"的人,跑回来"大量招生",结果好几个朋友都跟他去了。又过了不长一段时间,后去的几个也回来"招生"了,瞄准的同样还是熟人。据说,他们的"待遇",就是从亲自招的"学员"身上提成出来的;而所谓的"保安学校",只不过是一个"严肃"的壳子而已,结业分配等承诺也只是一句美丽的谎言。

明知是骗人,他还得去骗,因为他被人骗了,这是他的解释。而当初,很多人之所以不惜血本,敢把孩子送出家门,却是因为熟人这一层关系。

最近几年,传销发疯似的闯入人们的生活。传销的产品如何是一回事,传销链的形成又是一回事。不得不承认,目前流行的传销方式,一个最值得注意的现象,就是"熟人相见,分外眼红",为了能使自己"致富",不惜拉朋友下水。这是一种很典型的"杀熟"现象。

在中国,有一句话叫做"熟人好办事"。不论怎么说,它都代表着一种很重要的信任结构。在人与人的交往中,从近到远,从亲到疏,从熟悉到陌生,不可否认,总会表现出不同层次的信任度。有什么事,你总是先找最近、最亲、最熟的人诉说,然后寻求解决的办法。家庭成员之间、同事之间、同学之间、朋友之间、邻居之间相互交往的事实也证明,熟识本身就是一种重要的道德基础和信任资源。人们在日常生活中,之所以非常重视熟人之间的关系,就在于它可以增加人们处世的安全感和对社会的信任感。中国人民大学社会学系副教授郑也夫在谈到传销现象时说,"杀熟"对道德的最大伤害,就是对我国社会这种信任结构的打击,使人与人之间失去了最起码的信任支点。可以说,一个人出于纯粹的个人利益而开始"杀熟",就是开始摧毁自己最基本的道德基础。

被熟人"当头狠宰一刀"的事不胜枚举,还有些虽然称不上"狠宰一刀",但也不能说是"温柔一刀"!比如,前一阵子,有一家公司销售不冻液,就发生了一种怪现象,凡是初次购买的新客户,货款都如期如数收了回来,而有些老客户,也就是所谓的熟人,货早已销售出去,货款却收不回来,至今还欠着货款30多万元。虽经三番五次的软磨硬泡,可就是收不回来。什么原因?因为是熟人,熟人就有个"面子"问题,撕破了"面子"谁都不好看,真是被熟人所"杀"没商量。

其实,要想避免被熟人所"杀",也不是没有办法,也不是说你周围所有的熟人都不可信。做生意哪能离开熟人的支持和帮助?不过,现在既然实行的是社会主义市场经济,在经济活动中就要以社会主义市场经济的原则和杠杆来规范和约束自己,切忌感情用事,做熟人、人情生意时,为了防止被熟人所"杀",根据以往的经验,要做到以下几条。

1. 要熟知对方的人品和实力

人品即人的品质、道德,古人云:德为上。远离道德不好的生意人。了解对方的人品,最根本的方法就是要看是否有过损害别人利益的劣迹。不能认为过去还可以,就盲目相信,人是随着环境变化而变化的。另外,一定要了解对方的实力(偿还能力),不仅仅是听其言(吹),更重要的是观其行(真)。

2. 要严格遵守规章和制度

规章和制度是经济活动的"铁杠杆""高压线",碰不得同时又是防止被"杀"的"防身术"。企图绕过规章制度、自作聪明的一切错误做法,最终都是一害企业,二害自己。

3. 顶住利益的诱惑

做生意是为了赚钱,天经地义。但当对方以高额利益或重金诱惑时,或以超乎寻常的手法贿赂时,往往就会同时设下陷阱,对此要十分警惕。时刻记住"天上不会掉馅饼"这个真理。

现代社会以诚信为重,仍不可避免一些人为了经济利益铤而走险背叛信用。因此,你不可不防人,尤其对身边的朋友不可不防。

1999年,王玲的朋友李女士夫妇开办了一家广告公司,因急需管理人员,王玲几经思考加入了该公司,做起了办公室主任兼出纳。没多久,李女士夫妇又开了一家科技公司,虽然是两家公司,但用的却是一套人马,而王玲在两家公司所担任的职务也是一样。出于对王玲的信任,李女士将广告公司的支票全都放在王玲处,每次需要提现时,就用电话通知王玲填好支票,然后由她盖章。如果遇上需要增加金额的,李女士图省事就会要王玲在盖好章的支票上改一下。

李女士对钱的随意态度,渐渐让并不富裕的王玲感到心理不平衡,而公司现金支票通常不填大写,给了王玲可乘之机,于是她开始在支票上做起了文章。2000年12月的一天,李女士要王玲提钱,望着眼前的支票,王玲用手中的笔轻轻一画,原先千位数上的"0"瞬间变成了"6"。当她成功从银行取出现金后,那多出的6 000元轻松进了她的口袋,而这一切,她的老板李女士却毫无反应。王玲此时的心情很是复杂,她为自己的聪明而自豪,而有钱人不在乎钱的态度让她难以理解。

于是,她开始疯狂地改写支票,有时改"千"下面的数字,有时改"万"下面的数字。短短一年时间,她采取不记账和涂改、添加现金支票的方法,14次作案,侵占数额高达11.7万元。除此之外,她还用同样的手段在李女士的广告公司操作,数额更是高达50余万元。

自从过上"日进斗金"的生活后,王玲对钱的态度也有了改变。据相关部门的调查发现,王玲在那几年的消费很是惊人,仅仅根据她在金鹰商厦消费后,返还的礼金数额来推算,她一年的消费就超过10万元。本以为可以从此逍遥下去,但一次偶然机会,李女士发现了王玲的手段。

2001年春节前夕,王玲拿着支票去提钱,由于李女士临时要加钱,打王玲的电话总是打不通,无奈下,李女士要另一个同事赶到银行。该员工无意中发现老板所说的"20 000元"变成了"26 000元"。事后李女士就此事问了王玲,可王玲却反问她:"不是你叫我提26 000的吗?"此事发生后,心生怀疑的李女士前往银行查账,可打印出的账单令她吃惊:多笔提取的现金均被加上了少则过千多则上万的零头,可她让王玲提取的金额一般都是整数。

当李女士就此事找王玲时,王玲只承认自己拿了一部分钱,在李女士要求她退还时,王玲只同意退出35万元。在交涉无果的情况下,李女士决定报警,可王玲却威胁说,如果报警就揭发其偷漏税行为,但李女士终究还是报了警。

2002年5月20日,王玲因犯职务侵占罪被判处有期徒刑8年。这个年仅27岁的女子利用自己的职务之便,短短两年内轻轻松松地将公司60余万元资金装进了自己的口袋。她作案的工具就是一支小小的笔,只要她高兴,随意一画,少则上千,多则上万。而她做这一切的筹码就是老板对她的信任。

中国人特别重感情,出门办事总愿意找朋友,以图物美价廉、称心如意,这种做法也是情理之中的事。但有些人却恰恰抓住了人们的这种潜意识,借着朋友的幌子,专门"杀熟"。

俗话说:"害人之心不可有,防人之心不可无"。对待朋友也同样如此,你不能光顾及朋友的面子而降低自己的防范心。否则,不仅得不到方便还会深受其害。

第6章 交友之道在于交心，做生意之道在于做人

在商场上驰骋拼搏，屡战屡胜的能手，也必然是人情世故的行家。他们做生意的信条是：诚实中不妨有些灵活，多变中不可丢失本分。因为商道实质上就是人道，经商就是做人，交易就是交心。要做一个成功的商人首先就要做好人，先学做人，才会做事。这就是一个成功商人和普通商人的最大区别。

经商必须先做人

商人分三种：只贪图利益的，充其量一辈子做一个小商人；能够看清市场的，只能做一个中等商人；而一个能把做人的原则放在首位的人，才能成为一代大商人。做人之道与经商之道其实并不矛盾，相反，它们是紧密相连的。天下最聪明的生意经是"做人重于经商"，也就是说，要经商必须先做人。那些眼睛只看到钱，甚至企图靠坑蒙拐骗做生意的人，只可能赚一次是一次，永远都不可能把生意做大。而那些心明眼亮，懂得把做人的利害关系放在第一位，能够以诚待人的人，则会树立起自己的人格，把人格转化为无形的资产，最后成就一番大的事业。

人最重要的素质就是"信"。一个生意的开始意味着一个良好信誉的开始，有了信誉，自然就会有财路，这是必须具备的商业道德。就像做人一样，忠诚、有义气，对于自己说出的每一句话、作出的每一个承诺，一定要牢牢记在心里，并且一定要能够做到。在这一点上，华人富商李嘉诚不仅把这个"信"字体现在生意场上，而且也把它体现在生活的方方面面。有一件小事最能说明他不失信于人。

在20世纪50年代，李嘉诚初做塑料花的时候，香港皇后大道有间公爵行，他常去那里接洽生意，并且经常看到一个四五十岁很斯文的妇女在那里乞讨，虽是个乞丐，但她从不伸手要钱。李嘉诚每次都会拿钱给她。有一次，天很冷，李嘉诚看见人们都快步走过并不理睬她，便和她交谈，问她会不会卖报纸，她说有同乡也干这行，于是，李嘉诚便让她带同乡一起来见他，想帮她做份小生意。

时间约在后天的同一地点，而客户偏偏在同一天提出要到李嘉诚的工厂参观，客户至上，李嘉诚也没有办法。于是在交谈时，他突然说了声

第6章 交友之道在于交心,做生意之道在于做人

"Excuse me",便匆匆跑开。客人以为李嘉诚上洗手间,其实他跑出工厂,飞车来到约定的地点,途中超速和危险驾驶的事都做了,但好在没有失约,见到那妇人和卖报纸的同乡,问了一些问题后,就把钱交给她,她问李嘉诚姓名,李嘉诚没说,只要她答应自己一件事,就是要勤奋工作,不要再让他看见她在香港任何一处伸手要钱。事毕后,李嘉诚又飞车回到工厂,客户正在着急,问道:"为什么在洗手间找不到你?"李嘉诚笑一笑,这事就过去了。

李嘉诚对事业的"信"与他对人的"诚"是分不开的,诚信相合,即为"义"。

对人要守信用,对朋友要有义气,今日而言,也许很多人未必相信,但综观那些事业上有成就的大商人,对他们来说,"义"字,实在是终身受用。

青年时的李嘉诚为了独立创业,拥有一方属于自己的商业天地,他满怀愧疚之情离开了对他有知遇之恩的塑胶公司。老板是个善人,非但没有怪他,还设宴为他饯行,这更让李嘉诚感动。20多年后,由于1973年世界经济危机的冲击,香港塑胶业出现了史无前例的原料大危机。已经是潮联塑胶业商会主席的李嘉诚,挂帅救业,同时,把自己公司的库存原料拨给以前自己打工的那家塑料公司,把自己恩公的公司从倒闭的边缘挽救回来。年过花甲的塑胶公司老板眼含热泪说:"我没有看走眼阿诚的为人。"

也许有人认为,传统道德与商业文化大相径庭,水火不容。但成为商界巨子的李嘉诚,却能将这两者很好地融为一体。在香港这个物欲横流的商业社会中,他体现出了一个中国商人应有的传统美德,确实难能可贵。

能把生意做大的人,他们都精通"小商做事,中商做市,大商做人"的道理。

做人要厚道

做生意的人虽多，但真正做大的却寥寥无几。这正如人们平时所说的那样，"做人要厚道。"但真正做到的又有多少呢？

香港富商李嘉诚在许多重要的关头，都以厚道作为第一要则。当年，李嘉诚辞去塑胶公司的工作而自己创业，临走时李嘉诚对原先的老板说了一句老实话："我离开你的塑胶公司，是打算自己办一间塑胶厂，我难免会使用在你手下学到的技术，也大概会开发一些同样的产品，现在塑胶厂遍地开花，我不这样做，别人也会这样做。不过我绝不会把客户带走，用你的销售网推销我的产品，我会另外开辟销售线路。"并且，李嘉诚是怀着愧疚之情离开这家塑胶公司的。

在拓展生意的过程中，李嘉诚代表自己的厂与批发商谈生意，对方要求必须拿出担保人亲笔签字的信誉担保书。但李嘉诚找不到担保人，所以他只能直率地告诉批发商："我不得不坦诚地告诉您，我实在找不到殷实的厂商为我担保，十分抱歉。"而正是他的诚恳执著，深深打动了批发商，他说道："李先生，我知道你最担心的是担保人。我坦诚地告诉你，你不必为此事担心，我已经为你找好了一个担保人。"李嘉诚愣住了，哪里会有由对方找担保人的道理？批发商微笑道："这个担保人就是你。你的真诚和信用，就是最好的担保。"当时，双方都为这种幽默感笑出声来。谈判在轻松的气氛中进行，很快签了第一单购销合同。按协议，批发商提前交付货款，这基本解决了李嘉诚扩大再生产的资金问题。而且这位批发商主动提出一次付清，可见他对李嘉诚道德和做人的诚实及信誉的充分信任。

一个人的成功与他的为人处世的原则是有很大关系的。一个厚道的人，将是人人愿意打交道的对象，他在办事的时候所面临的阻力也自然比别人小得多。

第6章 交友之道在于交心，做生意之道在于做人

过河不拆桥

在生意场上，制造商和经销商之间在买卖交易的过程中经常存在有某种程度的冲突，但如果能够换个角度，以理念相结合，就算生意形态转变，仍然可以换个方式彼此扶持。

一位多年前赴美国留学的华人，毕业后留在美国自己创业，以连锁经营的方式，一连开了好几家销售电脑的商店，由于坚持服务至上，很快打开了当地的市场，生意做得很好。

几年后，他回到中国探亲，朋友向他请教经验，他说："我已经不做传统的电脑销售生意了。"朋友感到有些惊讶。随着他的解释才了解，由于网络的兴起，引发销售的革命，许多传统的电脑销售店都受到了一定程度的冲击。朋友便随之关心他如何转型，找到新的出路。

"现在，电脑由制造商自己在网上按照客户的要求销售，一般的零售店很少有生意做。只有配合大趋势转型了。很多零售店都由销售变成了提供服务和维修的单位。他们与制造商之间的生意关系反而比从前更加密切。以前制造商给什么产品，我就得卖什么。现在不能再用这种模式合作了，制造商需要我们更懂得他的产品，甚至使用者会出现什么样的问题，都必须清楚地告诉我们。"

人与人之间的合作，如果理念不合必须散伙，也应该给对方留点后路。这无论是从做生意的角度来看还是从做人的角度来看都是应该的。

你必须懂得过河不拆桥的道理。把桥留着，不仅是给别人留了一条过河的路，也是给自己留下一条后路。所以，过河不但不能拆桥，还要记得造新桥，让彼此在你来我往中，永远有路可走！

做人要有"品牌意识"

对品牌这个词，想必你并不陌生，它是近年随着商品经济的发展而流行起来的，主要是针对已建立了一定信誉、并被公认的商品而言，一样的商品，打上不同的品牌，身价也大不相同。商品一旦建立了品牌，其价值就水涨船高。如果品牌不响，做再大的广告宣传也无济于事。这就是为什么一些企业不惜代价创立品牌、发展品牌的道理。

其实人也有"品牌"。比如，一谈到某位有了一定名气的人，我们就会联想到一系列与之相关的事情。在日常生活中，相信你也听过某人"很善良"，某人"很滑头"的评语，这就是人的"品牌"！众人的评语好，说明你给人的印象好，表示你的"品牌"好；反之，则"品牌"不好。

其实，你在做人方面的"品牌"与你的人际交往和事业是有很大关联的。那么你应该如何创造自己的"品牌"呢？

1. 不要有损于你的"品牌"

简单地说，就是不要使人对你作出不好的评语，说你懒惰、喜欢投机、不正派、不忠、寡情、好斗、阴险……一旦他人对你作出一项或多项这样的评语，那么他人对你的信赖程度必定会降低，虽然事实上你并不是那样的人，而在关键时刻，这些评语也有可能对你造成伤害。要改变这种"品牌"印象不太容易，就像你买东西上了当，以后就不信任那个品牌一样。而这些印象也常常是在无意间造成的，人们也常常以"一次印象"来评价一个人，因此为人处世必须特别谨慎，有时不慎形成"瑕疵"，便一辈子也"洗刷不清"。商品可以调换品牌，重新包装，人的声誉一旦受到损害可不太容易"洗清"。不过由于人们刻板的印象和个人好恶，在工作或生活中可能有一些人特别不欣赏你，并且尽挑你的缺点。只要自己行得正、坐得直，有一两个这种人不必放在心上，但如果很多人都对你这样看，恐怕就值得你认真对待了。

2. 积极强化你的"品牌"

也就是通过各种方法,去塑造你在别人心目中的印象,就像为商品做广告那样。人的"品牌广告"有很多种做法,可做一些引起注意的事情,使自己成为小小的新闻或同行谈话的内容,但一般不太容易做,要做也得花不少心思,如果"操作"得不好更会弄巧成拙,因此不鼓励你这么做。倒是有一些做法可以达到同样的效果,也就是扬长避短,工作努力,发挥自己的长处,避免表现出短处,长处有目共睹,别人就不太在乎你无伤大雅的短处,假如你工作能力很强,但就是有些自私,大家也许就欣赏你的工作能力,而不在乎你的自私,好比家电耐用品质好,人们便不太在乎耗电。于是,工作能力强便成为你的"品牌",这个"品牌"也许会伴随你一生!

其实,人的"品牌"就和商品的品牌一样,商品只要质量高、款式好、价格实在,就一定能受到消费者的青睐,最后成为具有相当知名度的品牌。做人也是同样的道理。

人格魅力胜万金

生意是人做出来的。一个处处受欢迎的人,他的业绩自然要比别的同行要高得多。如果你要想超过别人,在生意场上更加优秀,那么提高自己的人格魅力是当务之急。一般来说,想要成功就必须具备几种人格魅力。

1. 热情

你要富有热情,在业务活动中待人接物更要始终保持热烈的情感。热情会使人感到亲切、自然,从而缩短双方的感情距离,和你一起创造出良好的交流思想、情感的环境。但也不能过分热情,过分会使人觉得虚情假意,而有所戒备,无形之中就筑起了一道心理防线。

2. 开朗

开朗表现为坦率、爽直。具有这种性格的人，能主动积极地与他人交往，并能在交往中汲取营养，增长见识，培养友谊。

3. 温和

温和表现为不严厉、不粗暴。具有这种性格的人，愿意与别人商量，能接受别人的意见，使别人感到亲切，容易和别人建立亲近的关系。但是，温和不能过分，过分则令人乏味，不利于交际。

4. 坚毅

业务活动的任务是复杂的，实现业务活动目标总是与克服困难相伴随，所以，你必须具备坚毅的性格。只有意志坚定，有毅力，才能找到克服困难的办法，实现自己的预期目标。

5. 耐性

耐性就是能忍耐、不急躁的性格。你作为自己组织和客户、雇主与公众的"中介人"，不免会遇到公众的投诉，被投诉者当做"出气筒"。因此，没有耐性，就会使自己的组织和客户、雇主与投诉的公众之间的矛盾进一步激化，工作也就无法开展。在被公众当做"出气筒"的时候，最好是迫使自己立即站到投诉者的立场上去。只有这样，才能忍受"逼迫心头的挑战"，然后客观地评价事态，顺利解决矛盾。在日常工作中，也要有耐性。既要做一个耐心的倾听者，对别人的讲话表示兴趣和关切；又要做一个耐心的说服者，使别人愉快地接受你的想法而没有丝毫被强迫的感觉。

6. 宽容

在社交中，你要允许不同观点的存在，如果别人无意间侵害了你的利益，也要原谅他。你谅解了别人的过失，允许别人在各个方面与你不同，别人就会感到你是个有气度的人，从而愿意与你交往。

7. 大方

举止自然，不拘束。有时候，你需要代表组织与社会各界联络沟通，参加各类社交活动,所以一定要讲究姿态和风度,做到举止大方,稳重而端庄。不要缩手缩脚,扭扭捏捏;不要毛手毛脚,慌里慌张;也不要漫不经心或咄咄逼人。坐立姿势要端正,行走步伐要稳健,谈话语气要平和,声调和手势要适度。只有如此,才能让人感到你所代表的企业是可靠和成熟的。

8. 幽默感

你应当努力使自己的言行特别是言谈风趣、幽默。能够让人们觉得因为有了你而兴奋、活泼,并能让人们从你身上得到启发和鼓励。

居安思危

无数人都用自己的亲身经历道出了商业道路的艰险,他们都表明你必须面对的一个基本事实:时时刻刻都处于危机的包围之中。

在日新月异不断推陈出新的商业世界里,谁还能记得更多的陈年产品?谁能注意那些即将倒闭或被兼并的企业名字?谁会将同情的眼泪撒向弱者?

再成功的人,再辉煌的成就,都有可能遭遇"风吹浪打"的一天。实际上,从严格的意义来说,人从来就没有"完全安全"的那一天。所以你就不应该讲述"居安思危",因为你永远都处在挑战与陷阱编织的危机之中,你永远在危机虎视眈眈的包围之下。

有位电器行业的风云人物这样说:"我们的危机感大于安全感,责任感大于成就感。"在像潮水一般向国内涌来的外国公司咄咄逼人的态势面前,他们能从《红楼梦》中家大业大的荣宁二府由兴至衰的故事中得到启示,他们需要摆正自己的位置,需要"居安思危",压力不减。

聪明的人都明白,以往的成功不能保证明天的安全,甚至还可能成为明天的障碍。一位外国富商这样说道:"在今天,你不止是与国内的业者竞争,世界各地都有跃跃欲试的敌人,随时会给你致命的一击。而且,你还得和自我竞赛。居安思危，居危也思危。"

商人都在直面一个越来越大的竞争空间，都得遭遇一个越来越残酷激烈的商业社会，都不得不和国际市场、国际惯例接轨。面对危机、迎接危机、克服危机是每个商人的必修课，因为竞争是你的天职。你需要这份居安思危的清醒。

成功者的五种品质

综观那些事业有成的人，有些固然是天赋异禀可恃才傲物之辈，但更多的还是朋友遍天下行走可借力的人。还是那句老话，人有智商、情商、财商，当情商高到一定程度，自然可以挖掘人脉潜力、聚拢无穷人气、成就非凡人气，从而做出非凡的业绩。

能把生意做大的人，他们都精通"小商做事，中商做市，大商做人"的道理。在这些人身上一般都有着共同的品质。

1. 慷慨大气结交朋友

美国大亨洛克菲勒在其全盛时期曾感慨地说："与人相处的能力，如果能像糖和咖啡一样可以买得到的话，我会为这种能力多付一些钱。"

而西方更有名言说："二十岁靠体力赚钱，三十岁靠脑力赚钱，四十岁以后则靠交情赚钱。"

两者讲的都是一个意思：朋友多则赚钱的机会多。而朋友关系如何培养呢？完整的人际关系包含三个阶段：一是发掘人脉；二是经营交情；三是出现贵人。

有人也许说："经常吃饭喝酒的那是酒肉朋友，不见得真心。"但发展人脉的出发点就是先"跑量"，再从中精选可重点发展的对象，走好第一步，慷慨对人，让人感受到你的大气。

2. 放低姿态增添人望

美国哈佛大学人际学教授约翰·杜威曾说："人类本质中最殷切的需求

是渴望被肯定。"

即使你是一个很慷慨的人，天天请朋友吃饭，但总抱着骄傲自大的心态，别人说句什么就要反驳，估计你的朋友数量也不会很多。

当然，不是提倡言不由衷胡乱敷衍朋友，而是要学会"放低姿态，放软身段"，学会仔细倾听别人的话，更学习"忖度他人之心"，理解朋友这样说的原因和立场，尽量体谅他们，这样既能学习他们的优点，也能让朋友感到自己被尊重和理解。

总之，要增广人脉，不仅要物质上的努力，更多的是注重以心换心。

3. 不因人微而鄙视

也许你没有富爸爸，没有可减少奋斗二十年的终身伴侣，但如果懂得人情世故，一样可以得贵人襄助、获得多方助力。

但是千万不要怀着一份过于势利的短浅眼光经营人脉，别人现在富贵，穿金戴银，就一副小人嘴脸伺候着；别人现在是个潦倒的小人物就忽视、轻视乃至鄙视。

晚清的红顶商人胡雪岩，其高超的交际手腕总让后人大为叹服，胡雪岩的过人之处是"对事情看得透，眼光够远，从不会轻忽小人物"。

中国台北"身心灵成长协会"的创办人赖淑惠开房产中介时有着"结交小人物"的经典案例。当时赖淑惠住在一个大厦里，同时兼营这个楼的房产中介，经她一番细心观察后，发现凡是对大厦有兴趣的买家，第一个总是先询问大门管理员，"最近有没有住户要卖房子啊？价钱多少呢？"

有趣的是，每次管理员的回答几乎是："你去问住在八楼的赖小姐，她很喜欢买卖房子，这样就不必再去找其他中介商了。"此外，该楼谁要钱急用要卖房子的消息也总是第一个传到她的耳朵里。因此，赖淑惠在该大厦一个物业上整整赚进1 000多万元。

为什么管理员愿意帮赖淑惠的忙？说穿了是她将任何人都当成家人般关心，赖淑惠每天出入大门，必会向当日值班的管理员打招呼，出差返回也会顺道带些当地名产略表心意。

4. 困苦不离见真情

有这样一个人，在他生病住院时半天内有200多位朋友来探望。后来，他告诉别人，当时的重病让他呼吸停顿了数分钟，几乎送命，醒来看到身边的朋友很多都眼泪满面，顿时感觉朋友都这么真心，自己过得很有意义。

西方行为学专家提出的理论里，指出人的一生大概可交往两百多位朋友，最核心的可以有50位。一般人看似朋友不少，但称得上交情的却乏善可陈，像是在应酬场合活跃的人士，看起来人脉很广，但最后愿意为他两肋插刀、雪中送炭的都不是这些看来热络却只是点头之交的人，而是你可能忽略，却真正重视和你交情的朋友。

那怎样才能让朋友在你需求帮助的时候愿意出手相助呢？最简单的办法是在他们平时健康平安的时候和他们交好，在他们落难困苦的时候更热心地帮助他们。危机时刻建立的人脉不仅有用，而且能换得很好的口碑，在以后交别的朋友时也用得上。

5. 坚持原则得信任

讲求人脉，不是要你去奉行是人就交朋友，而是要选择有原则的"君子之交"。

胡刚一向将客户奉为人脉里的核心，但是不会因此改变自己的原则。一个曾经的客户想用一批产品捐赠给视力残障人士做公益，结果活动进行到快一半时，胡刚发现捐赠的产品其实是离保质期限很近的东西，于是要求他们调换新货，几经抗争仍遭到拒绝后他毅然选择单方面终止活动，不仅从此少了个客户还损失了已经垫付掉的金钱。

但是这样做的结果是，当其他客户和朋友知道了这件事情后，意识到结交这样一个有原则的朋友很放心，因为他不是会为了利益出卖原则损害他人的人。于是，他的朋友虽然减少了一个，却赢得了更高的人气与人望。

第7章 先做人情后做生意，为你的生意做足人情投资

如果你能和别人在生意之外多一层相知和沟通，能够在人情世故上多一份关心，多一份相助。那么，即使你遇到不顺的情况时，你们双方也能够相互体谅。在交际中需要"感情投资"，特别是对生意人来说，这等于是为你铺好了前进的道路。你帮助了别人，让别人欠了你的人情，当你有需要的时候，自然能体现出相应的价值。

平时多联系，遇事有人帮

你是否发现：虽然经常应酬，但很难兼顾方方面面的朋友。日子一长，许多原本牢靠的关系就会变得松懈，联系少的朋友之间逐渐淡漠。当生意遇到某种困难时，想找以前的朋友帮忙，却突然想起自己很久没去看他了。现在有求于人才去找，会不会太唐突了？会不会遭到朋友的拒绝？

中国人讽刺临时找人帮忙的做法，最常用的话就是："平时不烧香，临时抱佛脚"。有事之时找朋友，人皆有之，无事之时找朋友，你可曾有过？朋友间即使再忙，也别忘了沟通感情。

与人相处，最基本的原则就是：不要与朋友失去联系，不要等到需要获得朋友帮助时才想到对方。"关系"就像一把刀，常常磨才不会生锈。

法国有一本名叫《小政治家必备》的书。书中教导那些有心在仕途上有所作为的人，必须起码搜集20个将来最有可能做总理的人的资料，并把它背得烂熟，然后有规律地、按时去拜访这些人，和他们维持相互间的朋友关系，这样，当这些人之中的任何一个当了总理，自然就容易记起你来。

很多人都有忽视"感情投资"的毛病，一旦交上某个朋友，就不再去培养和发展双方之间的感情，长此以往，两个人的关系自然就淡漠了，最后甚至变成了陌路人。

可见，"感情投资"应该是经常性的，不可似有似无，要做到常联系、常沟通，到时才能用得着、靠得上。

朋友之间互相联系的方法有很多，礼尚往来、交流等，其中最普遍、最有人情味的一种是有空去坐坐。

人们在礼仪性的道别时，总不忘加一句"有空来玩"，不论这是否是一句发自肺腑的言语，听后都让人感到温情四溢，自己似乎可以从中体会到自

第7章　先做人情后做生意，为你的生意做足人情投资

己是被人所接受的，是受人欢迎的人。

事实上，你所要做的并不多，只是有时间有心地去朋友家走一走，也许只是随意地寒暄几句，也许进行一次长谈，总之，就是努力加深对方对自己的印象，让彼此之间越来越熟悉，关系越来越融洽。

中国有许多礼节，碰上婚丧嫁娶等大事，亲戚朋友就要参加，有许多场合还得送礼，这是几千年来的传统，这是很有必要的，因为这是亲朋好友经常保持联系的一种方式。如果你常年关门闭户，既不"出去"，也不欢迎别人"进来"，那就孤立了自己。

在这个世界上，各个行业都有许多出类拔萃的人物，他们的影响是非同小可的，可利用与他们接触的机会和他们建立良好的关系，这对你的前途至关重要。不要等待，一味地等待只能使你错失良机，你应该积极地一步一步地去做，没有什么不好意思的。

如果你想多结交一些朋友，你就需要主动地了解对方的兴趣爱好。你可以通过多种方式得到他们各方面的信息。比如，平时相处时多观察了解，向他的朋友打听询问，或者查阅他的个人资料等。

有一个人，当他要结交新朋友时，总是想方设法知道对方的生日。于是，他四处请教他们，问他们是否认为生日会影响一个人的性格和前途，并借机叫他们把生日告诉他，然后他悄悄地把他们的生日都记下来，并在日历上一一圈出，以防忘记。这些人生日的当天，他就送点小礼物或亲自去祝贺。很快，那些人就对他印象深刻，把他当成好朋友了。

人与人交往中会出现一些交际的好机会。多一些有益的朋友，会有机会转变你的一生。

"独木难支大厦"，朋友在关键时候帮你一把，可能会直接促成你事业的成功。所以，要时刻注意能结交朋友的好机会。

比如，朋友请你去参加一个生日聚会、舞会或者其他活动，你不要因为自己手头事忙，一时懒得动身而拒绝。因为这些场合是你结交新朋友的好机

会。又如，新同事约你出去逛逛商店或者看场电影什么的，你最好也不要随便拒绝，因为这是发展关系的好机会。

结交朋友不仅要把握机遇，同时还要创造机遇。

如果你想和刚认识的朋友进一步发展关系，你可以请他们到你家做客。你可多花些心思寻找机会跟他多接触。人与人之间接触越多，彼此间的距离就可能越近。这跟你平时看东西一样，看的次数越多，越容易产生好感，就像你在广播或电视中反复听、反复看到的广告，久而久之也会在你心中留下印象一样。所以，交际中的一条重要规则就是：找机会多和别人接触。

一旦和别人取得联系，建立初步联系之后，要设法进一步巩固和发展。交际中往往会有两种目的：直接的无非就是想达到某项交易，或有利于事情的解决，或想得到别人某些方面的指导。如果并不是为了解决某个问题，也不是为了某种利益关系，只是为了和对方加深关系，增进了解，以使你们的朋友关系长期保存下来，这可以被看做是间接目的，这种间接目的可以使你的人生更有价值。

如果能保持无事相求时也能轻松地相互联络的关系，才是最理想的状态。真正可以亲密往来的朋友，越是无事相求时越能尽情地交往；反之，遇上有事相托时，即便三言两语，彼此也能明白对方想说的话。此时，对方会尽己所能来帮助你。

友情投资要走长线

友谊之花，须经长年累月培养；做人做事，不可急功近利。

善于放长线钓大鱼的人，看到大鱼上钩之后，总是不急着收线扬竿，把鱼甩到岸上。因为这样做，到头来不仅可能抓不到鱼，还可能把钓竿折断。

第7章 先做人情后做生意，为你的生意做足人情投资

他会按捺下心头的喜悦，不慌不忙地收几下线，慢慢把鱼拉近岸边；一旦大鱼挣扎，便又放松钓线，让鱼游窜几下，再又慢慢收钓。如此张驰有度，待到大鱼精疲力竭，无力挣扎，才将它拉近岸边，用网兜拽上岸。

求人也是一样，如果逼得太紧，别人反而会一口回绝你的请求。只有耐心等待，才会有成功的喜讯来临。

某中小企业的董事长长期承包那些大电器公司的工程，对这些公司的重要人物常施以小恩小惠，这位董事长的交际方式与一般企业家的交际方式的不同之处是：不仅奉承公司要人，对年轻的职员也殷勤款待。

谁都知道，这位董事长并非无的放矢。

事前，他总是想方设法将电器公司中各员工的学历、人际关系、工作能力和业绩，作一次全面的调查和了解，认为这个人大有可为，以后会成为该公司的要员时，不管他有多年轻，都尽心款待。这位董事长这样做的目的是为日后获得更多的利益作准备。

这位董事长明白，十个欠他人情债的人当中，有九个会给他带来意想不到的收益。他现在做的"亏本"生意，日后会利滚利地收回。

所以，当自己所看中的某位年轻职员晋升为主管时，他会立即跑去庆祝，赠送礼物，同时还邀请他到高级餐馆用餐。年轻的主管很少去过这类场所，因此对他的这种盛情款待自然倍加感动，心想：我从前从未给过这位董事长任何好处，并且现在也没有掌握重大交易决策权，这位董事长真是位大好人！无形之中，这位年轻主管自然产生了感恩图报的意识。

正在受宠若惊之际，这位董事长却说："我们企业能有今日，完全是靠贵企业的抬举，因此，我向你这位优秀的职员表示谢意，也是应该的。"这样说的用意，是不想让这位职员有太大的心理负担。

这样，当有朝一日这些职员晋升至副经理、经理等要职时，还会记着这位董事长的恩惠。因此在生意竞争十分激烈的时期，许多承包商倒闭的倒闭，破产的破产，而这位董事长的公司却仍旧生意兴隆，其原因是由于他平

常人际关系投资多的结果。

综观这位董事长的"放长线"手腕,确有他"老姜"的"辣味"。这也揭示求人交友要有长远眼光,尽量少做临时抱佛脚的买卖,而要注意有目标的长期"感情投资"。同时,放长线钓大鱼,必须慧眼识英雄,才不至于将心血枉费在那些中看不中用的庸才身上。

让别人欠你的人情

如何让别人心甘情愿地帮助你?这是摆在每个人面前的问题。

俗话说:"投之以桃,报之以李"。在商业社会里,人们都希望得到立竿见影的效果,否则就不愿付出。即便是朋友之间,要别人主动帮忙也很勉强。这在人与人之间的交往中表现得十分突出。

在求人办事时,别人未必情愿为你白忙乎,他希望你也能帮他做些事情,有的甚至希望在他为你办成事之前你得先帮他办成。如果了解对方的这种心理,主动的满足他的欲望他就会主动帮助你。

商业社会主要建立在交换关系上,人与人之间有来才有往。你帮人家办事,他欠你一个人情,日后你有事求他,他才会反过来帮你办事。天下没有免费的午餐,要想办成事,必须事换事,先让别人欠你人情。当你有事求人时,自然好开口。如果事先没基础,贸然开口去求人办事,对方即便答应也是很勉强。如果拒绝,那更是自讨没趣。

从现在就开始行动,先从你身边的人开始,把帮助别人当成一种习惯,乐于帮助人。看看有哪些人需要你的帮助,然后主动出击。别人欠了你的人情,一旦你有需要帮助的时候,别人就会主动来帮助你。

换一个角度来看,主动帮助别人,就类似于你在往银行里存款,存得越多,存得越久,利息越多。你送别人一个人情,对方便欠了你一个人情,大

第7章 先做人情后做生意，为你的生意做足人情投资

部分时候他是会回报的，因为这是人之常情。有人会觉得，这样一来一往，仿佛商品交易。其实不尽然，人情债的偿还，不是现场的交易，钱物两清，那样太没人情味了。

每个人都有遇到困窘的可能，就是名人也不例外。

著名作家钱钟书先生一生过得比较平和，但在写《围城》的时候，也窘迫过一阵。辞退保姆后，由夫人杨绛操持家务，所谓"卷袖围裙为口忙"。那时他的学术文稿没人买，于是他写小说的动机里就多少掺进了挣钱养家的成分。一天500字的精工细作，却又绝对不是商业性的写作速度。恰巧这时黄佐临导演准备上演杨绛的四幕喜剧《称心如意》和五幕喜剧《弄假成真》，并及时支付了酬金，才使钱家渡过了难关。时隔多年，黄佐临导演之女黄蜀芹之所以独得钱钟书亲允，开拍电视连续剧《围城》，实因她怀揣着父亲的一封亲笔信的缘故。钱钟书是个别人为他做了事他一辈子都记着的人，黄佐临40多年前的义助，钱钟书多年后还报。

有道是："在家靠父母，出门靠朋友"，多帮一个人自己就多一条路。要想人爱己，己须先爱人。做人当时刻存有乐善好施、成人之美的心态，才能为自己多储存些人情的债权。这就如同一个人为防不测，须养成储蓄的习惯，这甚至会让各位的子孙后代得到好处。黄佐临导演在当时不会想得那么远、那么功利。但后世之事却给了他作为好施之人一个不小的回报。

当然，主动帮助别人也是有讲究的，那就是"给人好处切莫自居"。别人有困难时，主动地伸出援助之手，会使他倍感温暖。而有时候恰如其分地请求对方帮助，还会加深相互之间的友情。人的性格虽然不同，有宽容的、吝啬的、豪爽的、狭隘的，但是，给人一种小恩惠，人人都很乐意；而对于那些自称不愿求人的人，反而是人人都不喜爱。

为别人做了事，送了人情，等到大功告成后，却自吹自擂，把简单的说成复杂的，小事说成大事，生怕人家忘了。没有人会因为你不说，就会忘记你送的人情，多说反倒无益。人家可能尽快地还你一个人情，之后会敬而

远之,即使你再有能耐,别人亦会另请高明。所以,做足了人情,给足了面子,你不要夸大其词,最好不夸功,甚至不承认。不承认,只是你不认,并不等于对方不清楚。

人情世故的微妙有时候很耐人寻味。帮助别人的良好初衷,有时并不能带来良好的结果。有这样一则故事,具有很好的启发作用:

在一个大雪天,一个贫穷的农夫去向村里的首富借钱。恰好那天首富兴致很高,便爽快地答应借给他银子,末了还大方地说:"拿去开销吧,不用还了!"农夫接过钱,小心翼翼地包好,就匆匆往等着急用的家里赶。首富冲他的背影又喊了一遍:"不用还了!"

第二天大清早,首富打开院门,发现自家院内的积雪已被人扫过,连屋瓦也扫得干干净净。他让人在村里打听后,得知这事是农夫干的。这使首富明白了:给别人一份施舍,只能将别人变成乞丐。于是他前去让农夫写了一份借契。

农夫用扫雪的行动来维护自己的尊严,而首富让他写借契极大地成全了他的尊严。在首富眼里,世上无乞丐;在农夫心中,自己何曾是乞丐?把"施恩"变成了"施舍",一字之差,高低立见,效果大大地不同。

生活中经常有这样的人,帮了别人的忙,就觉得有恩于人,于是心怀一种优越感,高高在上,不可一世。这种态度是很危险的,常常会引发负面的后果,也就是:帮了别人的忙,却没有增加自己"人情账户的收入",正是因为这种骄傲的态度,把这笔账抵消了。

帮忙时应该注意下列事项:

不要使对方觉得接受你的帮助是一种负担。

要做得自然,也就是说在当时对方或许无法强烈地感受到,但是时间越久越体会出你对他的关心,能够做到这一步是最理想的。

帮忙时要高高兴兴,不可以心不甘、情不愿的。

如果对方也是一个能为别人考虑的人,你为他帮忙的种种好处,绝不会

第7章 先做人情后做生意,为你的生意做足人情投资

像射出去的子弹似的一去不回,他一定会用别的方式来回报你。对于这种知恩图报的人,应该经常给他些帮助。

总之,人情就是财富,求别人帮忙是被动的,可是如果对方欠了你的人情,你就占据了主动。即便事情他办起来很困难,他也会心甘情愿地努力帮你的忙。

其实,仔细看看周围,你就能发现:成功的生意人都善于让别人欠自己人情,他乐于帮助别人,他善于帮助别人,他习惯于帮助别人,一旦他有需求的时候,别人自然会来帮助他。

尽量避免欠别人人情

人情是必须回报的,但是,如何回报,何时回报,回报的代价是多大,却从来没有什么规定。如果你欠了小情,却还了大的,岂不吃亏?如果你欠久了,难以还,成了负担,岂不糟糕?

所以,你既要学会做人情,又要努力使自己避免欠下别人的人情。

人与人之间交往,送点礼物,都挺正常,带有明显功利目的的朋友,是可以看得出来的。假如一个并不经常见面的朋友,带的礼物超乎平时的贵重,那必然有他所来的目的。

中国人讲面子,带来的东西你不收,他觉得你不给面子,你再让他带回去,更是有损尊严了,所以,你也不能太驳人家的面子。盛情难却,你可以暂时收下,但你必须将这个人情送回去,你要带着礼物去回访他,这样也不会伤了和气。

朋友请你办事还可能先请你吃饭,东西送到门,你不能不给面子,吃饭却得预约,这就让你有许多理由去推脱,但脑子要转得快些,推辞讲得委婉些。

脑子转得快些，知道对方是谁，要弄清关系网，搞清朋友圈，然后，再想想该接受还是推掉。其中，重要的是要搞清朋友请你办事的性质，如果涉及违法的事，必须毫不犹疑地推掉，并对朋友晓以利害，这才是对他负责的态度。在原则面前，是没有什么面子可讲的。如果是非原则问题，你不想做，当然也可推掉。

推辞委婉些，打算推掉，就不能实话实说，一定要编一个委婉的借口，不可以用"我太忙""我分不开身"之类的话搪塞，要说得诚恳些，让朋友听出你确实有不得已的苦衷。

避免人情债，要有自知之明。自己应该是最了解自己的，能吃几碗饭，能干多少事。然而，中国人的面子害死人，有的人就爱打肿脸充胖子，自认为自己特能干，别人一提请求，马上就拍胸脯，包在自己身上。更有甚者，明知自己办不成，也要硬往自己身上揽。

所以，千万别逞强，说不定你还会将事情搞砸，办不成的事，要老实地说，没什么不好意思的。办不了的事就是办不了，朋友之所以来找你，就因为他也办不成，别为你帮不上朋友的忙而不好受，与其搞砸一件事，还不如让朋友另请高明。

避免人情债，还要学会自省。一个阶段过后，你要反思一下，你做的事是否合理，该给对方办的事做了没有，答应的诺言是否忘了，欠他的人情是否补上了。不自省，就会忽略了朋友，善于交友的人，朋友往往很多，不见得许多事都想得清清楚楚，但忽略朋友是件挺危险的事情，人家会以为你不重视他。

有人结婚，忘了给一位朋友送请柬，等到他再碰到这位朋友，跟他热情打招呼时，总觉得朋友对他有些不对劲的地方，他很纳闷，回去后仔细一想，才恍然大悟，于是赶快带上礼物，叫上新娘，到对方家拜访，这才化干戈为玉帛。

每人都会认为自己很重要，也会认为在朋友心目中亦很重要，在这种自我优先论的支配下,忽略了朋友,他会有想法,认为你是不是对他有意见,等等。所以,为避免友情遗忘,应习惯定期自省,同遗忘努力作斗争,将有关事宜做一个记录,以提醒自己。

做人情就得做足

人与人交往,能达到莫逆之交,或可以深交的人还是少数,大部分的人不可能深交,与他们之间的情谊是要用人情来维系的。如果和他们之间没有人情往来,友谊就会淡漠,甚至消失。

人情是中国人维系群体的最佳手段和人际交往的主要工具。但你要是以为好心都有好报,人情必能换来交情,就未免太过迂腐了。有人为朋友两肋插刀,最后却落得骂名、倾家荡产或反目成仇的事并不少见。

当然,做人情做出祸事来的,只是极少数,但人情白做了,弄得双方都不愉快的事,随时可能发生。所以,人情要做,但事前要权衡利弊,有害自己的尽可能不要做,有弊的少做。朋友的人情,不但要做,而且一定要做足。

做足包含两个含义:一是要做完;二是要做充分。

如果你的一个朋友求你办什么事,你满口答应:"没问题。"但隔了几天,你给他一个半零不落的结果,对方虽然口头上不说什么,但心里肯定会说:"这哥儿们,真不够意思,做就做完,做一半还不如不做,帮倒忙。"

做人情只做一半,叫帮倒忙,越帮越忙,非但如此,还会影响信任度。说话不算数的人,谁都不愿意结交。人情做一半,叫出力不讨好。

人情做足,就是不仅要做完,还要做好,做得漂亮。如果你答应帮别人办某件事,就要尽心去做,不能做得勉勉强强。如果做得太勉强了,即使事情成了,你的态度也会让对方在感情上受到伤害。

比如,你买了一本好书,朋友来借,你先说:"我刚买的,还没看完呢，你想看就先拿去吧。"

其实前面的废话又何必说呢？最后的结果是借给人家了，你不说也是借，说了还是借，与其说些废话还不如痛痛快快借给他。书总是你的，还回来你尽可以看一辈子，何不把人情做圆满呢？

应牢记：人情要做足。人情做足了自然会赢得朋友的万分感激，让对方记挂你一辈子。

唐朝皇帝李隆基亲自为他手下的一个将领煎药，在燃火时，烧着了胡须，当侍从们赶来时，他莞尔一笑，说："但愿他喝了这药病就好了，胡须有什么可惜的呢？"

一个皇帝为他的手下亲自煎药，这真是天大的人情，把人情做得如此之足，怎不叫属下以死相报呢？人情的杀伤力可谓很大。

把人情做足，好人做到底，你就要想朋友之所想，急朋友之所急。在朋友最困难、最需要帮助的时候，给朋友一个人情，杀伤力更大。

三国争霸之前，周瑜在袁术手下为官，做一个小县的县令。

这时候地方上发生了饥荒，百姓没有粮食吃，活活饿死了不少人，士兵们也饿得失去了战斗力。周瑜作为父母官，看到这悲惨情形急得心慌意乱，不知如何为好。

周瑜听说附近有个乐善好施的财主鲁肃，就登门借粮。两人寒暄一阵，周瑜就直接说："不瞒老兄，小弟此次造访，是想借点粮食。"

鲁肃听后哈哈大笑："此乃区区小事，我答应就是。"

鲁肃亲自带周瑜去查看粮仓，这时鲁家存有两仓粮食，鲁肃痛快地说："也别提什么借不借的，我把其中一仓送你好了。"

周瑜和手下一听他如此大方，都愣住了，要知道，在饥荒之年，粮食就是生命啊！鲁肃可谓送了周瑜一个大人情。

鲁肃做足了人情，和周瑜成了好朋友。后来周瑜当上了将军，他牢记鲁肃的恩德，将他推荐给孙权，鲁肃终于得到了自己大展宏图的机会。

第7章 先做人情后做生意，为你的生意做足人情投资

做足人情，还有一个意思，就是你欠了朋友的人情，还的时候，要还足，甚至还更多。你的人情大于他的，他就得记着新的人情，朋友之间的账，永远也算不清，从某种意义上讲，这种算不清的账，无疑成了与朋友之间联系的一种纽带。

朋友之间的情谊，是用人情维系的，所以在做人情方面，你一定要看得开，决定去做的人情，一定要做足，做足人情并非自己自作多情、"一个愿打，一个愿挨"，而是"放长线钓大鱼"。人情做足了，才具有杀伤力，才能把想办的事办好。

冷庙烧香佛更灵

年轻的浙江商人刘易强在他成功的道路上经常得到贵人朋友的相助，而他的这些贵人朋友都是以前很普通的人。别人向他取经，他一语道破天机："处朋友如求神，冷庙烧香佛更灵"。

李龙是某县一个很有名气的生意人，手下有几间木材加工厂，资金雄厚，在本地也算是个小富豪了。除此之外，他爱交朋友也是出了名的，上到县长，下至平头百姓，小小的县城里，可能有一半人都是他的朋友。李龙交朋友也不像别人那样只顾着往上交，而是不分高低一起交，用他的话说就是"冷庙、热庙一起烧香"。比如，县林业站的老李，在林业站熬了9年，还是个副站长，看来很难有出头之日。但李龙却不嫌"庙"冷，逢年过节总要去送点礼物，路上见了面大老远地就开始打招呼，老李找他去喝酒，李龙也从不推辞，一来二去两人倒成了无话不谈的好朋友。第二年年初时，老李居然来了个大翻身，被调到县委农林办当了主任。正在这时，上面批给了该县1 000立方米的采伐指标，这一下老李的"冷庙"变成了炙手可热的"热庙"，各路人马排着队去求老李。李龙也看上了这个买卖，找到老李一说，老李马上

就答应卖给李龙270立方米，而且还允许他先挑，结果李龙又大赚了一笔。

多个朋友多条"路"，李龙就因为不嫌弃落难朋友，因而给自己打开了一条"路"。交朋友要广，眼睛不能只盯着炙手可热的权势人物，"冷庙也得多烧香"，这样办起事来你的路子才会四通八达。

其实不止是庙有冷热之分，人又何尝不是？一个人是否能发达，要靠机遇。你的朋友当中，有没有怀才不遇的人，如果有，这个朋友就是"冷庙"。你应该与"热庙"一样看待，时常去"烧香"，每逢佳节，送些礼物。为求实惠，有时甚至可以送些钱，请他自己买实用的东西。又因为他是穷人，当然不会有礼尚往来的习惯，并非他不知道还礼，而是无力还礼，这是他欠的人情债，人情债越欠越多，他想还的心便越急切。所以日后他否极泰来，他第一要还的人情债当然是你。他有清偿的能力时，即使你不去请求，他也会自动还你。

有的人能力虽然很平庸，然而因为时运通达，也会成为炙手可热的人物。人在得意的时候，一切就看得很平常，很容易，这是因为自负的缘故。如果你的境遇地位与他相差不多，交往当然无所谓得失。但如果你的境遇地位不及他，往来多时，反而会有趋炎附势的错觉。即使你极力结交，多方效劳，而在对方看来很平常，彼此感情不会有多少增进。只在对方遭遇逆境，以前交往甚密，再次见面不认识；以前车水马龙，今则门可罗雀；以前一言九鼎，今则哀告不灵；以前无往不利，今则处处不顺，他的繁华梦醒了，对人的认识，也比较清楚了。

如果你认为对方是个英雄，就该及时结交，多多交往，或者乘机加以忠告，指出其所有的缺失，勉励其改过。如果自己有能力，更应给予适当的协助，甚至给予物质上的救济。而物质上的救济，不要等他开口，随时采取主动。有时对方很急着要，又不肯对你明言，或故意表示无此急需。你如得知情形，更应尽力帮忙，并且不能有丝毫得意的样子，一面使他感觉受之有愧，一面又使他对你有知己之感。寸金之遇，一饭之恩，可以使他终生铭

第7章 先做人情后做生意,为你的生意做足人情投资

记。日后如有所需,他必然全力回报。即使你无所需,他一朝否极泰来,也绝不会忘了你这个知己。

正所谓:"人情冷暖,世态炎凉"。趁自己有能力时,多结交些潦倒英雄,使之能为己用,这样自己的发展才会无穷。对朋友的投资,最忌讳的是讲功利,因为这样便成了一种买卖,说难听点便是种贿赂。如果对方是讲骨气之人,更会感到不高兴,即使勉强接受,也不以为然。日后就算回报,也是半斤还八两,没什么好处可言。

平时不屑往"冷庙上香",临到头再来"抱佛脚"也来不及了。一般人总以为"冷庙的菩萨不灵,所以才成为冷庙"。其实英雄落难,壮士潦倒,都是常见的事。只要一朝风云际会,仍是会一飞冲天、一鸣惊人的。从现在起,多注意一下你周围的朋友,若有值得"上香的冷庙",不妨在无事时"多烧两炷香",在你有事相求时,"庙里的菩萨"肯定对你有求必应的。

给别人想要的东西

每个人都有自己潜在的需求,如果你给对方他想要的东西,就更容易维系双方的友谊。这就如同在商业交易上一样,你给对方想要的,他才能给你想要的。

英国的政治家阿瑟鲍尔弗在第一次世界大战后去美国的时候,也曾采取了这种方法来表示自己的友好。他在大庭广众之下称颂着美国的发达;称颂着美国人民;赞美美国的天气;他常常把民主挂在嘴边,并且常常说一些笑话;出门时驾驶着一辆自由式汽车,以表明他是信奉民主主义的;他也像威尔逊一样,说他喜欢看侦探小说;在集会中,他的演说从一开始就告诉听众,他与他们一样,是自由集会中的一员。显而易见,阿瑟鲍尔弗在美国各处都受到了欢迎。

威廉·里格里如今已经是一个拥有数千万家产的大实业家了，然而当他刚开始做推销员的时候，他也采用这种策略去从事他毕生的事业。他在最近曾经这样讲过："无论我到什么地方去推销货物，我必定会先打听一下这个地方的一些风土人情和人们的生活习惯，并用他们的本地话去和那些生意人交谈。"

比如，当他向加拿大人推销肥皂的时候，他每跑到一家商店里去，总会拍着他的箱子说道：Jovan Min-era这是他所知道的关于这种矿质肥皂的唯一的法文了。说了这个字以后，他就接着说起了英语。但是这简单的两个字居然也产生了巨大的效力，那些生意人都因为听到了他们自己的家乡话而很高兴。这种微小的细节，其他的推销员就很少能够有意识地去运用。

给朋友想要的东西，就要了解对方最需要什么，最在乎什么。每个人都会因其个性、环境的不同，有着各种不同的欲望、偏好。这个欲望、偏好也就构成了他的心灵缺口，心灵缺口是最容易被攻破的壁垒。只要抓住一个人的心灵缺口，就能够找到打动这个人的办法。

纽约某大银行的理查斯·威尔斯奉上司指示，秘密进入某家企业进行信用调查。正巧威尔斯认识另一家大企业的董事长，这位董事长很清楚该企业的行政情形，威尔斯便亲自登门拜访。

当他进入董事长室，才坐定不久，女秘书便从门口探头进来对董事长说："很抱歉，今天我没有邮票拿给您。"

"我那12岁的儿子正在收集邮票，所以……"董事长不好意思地向威尔斯解释。

接着威尔斯便开门见山地说明来意。可是董事长却故意含糊其辞，一直不愿做出正面回答。威尔斯见此情景，只好知趣地匆匆离去，没得到一点收获。

不久，威尔斯突然想起那位女秘书向董事长说的话，邮票和12岁的儿子。同时，也联想到他服务的银行的国外科，每天都有许多来自世界各地的信件，有许多国家的邮票。

第7章　先做人情后做生意，为你的生意做足人情投资

第二天下午，威尔斯又去找那位董事长，告诉他是专程替他儿子送邮票来的。董事长热诚地接待了他。威尔斯把邮票交给他，他面露微笑，双手接邮票，就像得到稀世珍宝似地自言自语："我儿子一定高兴得不得了。多有价值！"

董事长和威尔斯谈了40分钟有关集邮的事情，又让威尔斯看他儿子的照片。一会儿，没等威尔斯开口，他就自动说出了威尔斯想要了解的内幕消息，足足说了1个钟头。他不但把所知道的消息告诉了威尔斯，又召回部下问，还打电话请教朋友。威尔斯没想到区区几十张邮票竟让他圆满地完成了任务。

了解他人最想要的东西，知道他人最在乎什么，并且把他最需要、最在乎的东西提供给他，会使他产生极大的满足感。同时也会感到脸上极有光彩。一个人在一定时期内，对某件东西可能很在乎，这时只要提供给他这件东西，他就会对你无比的感激和赏识。

从这里可以看出，提供给一个人最在乎的东西是多么有效、多么神奇，这种效果是提供其他东西所远远不能比拟的。

或许有人会问，你知道别人需要什么就给他什么，就满足他什么，但究竟应该怎样才能知道别人的需要呢？这问题说穿了并不难，其实只要你用心就会发现，人们总是会向别人提到自己的需要，并且常常是话里有话的暗示出来，虽然那似乎是多么幼稚、荒唐。不错，你注意的当然是自己本身的需要，其他人也和你一样，只注意自己的需要，而忽视了别人那话中带话的需要。因此，注意到别人的需要，并且让他们知道你也知道了就更好了。

一位美籍华裔朋友这样说道："夏天的时候，我常到缅因州一带钓鱼。我个人很喜欢吃鲜奶油草莓，但是，为了某种奇怪的理由，我想鱼儿宁愿吃虫。所以，当我钓鱼的时候，我想的不是自己要的，而是鱼儿要什么。我没有用鲜奶油草莓当钓饵，而是用虫或蚱蜢，然后我便可以向鱼儿说，'你们要不要尝尝看？'当然它们不会回答。"

美国最有影响力的演说人和最受欢迎的商业广播讲座撰稿人斯托·凯文博士与人力资源顾问、训导专家迈克尔·考那博士在他们合作的《白金法则》中,向人们展示了一项最新的研究成果:"白金法则"——"别人希望你怎么对待他们,你就怎么对待他们。"

凯文指出,"你希望朋友怎么待你,你就怎么待对方"是一条"黄金定律"。"白金法则"是在本着尊重"黄金定律"的主旨的原则下,对这一古老的信条进行修正。对于21世纪的生意人来说,要使自己与企业立于不败之地,或有助于改善人际关系,其关键和诀窍就在于遵循"白金法则"——"朋友希望你怎么对待他们,你就怎么对待他们。"

简单地说,就是学会真正了解别人,然后以他们认为最好的方式来对待他们,而不是你中意的方式。这一点意味着要善于花些时间去观察和分析你身边的人,然后调整你自己的行为,以便让他们觉得更称心和自在。它还意味着要运用你的知识和才能去使别人过得轻松、舒畅,这才是"黄金定律"的精髓所在。所以,"白金法则"并不是游离于"黄金定律"之外独树一帜的东西,相反,你可以称它为后者的一个更新的、更富有人情味的版本。与"黄金定律"相比,"白金法则"更进了一步。

在今天高度竞争和变化无常的环境里,以你一厢情愿的方式去对待别人显然是远远不够的。你还不得不去了解他们的需求,而且有能力满足他们物质和精神的需求才行。你的成功很大程度上取决于你如何应对他们的个人需求。

现代生意人必须有能力根据不同人的个性品格类型的特征,用"白金法则"去相应地迎合不同类型的不同需求,投其所好,在双赢策略中获取最大的成功。

"白金法则"在处理朋友关系的问题上能助你一臂之力,这其中包括:

准确判断对方的品格类型;

预见对方的行为,从而你可以预先调整自己的行为来顺应他,以取得尽可能好的结果；

把有亲和力、有合作潜力的人聚在一起，形成有效率的工作团队，稳定的员工队伍，出色的公司与组织形成利益共同体；

投其所好（对症下药），即运用"白金法则"与人打好交道；

化解冲突和矛盾，从而激发工作热情，提高员工的能力，增强企业效能。

亨利·福特为人际关系艺术所提出的忠告是："成功的人际关系在于你能捕捉到对方观点的能力；还有，看一件事须兼顾你和对方的不同角度。"这个道理十分简单明了，每个人应该都能一眼看出。但是，这世界仍有90%的人在90%的时间里忽视其重要性。

如果你今天寄一封信给某企业，希望他能够合作，信中一开始提及的都是自己想要的是什么，自己在合作后能够怎么做，最后才提及合作后可能会给对方带来什么样的利益，那么，收到这封信的企业会有什么样的态度想必不难猜测吧。若能够提及别人的需求，采取别人方便的方式，说明合作后能获取的好处有什么，可能连自己能得到的利益也不用提及，对方就会跟你进一步交谈了！切记，从内心里讲，别人关心自己的事胜过关心你的事百倍。

感情投资要注意适度

叔本华曾经讲过一个"豪猪哲学"：一群豪猪在寒冷的冬天相互接近，为的是通过彼此的体温取暖以避免冻死，可是很快它们就被彼此身上的硬刺刺痛，相互分开，当取暖的需要又使它们靠近，又重复了第一次的痛苦，以至于它们在两种痛苦之间转来转去，直至它们发现一种适当的距离使它们能够保持互相取暖而又不被刺伤为止。人与人之间的交往同样也是如此，也应有一定的距离。

人与人之间的交往本质上是一种社会交换，这种交换和市场上的商品交换所遵循的原则是一样的,即人们都希望在交往中得到的不少于所付出的。其实岂止是得到的不能少于付出的,如果得到的大于付出的,也会令人心理失去平衡。

人际交往要有所保留,不要以为自己全心全意为对方做事一定会关系融洽、密切。事实上并非如此。因为人不能一味接受别人的付出,否则心里会感到不平衡。"滴水之恩,当涌泉相报",这也是为了使关系平衡的一种做法。如果好事一次做尽,使人感到无法回报或没有机会回报的时候,愧疚感就会让受惠的一方选择疏远。留有余地,好事不应一次做尽,这也许是平衡人际关系的重要准则。

留有余地,适当地保持距离,因为彼此心灵都需要一点空间。如果你想帮助别人,而且想和别人维持长久的关系,那么不妨适当地给别人一个机会,让别人有所回报,不至于因为内心的压力而疏远了双方的关系。而"过度投资",不给别人喘息的机会,就会让其的心灵窒息。留有余地,彼此才能自由畅快地呼吸。

交朋友不要太计较

人与人之间怎样相处是一门很深的学问,有的人甚至用毕生的精力也没能研究透彻。多少人试图领悟到友谊真谛,希望能拥有一段真挚的友谊。然而人与人相处的复杂性,使人们不可能在有限的时间内洞悉其全部的内容。但人对于朋友之情的理解和感悟又总是局限在某一事情的启迪上,比如,处朋友不要太计较,便是其一。

"水至清则无鱼,人至察则无徒",太计较了,就会对什么都看不惯,连一个朋友都容不下,把自己同社会隔绝开。镜子很平,但在高倍放大镜下,就成了凹凸不平的山峦;肉眼看很干净的东西,拿到显微镜下,满目都

第7章 先做人情后做生意，为你的生意做足人情投资

是细菌。试想，如果你"戴"着放大镜、显微镜生活，恐怕连饭都不敢吃了。再用放大镜去看朋友的毛病，恐怕许多人都会被看成罪不可恕、无可救药的了。

人非圣贤，孰能无过。与人相处就要互相谅解，经常以"难得糊涂"自勉，求大同存小异，有胆量，能容人，你就会有许多朋友，且左右逢源，诸事遂愿；相反，过分挑剔，"明察秋毫"，眼里揉不得半粒沙子，什么鸡毛蒜皮的小事都要论个是非曲直，容不得人，人家也会躲你远远的，最后，你只能关起门来当"孤家寡人"，成为使人避之唯恐不及的异己之徒。古今中外，凡是能成大事的人都具有一种优秀的品质，就是能容人所不能容，忍人所不能忍，善于求大同存小异，团结大多数人。他们具有宽阔的胸怀，豁达而不拘小节；大处着眼而不会鼠目寸光；从不斤斤计较，纠缠于琐事，所以他们才能成大事、立大业，使自己成为不平凡的人。

但是，如果要求一个人真正做到不计较、能容人，也不是简单的事。首先，需要有良好的修养、善解人意的思维方法，并且需要经常从对方的角度设身处地的考虑和处理问题，多一些体谅和理解，就会多一些宽容，多一些和谐，多一些友谊。比如，有些人一旦做了官，便容不得下属出半点过错，动辄横眉立目，发怒斥责，属下畏之如虎，时间久了，必积怨成仇。许多工作并不是你一个人所能包揽的，何必因一点点过错便与人怄气呢？可如若调换一下位置，站在挨训人的立场，也许就会了解这种急躁情绪之弊端了。

有位朋友总抱怨他们家附近小店卖酱油的售货员态度不好，像谁欠了她巨款似的。后来朋友的妻子打听到了女售货员的身世，她丈夫有外遇离了婚，老母亲瘫痪在床，上小学的女儿患有哮喘病，每月只能开四五百元工资，一家人住在一间15平方米的平房。难怪她一天到晚愁眉不展。这位朋友从此再不计较她的态度了，甚至还建议大家都帮她一把，为她做些力所能及的事。

在公共场所遇到不顺心的事，实在不值得生气。有时朋友冒犯你，其中

肯定是另有原因，不知哪些烦心事使他此时情绪恶劣，行为失控，正巧让你赶上了，只要不是恶语伤人、侮辱人格，你就应宽大为怀，不以为然，或以柔克刚，晓之以理。总之，没有必要与朋友瞪着眼睛较劲。假如较起真来，大动肝火，刀对刀地干起来，再酿出个什么严重后果来，那就太划不来了。与朋友如此，实在不是聪明人做的事。

交朋友不要太计较。否则，会让对方感觉是带着枷锁过日子，进而对你产生厌倦，到那时，你们的友谊就要亮"红灯"了。

交朋友不要怕吃亏

长期以来，人们最忌讳将朋友间的交往和交换联系起来，认为一谈交换，就很庸俗，或者亵渎了人与人之间真挚的感情。但实际上，朋友间你来我往，无论从情感上讲，还是从物质上讲，彼此交流都不乏交换的味道。既然是交换就涉及利益的多寡，因此生意人在与朋友的交往中必须注意：交朋友不同于做生意，要让别人觉得与你的交往值得。

与朋友交往，情愿自己吃点亏是一个很好的交际方法。不管是吃大亏，还是吃小亏，只要能对搞好朋友关系有帮助，你就要尽力"吃下去"，不能皱眉。尤其是大亏，有时更是一本万利的事。

当然交友吃亏也必须讲究方式和技巧。

交朋友吃亏要吃在明处，否则就是白吃。有的人为了息事宁人，往往去吃暗亏，结果是"哑巴吃黄连，有苦难言"。

三国时期的孙权就是这样，为了能得回荆州，假意将自己的妹妹嫁给刘备，结果在诸葛亮的巧妙安排下，孙权不仅赔了妹妹，又折了兵。荆州还是在人家手中，这个亏未免吃得太不值得了。

你吃亏时，至少要让对方明白，让对方意识到，你吃亏是为了帮助他。

第7章　先做人情后做生意,为你的生意做足人情投资

俗话说:"吃亏是福",是很有道理的。因为吃亏,你就成了施者,朋友则成了受者,看上去是你吃了亏,他得了益。然而,朋友却欠了你一个情,在友谊、情谊的天平上,你已为自己加了一个筹码,这是比金钱、比财富更值得珍视的东西。

吃亏,会让你在朋友眼里变得豁达、宽厚,让你获得更深的友谊。这当然会使朋友更心甘情愿地帮助你,为你办事。

在现代社会,会吃亏的人实际并不会吃亏。你不吃点亏,朋友怎么会替你办事呢?

陈嚣与纪伯为邻,一天夜里,纪伯偷偷地将隔开两家的竹篱笆,向陈家移了一点,以便让自己的院子宽一点,恰好被陈嚣看到了。纪伯走后,陈嚣将篱笆又往自己这边移了一丈,使纪伯的院子更宽敞了。纪伯发现后,很是愧疚,不但还了侵占陈家的地方,而且还将篱笆往自己这边移了一丈。

陈嚣的主动吃亏,让纪伯感到相当内疚,他产生了"以小人之心度君子之腹"的感觉,这就欠下了陈嚣一个人情,即便他还了这个人情,但是每当他想起时,他还是会内疚,还是会想法报答纪伯。

《菜根谭》上说:"人之短处,要曲为弥逢;如暴而扬之,是以短攻短。"

意思是:别人有缺点或过失,要婉转地为他掩饰或规劝他,假如去揭发传扬,就是用自己的短处来攻击别人的短处,到时肯定对自己没有什么好处。

所以,有时主动吃亏是要为别人文过饰非,既让他觉得欠你的人情,又让他知道自己做错了。

战国时,梁国与楚国相邻,两国在边境上各设界亭,亭卒们也都在各自的地里种了西瓜。

梁国的亭卒勤劳,锄草浇水,瓜秧长势极好;而楚国的亭卒懒惰,西瓜秧自然长不好,与对面西瓜长势没法比。楚国的亭卒觉得失了面子,有一天夜里偷跑过去,把梁国亭卒的瓜身全给扯断了。梁国的亭卒第二天发

现后气愤难平，报告给边县的县令宋就，并说："我们也过去把他们的瓜秧扯断好了！"

宋就说："这样做当然是很卑鄙的，我们明明不愿他们扯断我们的瓜秧，那么我们为什么再反过来扯断人家的瓜秧呢？别人不对，我们再跟着学，那就太狭隘了。你们听我的话，从今天起，每天晚上去给他们的瓜秧浇水，让他们瓜秧长得好起来，而且，你们这样做，他们一定会知道的。"

梁国的亭卒听了宋就的话后觉得有道理，于是就照办了。楚国的亭卒发现自己田里瓜秧的长势一天好似一天，仔细观察，发现每天早上瓜地都被人浇过，而且是梁国的亭卒在黑夜里悄悄为他们浇的。楚国的边县县令听到亭卒们的报告，感到十分惭愧，不由得非常敬佩梁国的亭卒，于是把这件事报告了楚王。楚王听说后，也感于梁国人修睦边邻的诚心，特备重礼送梁王，既表示自责，亦表达酬谢，结果这一对敌国成了友好的邻邦。

为别人文过饰非，实在是个搞好关系的好机会。当别人在众人或是你面前犯了错，你一定要抱着吃亏的心埋，干脆给他个面子，帮他一把，千万别"暴而扬之"。

心理学家提醒：不要害怕吃亏。郑板桥"吃亏是福"的拓片为很多人所珍爱，然而真正领悟其中真谛的，恐怕为数不多。实际上，许多人在交往中都是唯恐自己吃亏，甚至总期待占到一点便宜。然而，吃亏是福确实有它的心理学依据。吃亏是一种明智的、积极的交往方式，在这种交往方式中，由吃亏所带来的福，其价值远远超过了所吃的亏。这有两个原因：

一方面，与别人交往中的吃亏会使自己觉得自己很大度、豪爽、有自我牺牲的精神、重感情、乐于助人等，从而提高了自己的精神境界。同时，这种强化也有利于增加自信和自我接受。这些心理上的收获，不付出是得不到的。

另一方面，天下没有白吃的亏。在朋友交往中都遵循着相类似的原则。你所给予对方的，会形成一种社会存储，而不会消失，一切终将以某种你常

第7章 先做人情后做生意，为你的生意做足人情投资

常意想不到的方式回报给你。而且，这种吃亏还会赢得朋友的尊重，反过来将增加你的自尊与自信。

姚崇是唐玄宗时期有名的宰相。在姚崇的朋友之中，有一位叫张宗全的秀才便是深谙做人、为友之道的高手，并因此受益。

姚崇年轻的时候和张宗全一起求学。一次，老师要姚崇与张宗全就某个题目做一篇文章，两天之后交卷。他们都精心做了准备，将自认为写得最好的一篇交了上来。事有凑巧，姚崇与张宗全所写的内容几乎完全一样，且观点也相当一致。这如何不使老师为之恼火？没想到自己门下最得意的两门生敢剽窃他人作品，这如何了得？

看到这种情况，姚崇据理力争，声明文章绝非剽窃。张宗全的作品也非剽窃他人，但为了平息老师的怒火，就对老师说："前两天与姚崇兄论及此题，姚兄高谈阔论，学生深感佩服遂引以为论。"

老师听到这番话，也知错怪了两位学生，就平息了心中怒火。事后姚崇心里为此深感佩服，为张宗全的广阔胸襟所感动。姚崇当宰相后，遂向唐玄宗推荐此人，唐玄宗在亲自考核张宗全的才华之后，便封了他一个正三品官衔。

由此可见，在一些无关紧要的场合中，自己吃些小亏，做些让步，看似糊涂，其实聪明。张宗全送个人情给对方，使姚崇一辈子都记住这个人情，最后张宗全反而获得了荣华富贵。

很显然，吃亏将带给你的是你所想不到的"财富"。而那些喜欢占便宜的人，每占了别人一分便宜，就丧失了一分人格的尊严，就少了一分自信，长此以往，必将在人际交往中找不到立足之地。

不怕吃亏的同时，你还应该注意，不要过多地付出。过多地付出，对于对方来说是一笔无法偿还的债，会给对方带来巨大的心理压力，使人觉得很累，导致心理天平的失衡，这同样会损害已经形成的人际关系。这种例子屡见不鲜，你常常会听人抱怨："我对他那么好，付出了那么多，为什么他反倒开始不喜欢我了？"殊不知，正是自己付出的太多，才损害了

两个人的关系。

对朋友不要怕吃亏。在平时，多吃点亏做友情的长线投资，那么将来的路会越走越宽。

第8章 "义"与"益"不分家,朋友归朋友生意归生意

朋友归朋友,生意归生意。人与人之间无论多么亲密无间,同样也有利益之争的时候。面对利益纠纷,如何处理这些关系,对生意人来说是一种考验。处理得好,人财兼得;处理不好,人财均失。你自己不能做小人,但也不要期望别人都会做君子。与其事后闹矛盾,不如事前多仔细,就是亲兄弟同样也要明算账。

朋友间同样有利益之争

有人说:"没有永恒的朋友,只有永恒的利益。"这句话乍听起来觉得没有道理,细想起来也有点理由。

每个人从儿时就交朋友,那时称为"小朋友",为什么能够成为"小朋友"?就是你带他玩,他也带你玩,他把好吃的给你吃,你也把好吃的给他吃,他把他的小刀或铅笔借给你用,你也把你的东西借给他。虽然当时并不知道这里面有利益关系,但已经就是一种互惠互利的利益关系了。等到你们长大成人了,各干各的事,不在一起了,或者你是农民,他是干部,你们在利益关系上已经不存在了,或者很少,你们是否还是朋友呢?后来进中学、大学,你们也有许多朋友,毕业后各奔东西了,甚至有比朋友更深一筹的恋人都劳燕分飞了,那时结识的朋友也随着时间与距离而渐渐淡化了,只能说你们曾经是同学,再见时也就那么一会儿的热情,握个手,吃顿饭,寒暄几句而已。

夫妻算不算朋友?子女算不算朋友?兄弟算不算朋友?应该说算吧,因为不仅有利益关系,还有血缘关系。但怎么还有夫妻、父子、兄弟反目的呢?究其原因就在利益上。兄弟间为了争夺遗产,父母不作为,儿子不努力,或某方过分伤害了对方的利益,都会成为反目的理由。有的人为了一己私利,认贼作父,出卖朋友就是理所当然的事了。如果你交上这样的朋友就是一辈子的遗憾!看来"没有永恒的朋友,只有永恒的利益"这句话的确有一定的道理。

那么,这个世界上是否就没有朋友了?有的都是利益关系的临时组合吗?实际上,朋友还是有的,朋友也不可能一点都不谈利益。

与朋友相处,在利益上无非是冲突和一致两个可选项。至于选哪一个,则要看你对朋友的态度了。

朋友之间多少都会面对利益的冲突，利益冲突往往可以显现一个人的本性。在利益冲突的前提下，商人用较少的利益换取一个好朋友是值得的；同样，用较大的利益放弃一个不合适的朋友也是值得的。

只有相同的利益，才能使双方的友谊持久。因此，你要尽量化解与朋友利益上的冲突，使自己和朋友有着共同的利益。

真正的朋友利益是看得很淡的。所谓管鲍分金、伯牙摔琴的故事，一是说朋友要是知音，能互相理解；二是说朋友要互相谦让，不因小利动摇大的理想。一个人首先带着个人利益的目的去交朋友，想必是不会交到真正的朋友的。朋友是奉献，不是索取；朋友是谦让，不是专横；朋友是仁慈，不是仇恨；朋友是雪里送炭，不是锦上添花；朋友是和风，是润物细无声的雨露，是和煦的阳光。

当你与朋友合作的时候

索尼公司有一个让人们传为美谈的故事。创始人井大深与盛田昭夫在长达51年的时间里，共同经营索尼。他们从青年时期一起走过困境，步入辉煌，进入垂暮，两个人始终保持着高度的默契。

有着"外胡内南"和谐搭档美称的南存辉和胡成中从小就是同班同学，胡成中比南存辉大两岁，南存辉是班长，胡成中是体育委员。毕业后，南存辉成了修鞋匠，胡成中做了裁缝。20世纪80年代后期，两人共同集资，创办乐清求精开关厂。由于经营得当，乐清求精开关厂生意红红火火。正是在他们合作的6年，成为了两个人各自事业的预演。两个人这一阶段最大的收获，一是积累了各自的第一桶金，创业6年赢利200万元；二是两个人都明白了今后应当怎样做。

在你与朋友合作的时候，利益关系处理得好，双方合作才默契。所以，要想事业之舟借合作之帆一路顺风，就得在以下几个方面加以注意。

1. 沟通是合作的基础

沟通是合作的基础。一个商人必须懂得运用沟通的方法，以保证来自朋友的最大限度的合作。拒绝沟通也就意味着拒绝与别人合作。善于与人沟通的人，一定是善于与人合作的人；不善于与人沟通的人，也一定是不善于与人合作的人。善于与人沟通的商人，能用诚意换取朋友的支持与信任。许多有实力的人最终没能成就大事，往往正是因为他们不善沟通，不能最大限度地发挥合作伙伴的能力。

被誉为"用人之神"的日本松下电器公司前总裁松下幸之助认为，愿不愿与人合作是一个人具不具备管理者基本素质的问题，而善不善于与人合作则是管理者的能力水平问题。如果你想领导一个企业朝着明确的目标前进，就需要一支高效的队伍做后盾。心甘情愿的合作态度对企业的发展具有重要的影响。

以友善的姿态与朋友沟通，随时协调彼此的利益，使彼此有一种相互认同感，这是合作的基本保证。

2. 绕开合作上的歧途

如今很多人不遵守道德规范，更有甚者把《孙子兵法》进行歪用，这些人一旦以"朋友"的面孔出现，是对朋友的亵渎，也在很大程度上容易欺骗人。商人如果误入圈套不深，或是发现了这一特殊情况，当立即刹车，终止与对方的联系。合作上的歧途是最容易造成利益纠纷的，商人此时不应匆忙作出合作决定。

情形一：在一个周末晚宴后，或在工作之余的闲聊中，某个"朋友"突然冒出了一个有关产品、服务方式或营销方式的新创意，在场的你兴许立刻被这个新设想吸引住了，双方都沉醉在对未来的幻想中，从而走到一起，办起了企业。但在以后的新事业中，发现自己仅是一个勉强加入的合伙人。

第8章 "义"与"益"不分家,朋友归朋友生意归生意

情形二:有一位聪明、精力充沛、未能从高中毕业的年轻人,在一次闲聊中构想出一种新跑鞋。你或许被这个独特的构想所吸引,筹集了20多万元,创办了一个企业,新鞋推向市场后,市场反映挺好。但在企业的进一步发展上却产生了矛盾。担任总经理的你希望扩大研究发展,以继续推出新设计的鞋,使企业真正立于不败之地,但投资的朋友希望扩大生产规模,以便可以马上大捞一笔,不愿意再冒风险。结果,你与朋友所订立的目标不一样,企业开始停滞,然后逐渐萎缩,最后没有获益。你这位总经理也就失去了地位,资本也泡汤了。

3. 合作伙伴要相互尊重

国内知名企业家孙大午日前在北京因一只小小的塑料鞋套和生意合作伙伴反目。起因仅仅是他在生意伙伴家中做客时,认为主人为他提供塑料鞋套对其人格造成极大侮辱。

古语有云:道不同不相为谋。由于对一件小事存有理解上的分歧,竟也能导致生意合作伙伴反目,损失的数目恐怕不是一双塑料鞋套所能对比的。

主人肯定是尊重客人的,要不也不会热情邀请客人来家做客。主人认为客人进门换塑料鞋套在全北京都是这样,甚至不仅北京,其他地方都是这样。这是一种习惯,对谁都一样,这次自然也不例外。而客人的理解是,让自己换鞋套就是表示自己不卫生,就是对自己人格的侮辱,于是矛盾就出现了。

其实,每个人有每个人的生活习惯,每个人对生活的理解也不尽相同。要想和谐相处,关键是互相了解,相互尊重。其实,作为主人,不能将自己的习惯强加于客人的身上,既然邀请了客人,就应该了解客人的情况(包括客人的经历、生活习惯以及敏感内容等);既然邀请了客人,就应做好麻烦的打算(包括客人弄脏房间,离开后要打扫等);发现了客人对自己的要求不悦,就应及时作些调整,而不应一意孤行。作为客人,应入乡随俗。国家尚如此,何况个人。尊重主人家的生活习惯,是作为客人对主人邀请的一种尊重。

分歧的背后实质是利己意识的高升,是方便他人思想的严重削弱。说穿了,两个人都为自己的利益考虑得多,没有为他人方便和脸面着想。双方作为朋友,竟然为了一件小事而导致反目,且影响了合作,看起来似乎是件可笑的事。但透过现象,还是看到了宽容因子的缺失,看到相互尊重实践的艰难跋涉。不管是谁,只要他不将"尊重"根植于心中,终将生出诸多不必要的事端。

相互尊重是合作的前提,现代市场经济就是相互尊重的经济。在现代社会中,自我利益追求的是自主主体之间的相互人格尊重,是社会生活得以进行的基本前提。在市场经济活动中,大量的日常交易活动,如果没有人格的互尊,就不能进行。商品的交易是在追求自我利益的人之间进行的等价交换活动。相互尊重的体现是对对方主体人的承认与尊重。在这个意义上,现代市场是一个讲究相互尊重的经济。相互尊重才是真正的生活之道,也是经济交易之道,任何人都不能置之度外。

4. 双赢是继续合作的基础

双赢就是让双方都获利。朋友间更要达到双赢,这样的友谊才让人觉得值得而且才能长久的维持下去。

只有双赢,双方才愿意再继续合作,赢取更大的利益。只考虑自己一方的利益,对方就会因为你的自私,怀疑你的人品与信誉,并有可能受到经济上的损失,即使合作得很好,也可能是一锤子买卖,下次赶快更换合作伙伴。

双赢的重要性在现代社会越来越明显。这就如:树上挂了一块肉,一个人太矮够不到,另一个人来了,两个人合作,一个人站到另一个人的肩膀上,很容易取到了肉。两个人都很需要这块肉,既然都付出了劳动,不可能让一个人独吞。公平的分法是双方各半块,但甲较大度,说:"我只要三分之一。"你对别人大度,别人也会对你大度,虽然自私的人可能求之不得,欣然接受,但正好暴露了他卑劣的人品,这次得到的多一些,下次可能什么也得不到了。乙说:"还是我要三分之一,你比我更需要。"甲说:"时间

第8章 "义"与"益"不分家，朋友归朋友生意归生意

还早，咱们再找找，看看其他的树上是否还挂了肉。"在两人的努力下，他们又找到三块肉，每个人分两块，欢天喜地地回家了。

激烈的竞争，需要真诚的合作，长久的合作需要双赢为保证，协作的任何一方，不赢反亏，就失去了继续合作的基础，那必然会陷入"你死我活"的恶圈中。

有这么一则寓言故事：

一只狮子和一只狼同时发现一只小鹿，于是商量好共同追捕那只小鹿。它们合作良好，当狼把小鹿扑倒，狮子便上前一口把小鹿咬死。但这时狮子起了贪心，不想和狼平分这只小鹿，于是想把狼也咬死，可是狼拼命反抗，后来狼虽然被狮子咬死，但狮子也深受重伤，无法享受美味了。

试想一下，如果狮子不如此贪心，而与狼共享那只小鹿，岂不就皆大欢喜了。

在商业利益上，讲求有钱大家赚，这次你赚，下次他赚，这次他多赚，下次你多赚。总而言之，双赢是一种良性的竞争，更适合于现代社会的相互合作。

5. 多与人商量好办事

每个人都具有或强或弱的逆反心理，尤其不愿意接受别人强硬的话。与朋友合作，要能够让对方心悦诚服地接受自己的观点和看法。

苦味的药丸大多裹着一层糖衣，使人先感到甜味，容易一口吞下肚子里去。药物进入肠胃，药性发生效用，疾病也就好了。你在要求朋友做某件事时，与人好好商量，使人先尝一些甜味，然后，你再命令他做事，即使是朋友觉得委屈的事，朋友也会接受。

如果你要别人遵照你的意思去做事情，在说话语气上就要注意。

"你要这样做。"不可这么说，而要用商量的口气说："你看这样做好不好呢？"假使在一个盛夏的中午，一群工人正在休息，一位监工走上去把大家臭骂一顿，说拿了工钱坐着不做工是不对的。工人们怕监工，当然立

刻站起来去工作了，可是当监工一走，他们便又停手了，这是肯定无疑的。因为那位监工不了解人们的心理，用一种强硬的态度，反而使人们产生了逆反心理，更要与你作对。如果那位监工上前和颜悦色地说："天气真是热死人，坐着休息还是不断地流汗，这怎么办？朋友，现在工作任务紧，我们忍耐一下赶一赶好吗？我们早点干好，早点回去洗一个澡，怎么样？"工人们听到这话，一定会忍着酷暑去工作。

哪个人不喜欢听柔和的话呢？小洛克菲勒深明此理，他就是一个善于与人商量的人。

1915年，小洛克菲勒还是科罗拉多州一个不起眼的人。当时，发生了美国工业史上最激烈的罢工，并且持续两年之久。愤怒的矿工要求科罗拉多燃料钢铁公司提高薪水。小洛克菲勒正负责管理这家公司。由于群情激愤，公司的财产遭受破坏，军队前来镇压，因而造成了流血事件，不少罢工工人被射杀。

那样的情况，可说是民怨沸腾。小洛克菲勒后来却赢得了罢工工人的信服。他是怎么做的呢？小洛克菲勒是个有平民思想的人，花了好几个星期结交工人朋友，并向罢工者代表们发表了一次充满人情味的演说。那次演说不但平息了众怒，而且还为他自己赢得了不少赞誉。他的演说始终是以诚恳的商量的口气：

"这是我一生当中最值得纪念的日子，因为这是我第一次有幸能和这家公司的员工代表见面，还有公司行政人员。我可以告诉你们，我很高兴站在这里，有生之年都不会忘记这次聚会。假如这次聚会提早两个星期举行，那么，对你们来说，我只是个陌生人，我也只认得少数几张面孔。由于上个星期以来，我有机会拜访整个南区矿场的营地，私下和大部分代表交谈过，我还拜访了你们的家庭，与你们的家人见了面，大家谈得很开心，让我懂得了许多道理。因而今天我站在这里，不算是陌生人，可以说是朋友了。基于这分互助的友谊，我很高兴有这个机会和大家讨论我们的共同利益。由于这个会议是由资方和劳工代表所组成的，承蒙你们的好意，我得以坐在这里。虽然我并非股东或劳工，但我深感与你们关系密切。从某种意义上说，我也代表了资方和劳工。"

多么出色而感人的演说，这可能是化敌为友的最恰当的表现形式之一，假如小洛克菲勒采用的是另一种强硬的态度，与矿工们争得面红耳赤，用不堪入耳的话骂他们，或用话暗示错在他们，用各种理由证明矿工的不是，那会是什么样的结果呢？可想而知，只会招来更多的怨恨和暴行。

6.必要的契约不可少

在现今社会，要想把生意做大，单打独斗是很难成功的，你要有可靠的合伙人。一个不能联手经营的企业，永远只能是个"小虾米"，终有一天会被"大鱼"吃掉。但是，"一年合伙、两年红火、三年散伙"这一国内民营企业走不出的怪圈，却又让许多人谈起合伙就变色。

"真没想到，都是很好的哥们，他居然这样做，而且我们之间什么协议都没有签，对他个人也没有什么法律约束"，程则辉懊恼地对律师说，程则辉是一家民营企业的董事长兼总经理。企业的另一个发起人田力是专利技术持有人，不想在合作了4年之后，企业步入正轨、业绩也开始提升时，却提出要带着技术另立门户。程则辉当然十分气愤，但也无可奈何，在没有任何法律和协议保证的情况下，企业的运转濒临瘫痪。而田力却也有自己的道理，企业运营了4年资产已经有了很大提升，可是既没分过红，也没有股权上的说法，现在有了更大的企业请他带着技术去合作，条件更优厚，他当然选择离开。

类似这样合合分分的事情似乎天天都在上演。一项调查显示，中关村每天新诞生20家企业，但同时又有至少两家企业歇业或散伙。亲朋好友合开一家企业，创业时能志同道合，但稍有起色便闹分家，甚至对簿公堂。相对于大企业来说，中小企业的合伙人"分手"事件更多，对企业的影响也更大。

据国外一家研究机构对100家成长最快的小企业所做的调查，发现其中有一半的创业团队无法在企业发展的前5年中顺利存活，而在另一家机构所研究的12个创业团队的个案中发现，只有两家在创立后的5年后创业团队还保持创立初期的完整。

合伙是一种契约，契约也就是合同，它规定了订立契约或合同的人相互之间的义务和权利。比如，彼此之间出资的比例，利润的分配方法，不同的合伙人应该承担的债务份额，各自在企业中的地位等。这样，根据契约人的结成关系，合伙人也可以分成好几种形式：普通合伙人，名义合伙人，有限合伙人，秘密合伙人，匿名合伙人，不参加管理的合伙人等。所以合伙不是别的，就是几个人或几个组织和企业联合起来做生意，不管他们采取什么样的形式，也不管他们把自己的企业登记成什么样的法律名称。

综观那些事业上成功的人，他们在处理与朋友的合作上不外乎对以上所说的内容进行了有效执行而已。只要你铭记在心，并加以应用，就会发现与朋友合作是一件很简单、很愉快的事。

当你与朋友竞争的时候

生意场上变化莫测，今天的朋友，明天就可能是你的竞争对手。既然与朋友的竞争难以避免，那就更要求你要处理好其中的利益关系。

与朋友竞争，要有正确的心态。面对强于自己的，不要惊慌失措；面对弱于自己的，也不要张狂自负。如果与朋友在意见上有分歧，则完全可以讨论，但不要争吵，应该学会用无可辩驳的事实和从容镇定的声音表达自己的观点。

商场如战场，一旦相互竞争，即便是朋友，关系也不会如同往日。在这种时刻，朋友之间的相处如同博弈，面对各种可能面临的境况，必须事先想好对策，才能做到有备无患，从容自如。

比如，当你挖空心思想出一个好主意，使你的生意得到很大发展时，却

第8章 "义"与"益"不分家，朋友归朋友生意归生意

有朋友一声招呼也不打，照搬照抄你的方法，并抢走了很多原本属于你的客户。面对这种情况，你该怎么办？总不能整天气急败坏吧。下面几种方法或许对你有所帮助。

1. 用短信澄清事实

当然，短信不能有任何坏的影响，短信内容一定不能让对方产生不快。短信的主要目的是要委婉地提醒一下对方，自己当初的想法，是怎样演变到今天这个令人欣喜的样子。在短信中适当的地方，你可以写上有关的日期、标题，可以引用任何现存的书面证据。

在短信的最后要建议进行一次面对面的讨论，这是很重要的，这能让你有机会再次含蓄地强调一下你的真正意思：这主意是你想出来的。

如果真的有人把你的功劳忘记了，想把功劳归属于自己，那么这个方法倒能为你争回功劳起一定作用。

2. 夸赞抢你功劳的人，然后重申主意是自己的

说这番话的时候，要再一次对朋友的独一无二的才能和见解大加赞赏。这种方法对女性商人来说特别重要。很多研究者发现，女性商人喜欢从"我们"的角度，而不是"我"的角度来做事，所以她们的想法和首创就常常会被男性商人所挪用。如果着眼于事情的积极一面，你的朋友也是想方设法要做好生意，而且他对生意也有独到的看法，也许会有助于你解决这个可能很棘手的问题。

当你觉得这个方法比较适合你应用时，你就应早点行动，如果等你的朋友把你的想法散布开时再行动，困难就大得多了。

3. 退出争夺战

初看起来，这似乎不是一种方法，或者不能算是一种很好的方法。但对某些人来讲，这或许是最好的。你应该问一问你自己：哪个更重要，是把自己的想法付诸实施？还是独自拥有想出这个点子的名誉？

这是一个复杂的问题，这意味着你要作出一些牺牲。在作出决定时，应

该考虑一下,要打这场"官司"得花费多少精力。在某些情况下,比如,你正要接手一笔大生意,要付出大量的时间和精力;或者除了"原则问题"之外其他并无妨碍,而要证明所有权只能使你疲惫不堪。在这些情况下退出争夺战显然是明智之举,是上上之策。

与朋友竞争对你来说是一件无奈的事,你选择全力对抗就有可能失去朋友,你选择顾全友谊就会失去发展机会。所以,在"利"与"义"的选择上,一定要慎重。

当朋友有求于你的时候

无论是在生活中还是在事业上,你都难免碰到朋友有求于自己的时候,是置之不理还是热情帮忙?不帮朋友面子上挂不住,帮了又可能有损自己的某些利益,两难的选择中常常透着无奈。

人们总是可以敏感地觉察到自己的苦处,却对别人的苦处缺乏了解。他们不了解别人的需要,更不会花工夫去了解。有的甚至知道了也假装不知道,大概是因为没有切身之苦、切肤之痛吧!

虽然很少有人能达到这个境界,但至少可以随时观察一下朋友的需要,时刻关心朋友,帮助他们脱离困境。如果你能在关键时刻帮朋友一把,那么别人一定会牢记心中。

事实上,没有比帮朋友办事更能表现一个人宽广的胸怀和慷慨的气度了。对一个失意的朋友说一句鼓励的话,扶起一个跌倒的朋友,给予一个沮丧的朋友一份真挚的祝福,你一点损失也没有,但对一个需要帮助的人来说,却是慷慨的帮助。

对于一个身陷困境的朋友,一点点钱便可以使他不饿肚子;对于一个执迷不悟的朋友,一次诚恳的交心便可能会使他建立起做人的尊严与自信。

第8章 "义"与"益"不分家,朋友归朋友生意归生意

所以,不要吝于帮助朋友。

当你正在潜心于某项工作,或正全心投入一份你所热衷的事业,或沉浸于你所赖以生存的一份工作时,却受到了来自朋友的求助等分外事情的干扰,此时需要你拿出时间、花费心思和精力去解决它。

如果你答应这些分外之事,势必影响你正在进行的工作,你也许会因此而感到不愉快、不甘心。但是如果拒绝了,你也会感到心理不安,还可能带来一些意外的麻烦,会遭到朋友对你的误解,受到无谓的攻击,受到周围人的冷淡,你同样会过得不舒服、不愉快。这时该怎么办呢?

朋友求助等分外之事,也许只是暂时占去了你的部分时间,从长远看,牺牲这一点时间上的利益实际并没有对你造成多少损失。而你在帮助朋友时,也能够感觉到助人的快乐,因此对你没有什么划不来的;反倒是由于你帮助了朋友,方便了朋友,因而获得了良好的人际关系,这种美好的效应或许你一时无法明显地感觉到,但是如果你经常给人方便,常替朋友分忧解愁,日积月累,将会使你结下许多善缘,这与你当初因帮助朋友而损失的一点时间完全无法相比。

三毛曾经说过:朋友这种关系,美在锦上添花,贵在雪中送炭。

朋友有求与你,有时是陷入无法摆脱的困境。此刻帮对方的忙就有如在他濒临饿死时送一只萝卜,这和富贵时送一座金山,就内心感受来说,完全不一样。人对雪中送炭之人总是怀有特殊的好感。

某位小姐如此说:"我有一位朋友,我每次需要帮助的时候,他一定出现。比如,我有急事需要用车或上班迟到时需要用车,只要我打个电话,他一定到,可以说每求必应。事情一过去,我们又各忙各的。到过年过节的时候,我总是忘不了给他寄一张贺卡,发个短信给他拜个年。"

对身处困境中的朋友仅仅有同情之心是不够的,应给以具体的帮助,使其渡过难关。这种雪中送炭,分忧解难的行为最易引起对方的感激之情,进而形成友情。比如,一个农民做生意赔了本,他向几位朋友借钱,都遭到回

绝。后来他向一位平时交往不多的乡民借钱时，在他说明情况之后，对方毫不犹豫地借钱给他，使他渡过难关，他从内心里感激。后来，他发达了，依然不忘这一借钱的交情，常常给对方以特别的关照。

当然，对于朋友所求之事要分别对待。有些事情，比如，违法的事情，即便朋友许下好处也不能帮。这一点上，你一定要把握好。

当你有求于朋友的时候

生活在一个全新的现代社会中，人与人之间友谊的内涵变得丰富、深刻，但是朋友的重要仍是非常明显的。当你有困难时，自然希望得到朋友的帮助，但要让朋友想帮你、愿帮你，并不是一件容易的事。因为这里同样要涉及利益之争。

求朋友帮忙有学问，会求朋友的人总是使朋友乐于帮助他。当你有求于朋友时，必须注意以下几点：

首先，求人先要捧人。

好话人人都爱听，求朋友办事时，不妨多捧着对方说话，这是为求办事成功所采取的一种战术。

人处世间，难免有求人办事的时候，事情是否能办成，还要看你是否能与对方拉好关系，讨对方的喜欢。每个人都知道，赞美别人能增加别人对你的好感，如果你能在求人办事时，恰当地赞美对方，那么对方在获得心理满足之后也一定会乐于满足你的要求。

其次，求事先高后低。

朋友也有朋友的难处，有些时候帮你的忙对他们来说很麻烦，而你又必须依靠朋友，这时，怎么求就要仔细研究了。

有些人在求人办事时，他们明确说出自己的要求，甚至比实际需要量多出10~20倍。这样一来，只要能满足他要求的一半也就够了。比如，当你把调令交给不愿服从工作调动的员工时，可以说："实际上，在决定人事工作的会议上是要你去外地的分公司的，经过我的努力才答应让你到这个生产中心。"也许人事会议上并未真的决定他到外地的分公司，然而，经你这么一说，对方便会进行比较：与外地的分公司相比，还是去本市的生产中心较好。于是这位员工就会说："那么，我愿意去"。这时，如果你再强调一下自己的作用，对方也许就会对你感恩戴德，乖乖服从了。

再次，求将不如激将。

俗话说："求将不如激将"。求朋友办事，不妨根据对方的心理特点，使其在某种情绪冲动下帮助自己办事。

激将法一般有以下几种方式。

1. 直激法

就是面对面直接地贬低朋友，刺激他、羞辱他、激怒他以达到使他"跳起来"的目的。

2. 暗激法

暗激法就是有意识地褒扬第三者，暗中刺激对方，激发他压倒、超过第三者的决心。

暗激法的巧妙，就在于它是通过言外之意、旁敲侧击的说法，委婉地传递刺激信息。人们都希望别人尊重自己，而有人在自己面前有意夸耀第三者，或者贬低与自己亲近的人，显然会对他起到一种暗示性刺激，从而迫使他在维护自尊的同时，促其为己办事。

3. 导激法

激烈言词有时不是简单的否定、贬低，而是"激中有导"，用诱导性语言，把对方的热情激起来。

最后，让朋友知道事成后的好处。

商人有着重利的本性，就应该多从利益的角度为朋友考虑。求朋友办事，如果朋友感到答应你要求的话，他是在进行无偿的奉献，他根本无利可图，得不到任何好处，这时，他自然不愿意给你办事，至少积极性不会太高，有时还会给你使绊子，让你办事阻力重重。

要想办事顺利，在求朋友办事的时候，就要让朋友知道事情办成后会得到某种好处。要让朋友知道你求他帮忙办事，不是让他白帮忙，事成之后，他也会得到好处。

让朋友知道事情办成后的好处，这样做的好处是多方面的。比如，把事情办好了，其事情本身就会给帮忙者带来好处；或者把事情办好后，会赢得升官发财的机会；或者把事情办好后，会得到对方的回报，满足自己某一方面的需要，这种好处可能是物质的，也可能是精神的。如果对方知道帮你办事会得到你所说的好处，对方肯定会努力去做的。

有好处和没好处，办事就会出现不同的结局。有好处，他会拼了命去给你办；没好处，能办的事也不想办。

只要有利可图，总能激起人的欲望。要想朋友为自己办事，就要让对方知道事情办成后会得到好处，让对方知道为你办事值得，那朋友对你所求之事就容易办了。

在托朋友办事时，不要太苛求，只要对方为你办事，在没有办成的情况下，也要向对方表示感谢，这一点是千万不可忽略的。

这无疑会使两人的感情更融洽，也为对方下一次为你办事奠定基础。如果朋友历尽周折，因为某种原因并没有办成你所托的事，你连一句"谢谢"和鼓励的话都没有，那么对方必然再也不想帮你办事了。

第9章 "益"与"利"有尺度，有钱大家赚同富贵共患难

　　刘关张桃园三结义，共同创立蜀汉政权让世人羡慕不已。同样，刘因为关张两人坚持伐吴，葬送蜀汉国力也让世人为之感叹。到底什么样的人才可以一起共事？选择一个合适的合作伙伴，对于生意人来说，其难度并不低于选择自己的爱人。友情可以是绊脚石也可以是垫脚石，关键在于选择。

好朋友并不意味好伙伴

如果你想开创一份事业,而你身边的好朋友正好也有相同的想法,这时,你们是否会一拍即合呢?

好朋友的"诱惑"在于朋友之间的那种心心相通,在于"有福同享,有难同当"和"两肋插刀"的气魄。有这么多诱人的因素摆在面前,仿佛只要有了好朋友,一切问题就解决了。好朋友可能是同学、战友、打小一起和泥长大的玩伴。互相之间没有利害冲突,可以随心所欲地说东道西,聊天喝酒。更难得的是好朋友彼此知根知底,没有面对陌生人的种种不便。

正因为如此,一般人在开创或拓展自己的事业时,总是想找好朋友一起做。

按理说,当你和好朋友走到了一起,为了共同的事业一起努力,大家一起赚钱,这是一桩好事。但这里面有一个谁领导谁的问题。兄弟之间还可以有一个大哥,但好朋友之间就难分彼此了,平时觉得意气相投,直来直去惯了,可工作就不能这样了。总得有个人说话更有分量一些,但一个人一个想法,一个人一套思路,憋在心里,日久天长就会产生摩擦,产生隔阂,最后好聚好散还好,就怕弄得钱没赚到,反倒丢了朋友。

朋友们大多甘于平庸,千万不能指望有什么奇迹发生。但是,假如你非要与朋友共事,并且坚信不会造成任何有损于友谊的不良后果,那也可以,但你必须有足够的心理准备去承受失败。说一个最简单的例子,比如,桃园三结义的刘关张,友谊可谓轰轰烈烈,千古流芳,但他们共事的结果是什么呢?一事无成而已。这里面更可怕的是刘备太倚重两个兄弟,结果诸葛亮对关张两位就纵容了,关羽在华容道放了曹操,按军纪关羽该斩,但看在刘备的面子上,这事连提也不能提了。

第9章 "益"与"利"有尺度，有钱大家赚同富贵共患难

一个人有好朋友多半是为了更好地生存，更好地成就一番事业。而古今中外能够有所作为的人恰恰是那些不指望朋友的人，同样是三国，曹操一代奸雄，秉性多疑，没有一个朋友，但偏偏是他打下基业，别人只能望其项背，自叹不如。结论是：好朋友并不意味好伙伴。

优势互补才能彼此互惠

在与朋友的交往中，人们常常受方位的邻近性、接触频率的高低性和意趣的相合性影响，使得交往的领域变得十分狭窄。

其实，决定交往对象范围的主要因素，应该是需要的互补性。如果你发现自己某方面个性有缺陷而又对某人这方面的良好个性十分羡慕和敬佩的话，那么你为什么不主动找他谈谈，用自己的感受与苦衷去引发他的体会与经验呢？如果你觉得自己与某人的长短之处正好互补的话，为什么不可以通过推心置腹的交往来各取人长，各补己短呢？

选准对象，抓住时机，主动出击，以己之虚心诚意去广交朋友，这对博采众长，克己之短，完善自我是很有好处的。这一点在与朋友的共事上十分重要。

著名的微软公司在用人上有一个特别重要的成功因素——注重互补性。这在微软创业团队中的另外一个传奇人物身上体现得十分突出。这个人在微软的早期并不是特别重要的人物，但现在他却是微软公司的首席执行官——史蒂夫·鲍尔默。他同样是比尔·盖茨的同学，是其在哈佛大学同一层宿舍楼的好朋友。1974年，18岁的鲍尔默在哈佛念二年级时，认识了同楼里一个瘦瘦的红头发学生盖茨。对数学、科学和拿破仑的激情使他们成了神交，鲍尔默和盖茨搬进同一个宿舍，起名为"雷电房"。

1980年，即比尔·盖茨创建微软的第六个年头，盖茨聘请小自己1岁的好

朋友鲍尔默担任总裁个人助理，也就是他自己的助理。在盖茨的游艇上以5万美元的年薪和7%股份的合同聘用了鲍尔默。当时微软才16名员工。鲍尔默是第17位员工。鲍尔默成为微软第一位非技术的受聘者。从此，鲍尔默就开始了他在微软至今已长达23年的激动人心的创业生涯。

鲍尔默是早期微软公司中唯一的一个非技术出身的员工。他对计算机没有兴趣，也不具备基础技术知识。但他与盖茨一样对数学都有着共同的兴趣。鲍尔默与盖茨不同的是，他善于社交。鲍尔默穿梭于哈佛的每一个角落，他似乎认识哈佛的每一个人。鲍尔默有句口号，"一个人只是单翼天使，只有两个人抱在一起才能飞翔。"

接下来，这位"救火队长"几乎在所有部门招聘培养高素质的管理人员，管理重要的软件开发团队，同英特尔和IBM等重要伙伴打交道，控制公司的营销业务并建立了庞大的全球销售体系。身材魁梧、习惯咬指甲、大嗓门、工作狂的鲍尔默的天赋之一就是激励才能。性格狂躁的他与性格偏内向的盖茨成为完美搭档，那些与鲍尔默进行过谈判或是完全进行对抗的竞争对手，都了解他的强人作风。

在微软成长为一家大公司之前，盖茨事必躬亲，不管是工资单、计算税率还是草拟合同、指示如何销售微软的产品等。但这些方面并不是他所特别擅长的。盖茨专长于技术和对市场的长远预见。随着公司规模的不断壮大，微软在人员配备上的缺陷也就暴露了出来。为了使软件做到完美，微软开始需要具有各种特殊技能的人才，而不仅仅是编程高手。微软开始需要产品规划人员、文档编写人员、实用性专家，以及使他们协同工作的聪明的经理，能够回答客户问题的技术人员，能够帮助客户更快上手的咨询专家，等等。

盖茨开始为管理上的琐事而烦恼。于是他随即意识到微软需要不懂得技术的智囊人物，就像鲍尔默，与微软的开发人员共同工作使微软的软件成为成功的产品。事实上，把鲍尔默引入微软是盖茨作出的最重要抉择之一。于

第9章 "益"与"利"有尺度，有钱大家赚同富贵共患难

是，鲍尔默在盖茨的劝说下，从学校退了学，进了微软公司，最终成了仅次于盖茨之外的第二号最有影响的人物。1998年7月，鲍尔默正式担任微软总裁。2000年1月，鲍尔默更上一层楼，正式担任微软CEO。

鲍尔默是天生激情派。他的管理秘诀就是激情管理。激情管理，给人信任、激励和压力。无论是在公共场合发言，还是平时的会谈，或者给员工讲话，他总要时不时把一只攥紧的拳头在另一只手上不停地击打，并总以一种高昂的语调说出来，以至于在1991年一次公司会议上叫得太猛太响亮，喊坏了嗓子，不得不进医院动了一次手术。

鲍尔默的出现无疑为微软增添了更多的活力与激情。而且他在管理方面的得心应手让盖茨终于得以从捉襟见肘的管理状态中成功脱离出来，成为一名专职的程序员。

这位更擅长团队管理和公关的微软新掌门一上台，就向媒体公开了"重组微软"的核心价值观：用激情主义在合作伙伴、客户和业界同仁中塑造微软诚信的商业新形象。20几年发展起来的组织机构被全盘打散重组，将产品研发和营销功能组合成以目标客户为中心的六个业务部门，几个主流产品线从研发到销售连成一气，每个部门由同一位副总裁负责；另外有一个统管市场营销和服务的集团副总裁扮演鲍尔默从前的角色，对这6人协调指挥，并兼管客户服务。

如果说盖茨是微软的"大脑"，那么鲍尔默就是微软公司赖以起搏的"心脏"。盖茨与对手对簿公堂之时，鲍尔默主持了微软的大部分工作，撑起了微软的一片天，当盖茨正醉心于计算机软件研发之时，鲍尔默又成为他的市场战略家，微软公司的销售工作在鲍尔默的主持下几乎是一步一个台阶，彼此的优势互补使得微软的年利润增长率达到28%。

此外，头脑敏锐的鲍尔默始终眼观六路、耳听八方，根据市场变化即时调整战略决策。

鲍尔默总裁酝酿了1年，1998年年底宣布了全盘改组方案，重组的结果是

副总裁的位置减少了一半。而微软公司随之也再一次公布了创纪录的营业额和利润。所以，微软公司所取得的巨大成就与鲍尔默的贡献是分不开的。

不难看出，盖茨成为世界首富靠的并不是运气，而是在创业的过程中选择合适的合伙人，通过与性格、能力互补的朋友共同创业，盖茨将对方的优势运用得恰到好处，赢得了具有巨大财富的市场。这样搭档选择，创业绝不会中途陡然夭折，而且创业成功的几率也增加了数倍。在互补的发展过程中，盖茨最终如愿以偿"戴"上了软件帝国的"皇冠"。

要想通过朋友去获得互补的最大效益，你应当打破各种无形的界限，根据自己生活、事业上求进步的需要，积极参加相应的交往活动，主动选择有益的朋友，与这样朋友一起共事才能彼此互惠，创造出辉煌的业绩。

志同道合才有共同目标

一个人要实现自己的理想必须找到志同道合的朋友一起来完成，毕竟个人的能力有限，精力有限。只有和志同道合的朋友共同完成工作，才能不断地实现自己的理想。历史上几乎所有能够成就大事业的人，必然有一个或者几个志同道合的朋友在帮助他。

不要把自己的能力估计得过高，而要充分考虑和志同道合的人共同努力来实现目标。

在比尔·盖茨的创业团队中，最不应该忽视的就是他的好朋友保罗·艾伦。这个志同道合的朋友，与盖茨有着进军软件业的共同目标，两个人一起度过了创业初期的日子。

艾伦是盖茨在湖滨中学的同学。其父亲当过20多年的助理管理员，因此从小博览群书。1968年，与盖茨在湖滨中学相遇时，比盖茨年长两岁的艾伦以其丰富的知识折服了盖茨，而盖茨的计算机天分，又使艾伦倾慕不已。两

第9章 "益"与"利"有尺度,有钱大家赚同富贵共患难

人成了好朋友,一同迈进了计算机王国,掀起一场软件革命。

在谈到他们之间的友谊时,盖茨回忆说:"他读了4倍于我的科幻小说,另外,他还有许多解释自然奥秘的书,所以,我就问他有关'枪炮工作原理'和'原子反应堆'之类的问题,保罗把这些都讲解得头头是道。后来,我们经常在一起做数学和物理作业,这就是我们何以会成朋友的原因。"

艾伦的特点是说起话来柔声柔气,为人很谦虚。这一点在最初的公司业务开展中起了很大的作用。在与罗伯茨合作改进BASIC程序的过程中,罗伯茨虽然敬重盖茨的技术能力,但非常不喜欢他的对抗方式。罗伯茨说:"盖茨是一个被宠坏了的孩子,这就是问题的所在。艾伦比盖茨更富于创造性,盖茨和我争来争去,但是一个好办法也拿不出来,可是艾伦能。他对我们公司还是有一些帮助,而盖茨只能是添乱。"有了艾伦从中斡旋,最初的合作才不至于破裂。

艾伦是一个喜欢技术的人,所以他专注于微软新技术和新理念。盖茨则以商业为主,销售员、技术负责人、律师、商务谈判员及总裁一人全揽了,共同的理想使得两位创始人配合默契。艾伦在研发BASIC语言和操作系统方面显示了充分的远见。正是对于技术上的敏感,艾伦才不断地向盖茨提出创办公司的要求,并一再鼓动盖茨退学创业。

因为艾伦的谦让性格使然,微软公司开办之初,盖茨在合作协定中获得了微软公司大部分的权益。在公司股份中,盖茨占60%,艾伦占40%。因为盖茨可以证明他在BASIC语言的最初开发中做了更多,而艾伦也认可这一点。不久以后,这种比例又进一步调整为64:36。但是,从股份的多少不能划分的是:盖茨和艾伦这个精干的创业团队,缺一不可。两个人朝着软件业的顶峰共同迈进。

艾伦为盖茨制定了"先赢得客户,再提供技术"的公司发展战略。1981年,IBM的个人PC问世,急需一个配套操作系统。又是艾伦从西雅图计算机公司搞到了SCP—DOS程序的使用权,两人对该软件程序作了扩展改编,重新

命名为MS—DOS,再反销给IBM。MS—DOS是微软开始走向世界软件业第一品牌的"发家宝"。

可以说艾伦是盖茨创业道路上最大的推动力。正是他拿着登有微型计算机研制成功的消息的杂志,去找盖茨,成功地说服了盖茨少打一些牌,而干点正经事。也正是艾伦对技术的痴迷使得全新的BASIC语言最终得以出现,使微软最终成为软件领域的巨人。也正是艾伦和盖茨研发的操作系统逼迫IBM后来不得不加入个人电脑的战团中来。

"艾伦不是一个好的管理者,因为他优先考虑的不是业务,而是对技术本身的痴迷。"美国著名传记作家劳拉·里奇在这一点上也承认艾伦的重要作用:"微软之所以能够被载入商业史册就是因为其操作系统的成功。"

1982年,艾伦在一次商业旅行中突然病倒,诊断结果表明有癌变的迹象,应立即进行化疗和放射性治疗。在患病期间,艾伦意识到自己无法给予盖茨所要求的时间与精力。1983年,时任微软副总裁的艾伦终于离开了蒸蒸日上的微软。三年后,当微软公开上市时,艾伦拥有的近40%的股票让他成为全球顶级富豪之一。

人并不一定要找最优秀的同伴,但一定要找志同道合的朋友做同伴,只有志同道合的朋友才能够鼓励和激励自己在理想的路上走得更远,而不会轻言放弃。志同道合的朋友是值得交往的朋友,更是你在生意上不可缺少的助手。

有的朋友不能与他合作

与朋友一起合作,对自己来说是一种机会。但并不是什么样的朋友都可以合作的。很多时候,你常常被表象所迷惑,在与朋友合作后才看清对方的真面目。所以,要想事业能够成功,以下两种朋友是绝不可与之合作的:

第一,自以为是、刚愎自用型的朋友。

第9章 "益"与"利"有尺度,有钱大家赚同富贵共患难

三国时代的马谡自认为从小熟读兵书,深知用兵之道,在守街亭时不听副将王平的劝阻,执意要把营寨建在高山之上,结果被魏军团团围住,几次突围都没有成功,加上水源又被拦截,军心动摇,终被魏军击败,街亭失守。面对魏军的长驱直入,幸亏诸葛亮大智大勇,上演了一出空城计,方才转危为安。马谡的错误造成街亭失守,军纪不容,诸葛亮不得不挥泪斩马谡,从此,马谡一直就成为自以为是、刚愎自用的典型人物。

在当今社会中,像马谡这样自以为是、刚愎自用的人依然很多,只不过表现的形式有所不同罢了。这些人自认为自己比别人聪明,分析力比别人强,也不知道通过什么手段搞些钱,或是开空头支票,让你钻进圈套,与你进行所谓的合作,然后,他就发号施令起来,总以为自己的观点与看法都是最好的,当你对他的一些观点或看法提出不同的意见时,他常认为没有必要进行修改。对你的意见或建议,轻易地给予否决,自己又提不出更好的方法来。思维方法是以偏概全、以点概面,偏激、固执,不易与人合作。当出现这种情况,你应断然与他分道扬镳。

金无足赤、人无完人。任何人都有优点与缺点,优点与缺点同时并存。对于一般的缺点与局限,在选择朋友时不能求全责备,要求对方十全十美。这在现实中是办不到的,因为你自己也不是十全十美的人。但对于具有上面所言的缺点与局限的人,你一定不能与他们合伙共事,因为这些缺点与局限是本质性的错误,是长期形成的,一时半刻也改不了。

第二,追求有异、目的不同的朋友。

在朋友中,目标和追求可能是不一样的,有的人本性喜欢追求长期收益,有的人喜欢追求称心如意的年收入,有的人喜欢追求专业性的挑战,还有的人喜欢追求个人的名声与地位。如果对朋友的动机与目的考察得不仔细,势必让一群动机不同的人混杂在一起,这对你的发展是极其不利的。精明的商人应该明察对方的内在动机与目标,并且慎重思考有进一步可能合作的基础,才最终下决定。

与朋友合作要谨慎，尤其对初交的朋友更要抱有防范之心。必须认清对方的本来面目，对于以上两种朋友，坚决不可以与之合作。

同富贵共患难才是好伙伴

友谊不仅仅是在欢歌笑语中和睦相处，更是要在困难挫折中互相提携；事业不仅仅是在蓬勃发展时携手共进，更是要在危机降临时共同抵御。

对商人来说，能同富贵，不能共患难的只算是酒肉朋友；能共患难，不能同富贵的只能算普通朋友；能共患难，又能同富贵的才能算好朋友，真正的知己朋友。与这样的朋友一起合作共事，才能彼此同舟扬帆于商海之中，直达成功的彼岸。

有的人在无忧无虑的日常生活中，还能够和朋友嘻嘻哈哈的相处，可是一旦朋友遇到了困难，遭到了不幸，他们就冷落疏远了朋友，"友谊"也就烟消云散了。与这种只能共欢乐不能同患难的朋友共事，事业顺利时还好说，一旦有所波折，他必然最先离你而去。

"患难之交才是真朋友"，这话大家都不陌生。

汉末有一个人叫荀巨伯，有一次去探望朋友，正逢朋友卧病在床，这时恰好敌军攻破城池，烧杀掳掠，百姓纷纷携妻带子，四散逃难。朋友劝荀巨伯："我病得很重，走不动，活不了几天了，你自己赶快逃命去吧！"

荀巨伯却不肯走，他说："你把我看成什么人了，我远道赶来，就是为了来看你。现在，敌军进城，你又病着，我怎么能扔下你不管呢？"说完便转身给朋友熬药去了。

朋友百般苦求，叫他快走，荀巨伯却端药倒水安慰他说："你就安心养病吧，不要管我，天塌下来我替你顶着！"

这时"砰"的一声，门被踢开了，几个凶神恶煞般的士兵冲进来，冲着

第9章 "益"与"利"有尺度，有钱大家赚同富贵共患难

他喝道："你是什么人？如此大胆，全城人都跑光了，你为什么不跑？"

苟巨伯指着躺在床上的朋友说："我的朋友病得很重，我不能丢下他独自逃命。"并正气凛然地说："请你们别惊吓着我的朋友，有事找我好了。即使要我替朋友而死，我也绝不皱眉头！"

敌军一听愣了，听着苟巨伯的慷慨言语，看看苟巨伯的无畏态度，很是感动，说："想不到这里的人如此高尚，怎么好意思侵害他们呢？走吧！"说着，敌军撤走了。

患难时体现出的正义能产生如此巨大的威力，不能不令人惊叹。

相对于共患难来说，能够同富贵的朋友更是难寻。富贵时，朋友间更容易在利益上发生矛盾。生活是复杂的，什么事情都可能发生。比如，一起开创事业的朋友，成功后在企业的发展方向、利润的分配、人员的使用上都会存在分歧，这些分歧就成为矛盾爆发点。

田峰与好朋友张东一起开办了一家公司，田峰主管业务，张东负责财务，两人说好了利润五五分成。公司开办的前两年效益一般，两人的收入都很少，田峰也就没在意。到了第三年，公司连做了好几笔大生意，效益可观。年底分红时，田峰惊讶地发现自己的收入比朋友相差几十万。最后才发现，虽然两人之间利润五五分成，但张东拿走的是纯利润，而他的那一部分则包括公司的日常开支。张东利用自己对财务的专长和朋友的信任，狠狠摆了田峰一道。

在挑选事业上的合作伙伴时，你一定要谨慎，不是什么样的朋友都可以共事的。如果你发现身边有一个能同富贵共患难的好朋友，千万别错过他。

第10章 熟谙酒局潜规则，在酒桌上就能搞定生意

在今天，酒桌上谈生意已经是惯例了，很多生意就是在酒桌上谈成的。但酒局有酒局的规矩，在酒桌上说什么话，有什么举止，乃至如何喝酒、敬酒、拒酒都有讲究的。事实上，许多生意的成功率在酒桌上远远高于办公室，如果你能把握和利用好这个场合，就能赢得对方的好感，生意也就基本成功了。

如何在酒桌上结交朋友

酒局是你把客户变成朋友的重要场所。

俗话说："无酒不成宴"，对于生意人来说，交际应酬自然少不了饭局和酒局。许多人都是在酒桌上交成朋友的，在宴会上，两个人坐在一起，酒杯一碰，一仰脖子把酒喝下去，陌生人就可能成为好朋友。

能喝酒的生意人很容易在酒桌上交到朋友，他们碰在一起总是容易惺惺相惜，几杯酒下肚后，便会说相见恨晚，觉得与对方特投缘，朋友就这样产生了。

有道是"无宴不言商"，许多生意在酒桌上的成功率要远远高于在办公室。酒能够给人壮胆，酒桌会大大缩短人与人之间的距离。在你周围也不乏原来滴酒不沾的人，在工作了十多年之后变成了杯中高手。在酒桌上坚持不喝酒的人，则会引起别人的反感，甚至觉得你不真诚、虚伪、心眼太多、不可交。

谈起喝酒，几乎所有的人都有过切身体会，并不是能喝和敢喝就能交上朋友。所以，探索一下酒桌上的"奥妙"，有助于你交际成功。

1. 相互应酬要积极

想要拓展朋友网，积极地接受朋友的邀请是会有很多益处的。在宴请的酒局上，或许有机会见到对方的许多朋友，对方的朋友就很可能在喝酒的过程中成为自己的好朋友。

"怎么样，今晚去喝几杯？"

当朋友打电话过来邀请时，即使你已喝得根本不想再喝了，也应该愉快地应邀。只要没特殊的情况，就应该回答对方："没问题，我一定去！"你的行动的快慢可以把自己的诚意传达给朋友。

社交应酬的妙处并不在于它能一下子给你什么东西，而是在于它总能够给你提供更多的有利于工作事业的好机会。

当朋友邀请你去他家做客的时候，接受邀请的同时要问清对方什么时候去合适，然后按时赴约。当朋友对你说："这几天来家里玩吧，请你吃饭，怎么样？"你应该确定一下时间："下周日去打扰如何？合适吗？"然后在约定的这天去拜访并表现出由衷的高兴，那么对方一定会感到你是从心底里信任他的。其实社交成功与否往往在你的一念之间，懂得了应邀的奥妙，你和朋友的关系就会非常顺利地向前发展，甚至成为一生中难得的知心朋友。

另外，在朋友请客后，你理所应当地要说一声："谢谢您的款待！"这是很有必要的。

有时候你也应该自己掏钱请他们的客，这时你应该怀有这么一种心情：就算费点钱，但能够听到他们宝贵的经验之谈，也是值得的。

无论哪一种交际，相互邀请是一项基本原则，但如果不分时间、场合，只知道应邀喝酒的话，那么这种人的品行就显得太低劣了。时刻牢记这一点：为了加深交际，要心甘情愿地掏自己的腰包。

2. 请人吃饭有原则

恰当的邀请可以为交际的顺利和成功提供条件，为此，你在请朋友吃饭时，应该做到以下三个方面：

一是选择合适的对象。

确定邀请对象是邀请首先应该解决的问题。而邀请对象的选择，必须根据交际的目的而定。就一般的情况而言，下棋应请棋友，跳舞应请舞友，打球当请球友，乔迁、喜丧则请亲朋好友，开业剪彩就该请有利于工作展开、业务往来，便于协调社区关系及从事新闻传播方面的客人……

邀请的对象自然是能给你带来帮助的人，但有时也需要一些其他朋友来作陪。如果遇到这种情况，就应当精心安排，选择邀请对象，根据交际的性质、需要及宴会规模的大小等，遵循先主要后次要、先亲近后疏远的原则，来划定邀请范围，依次确定邀请名单。

此外，还要适当考虑邀请对象的学识、年龄、地位、性格的差异和他们相互间的关系等，以防邀请错误，破坏邀请对象间的关系和谐，给你的交际带来不必要的麻烦。

二是采取恰当的方式。

采取何种方式邀请，要具体问题具体分析，根据交际的性质、对象而定。学者、专家、老板等，大多工作忙、时间紧，对他们最好提前相约，以便他们做好工作调整、时间安排；闲暇时间多、工作比较自由的人早点约定自然更好，而即使临时邀请，一般也能随请随到；对某团体的要人，公开邀请，甚至借助传播媒介，有利于引起关注，促进宣传，扩大影响；而朋友密谈则应悄悄地进行以便更利于避开旁人的视线，保证交往活动的隐蔽性。一般的亲友往来，打个招呼、通个电话、捎个口信也就可以了；比较重要的工作联系、业务关系、公关事务等就必须采用相应的公文格式，如发书信、寄请柬等，或者按照一定的规格派专人传达、亲自登门，以示重视、郑重和尊重。总之，邀请的方式要因事而异，因人而异。

三是注意"行""明""便""诚"。

"行"即邀请的可行性。某人办了一家餐馆，开业剪彩，非要请某大型企业董事长亲临，来装门面，做宣传，谁知久请不到，一拖再拖，最终也没请来，白白浪费了时间。所以邀请要量力而行，既不强人所难，也不为所不能为。

"明"就是明确、明白。邀请前一定要明确宴会的时间、地点、活动内容、邀请对象等，以便心中有数，做好邀请。还需将上述事项向邀请对象传达明白，以利其接受邀请，担负相应的角色，准时赴约。

"便"就是尽可能地为邀请对象着想，为其提供来往交通等方面的便利。王老板想请张教授帮他解决一个技术难题。张教授年事已高，行动不便，原本打算拒绝，没想到王老板竟派了专车接送，专人护理，使张教授很感动，改变了主意，这样与人方便，自己方便，利人利己。

"诚"就是真诚相约，不虚情假意、不违约、不失信。有人曾邀请朋友到他家去做客，朋友信以为真，谁知他却是虚意敷衍，让朋友吃了闭门羹。他这种失礼行为，使朋友非常气愤。事隔多年，提及此事，朋友仍然耿耿于怀。这么邀请耍弄了别人，失去了朋友，岂不害人害己！

3. 安排席位要仔细

无论是国内还是国外，在席位上都十分讲究。以至于开国际会议时，也只有采取圆桌的形式。所以，如果你要请客，那么在席位安排上要仔细。

正式宴会一般均需排席位，也可以只排部分客人的席位，其他人只排桌次或自由入座。

桌数较多时要排桌次，按国际上的习惯，桌次高低以离主桌位置远近而定，右高左低、中心高外围低。

席位高低以离主人的座位远近而定，同时也遵循右高左低的习惯。排席位的主要依据是礼宾次序。因此，在排席位前，要按礼宾次序开列主、客双方的名单。当然，也要考虑特殊因素灵活处理。如遇主宾身份高于主人，为表示对他的尊重，可以把主宾摆在主人的位置上，主人则坐在主宾位置上，第二主人坐在主宾的左侧（当然也可以按常规排列）。

男女宾的安排，按外国习惯是穿插安排。我国习惯按各人职务、身份排列，以便于谈话。如果有夫人出席，通常与宴会女主人排在一起。比如，男主宾坐在男主人右侧，其夫人坐在女主人左侧。如果宴会主人的夫人不出席，可请其他身份相当的妇女做第二主人，亦可以把主宾夫妇安排在主人的左右两侧。

席位安排要适当照顾各种实际情况，比如，身份大体相当、专业相同、语言相同的人，可以排在一起；意见分歧、关系紧张者，应避免排在一起，等等。席位排好后，应该用席卡标明。桌次可在请柬上注明，或入席前通知。大型宴会最好有人引导，以免混乱。

酒桌上要注意的举止

俗话说："吃有吃相"。但吃得漂亮却不是一件很容易的事。比如，当同桌的几个人围坐在酒桌旁准备就餐时，其中一个人手拿筷子敲打碗盏或者茶杯；主人尚未示意开始，就有人已经在狼吞虎咽；不等喜欢的菜肴转到自己跟前，就伸长胳膊越过很远的距离甚至屁股离座挑选菜肴；喝汤时"咕噜咕噜"、吃菜时"叽叽叽叽"作响；用餐尚未结束，饱嗝已经连连打出等，这些现象都可看出一个人不拘小节和缺乏修养。那么，怎样的吃相才算得体呢？

在入座之后，一面做好就餐的准备，一面可以和同桌的人随意进行交谈，以创造一个和谐融洽的用餐气氛。不要旁若无人，兀然独坐，也不要眼睛紧盯着酒桌上的冷菜，显出一副迫不及待的样子，或者无意识地摆弄餐具。

在宴席上，听到主人招呼以后再开始进餐。取菜不宜过多，吃完之后再取。不要对不合自己口味的菜显出为难的表情，而应当礼节性地品尝一点。尤其在社交场合吃饭时，要显得文雅，不要狼吞虎咽，大吃大嚼，这种表现实在不太雅观，一定注意吃的姿态要美观。要注意吃东西时不要大声咀嚼；喝汤时不要弄出声响；碗筷刀叉不要碰得叮当响，更不要用匙子去刮碰碗底；吃东西时嘴里的残渣不要往桌上、地上乱吐，应把这些东西集中放于一处，以便主人饭后打扫方便，也不至于影响周围人的食欲。用餐的动作要文雅，夹菜时注意不要碰到邻座的客人，也不要把盘里的菜随意拨到桌子上，更不能打翻盘碗。

筷子的使用，在长期的生活实践中已形成了礼仪上的忌讳，比如，一忌敲筷子，即在等待就餐时，不能一手拿一根筷子随意敲打；二忌掷筷，即在发筷子时要轻，相距较远时可以请人递过去，不能随手掷在桌上；三忌叉筷，也就是筷子不能一横一竖交叉摆放或一根是正着放，一根是反着放；四忌插筷，即不论在何种情况下，都不能把筷子插在菜上或饭碗里；五忌挥筷，在夹菜时不能把筷子在盘里翻来搅去，也不能让两个人的筷子在空中乱舞或者用筷子指点别人，把筷子当成说话时的道具。

在酒桌上，不要嘴里含着食物大声说话，弄得饭菜乱喷，这是很粗俗的行为，是社交场合之大忌。吃饭时，也不要用手中的餐具指指点点，那是不礼貌的举动。

做客吃饭时，不要用自己的筷子在菜盘里挑挑拣拣，拨来拨去，这样的小孩都会让人生厌，更何况已是成年人？因此，在家里吃饭也要坚决杜绝这种习惯。另外，请人在家里吃饭时，最好使用公匙、公筷，实行分餐。

宴席结束后，不要在酒桌上当着别人的面挖鼻孔、剔牙齿。这些小动作有损你的社交形象。在酒宴上碰杯时，主人和主宾先碰，也可以同时举杯示意，不必逐一碰杯。祝酒时，不要交叉碰杯。

当主人和主宾致辞时，其他的人应暂停进餐，专心倾听。特别是当主人和主宾前来敬酒时，被敬者要起立举杯，双眼注视对方并与之碰杯，互祝美意。

喝酒时要注意的规矩

酒局有酒局的规矩，懂规矩的人才容易让别人接受你。一般来说，参加酒局有以下规矩：

酒桌上虽然有"感情深，一口闷；感情浅，舔一舔"的说法，但是喝酒的时候绝不能把这句话挂在嘴上；

韬光养晦，厚积薄发，切不可一上酒桌就充大；

领导相互喝完才轮到自己敬；

可以多人敬一人，绝不可一人敬多人，除非你是领导；

自己敬别人，如果不碰杯，自己喝多少可视情况而定，比如，对方酒

量、对方喝酒态度,切不可比对方喝得少,要知道是自己敬酒人;

自己敬别人,如果碰杯,说一句:"我喝完,你随意"方显大度;

自己职位卑微,记得多给领导添酒,不要瞎给领导代酒,就是要代,也要在领导确实想找人代,还要装作自己是因为想喝酒而不是为了给领导代酒而喝酒。比如,领导甲不胜酒力,可以通过旁敲侧击把准备敬领导甲的人拦下;

端起酒杯(啤酒杯),右手握杯,左手垫杯底,记着自己的杯子永远低于别人。自己如果是领导,知趣点,不要放太低,不然怎么叫下面的做人?

如果没有特殊人物在场,碰酒最好按时针顺序,不要厚此薄彼;

碰杯、敬酒,要有说辞,不然,对方没有理由要喝你的酒。

桌面上不谈生意,喝好了,生意也就差不多了,大家心里了然,不然人家也不会敞开了跟你喝酒;

说错话、办错事,不要申辩,自觉罚酒才是硬道理;

假如遇到酒不够的情况,酒瓶放在桌子中间,让人自己添,不要去一个一个倒酒,不然后面的人没酒怎么办?

最后一定还有一个闷杯酒,所以,不要让自己的酒杯空着;

注意酒后不要失言,不要说大话,不要失态,不要唾沫横飞,筷子乱甩,不要手乱指,喝汤"噗噗"响,不要放屁打嗝,憋不住就去厕所;

不要把"我不会喝酒"挂在嘴上(如果你喝的话),免得别人骂你虚伪,不管你信不信,人能不能喝酒还真能看出来;

领导跟你喝酒,是给你面子,不管领导要你喝多少,自己先干为敬,记着,双手托杯,杯子要低;

花生米对喝酒人来说,是个好东西。保持清醒的头脑,酒后嘘寒问暖是少不了的,一杯酸奶、一杯热水、一条热毛巾都显得你关怀备至。

如果你酒量不怎么样,但又不想因此违背酒局上的规矩,那么给你一些诀窍:

不要主动出击,实行以守为攻战略;

干杯后,不要马上咽下去,找机会用餐巾抹嘴,把酒吐到餐巾里(适用女性);

入座后先吃一些肥肉类、淀粉类食品垫底,喝酒不容易醉;

掌握节奏,不要一下子喝得太猛;

不要几种酒混着喝,特别容易醉;

领导夹菜时,千万不要转酒桌中间的圆盘,领导夹菜你转盘是酒桌上大忌;

喝到六分醉时,把你面前的醋碟中的醋喝下,再让服务员添上;

每次干杯时倒满,然后在喝前假装没有拿稳酒盅,尽量洒出去一些,这样每次可以少喝进去不少。

酒桌说话不简单

在酒桌上,如何说话是"酒文化"的重要部分。说得好,容易打破交际障碍;说不好,反而容易得罪人。在酒桌上会说话,将有助于你有效地与他人沟通。

1. 独乐不如众乐,切忌私语

大多数酒宴宾客都较多,所以应尽量多谈论一些大部分人能够参与的话题,得到多数人的认同。因为个人的兴趣爱好、知识面不同,所以话题尽量不要太偏,避免唯我独尊,天南海北,神侃无边,出现跑题现象,而忽略了众人。

尽量不要与人贴耳小声私语,给别人一种神秘感,往往会产生"就你俩好"的嫉妒心理而影响了喝酒的效果。

2. 瞄准宾主,把握大局

大多数酒宴都有一个主题,也就是喝酒的目的。赴宴时首先应环视一下各位的神态表情，分清主次，不要单纯地为了喝酒而喝酒，从而失去交友的好机会，更不要让某些哗众取宠的酒徒搅乱东道主的意思。

3. 语言得当，诙谐幽默

酒桌上可以显示出一个人的才华、学识、修养和交际风度，有时一句诙谐幽默的语言，会给别人留下很深的印象，使人无形中对你产生好感。所以，应该知道什么时候该说什么话，语言得当，诙谐幽默很关键。

4. 劝酒适度，切莫强求

"以酒论英雄"，对酒量大的人还可以，酒量小的人可就犯难了，有时过分地劝酒，会将原有的朋友感情完全破坏。

5. 敬酒有序，主次分明

敬酒也是一门学问。一般情况下敬酒应以年龄大小、职位高低、宾主身份为序，敬酒前一定要充分考虑好敬酒的顺序，分明主次。即使与不熟悉的人在一起喝酒，也要先打听一下身份或是留意别人如何称呼，这一点心中要有数，避免出现尴尬以至于伤感情之事。

敬酒时一定要把握好敬酒的顺序。有求于席上的某位客人，对他自然要倍加恭敬，但是要注意：如果在场有更高身份或年长的人，则不应只对能帮你忙的人毕恭毕敬，也要先给尊者长者敬酒，不然会使大家都很难为情。

6. 察言观色，了解人心

要想在酒桌上得到大家的赞赏，就必须学会察言观色。因为与人交际，就要了解人心，左右逢源，才能扮演好酒桌上的角色。

7. 锋芒渐露，稳坐泰山

酒宴上要看清场合，正确估价自己的实力，不要太冲动，尽量保留一些酒力和说话的分寸，既不让别人小看自己又不要过分地表露自身，选择适当的机会，逐渐露出自己的锋芒，才能稳坐泰山，不致让别人产生"就这点能力"的想法，使大家不敢低估你的实力。

第10章 熟谙酒局潜规则,在酒桌上就能搞定生意

拒酒同样有技巧

在酒桌上往往会遇到劝酒的现象,有的人总喜欢想方设法让别人多喝几杯,认为不喝到位就是不实在。在这种情况下,你若是偏偏又不能喝,如何拒酒呢?

喝酒有喝酒的方法,拒酒同样有拒酒的方法,下面几个方法可供参考。

1. 满面笑容拒酒,智在以柔克刚

有不少人发现,相当多的"酒精(久经)考验"的拒酒者,任凭你天花乱坠地劝,他就是笑眯眯地频频举杯而不饮,而且振振有词。张某乔迁之日,特邀亲朋祝贺,小李也在其中,然而小李平素很少饮酒,且酒量"不堪一击"。酒桌上,小王提议和小李单独"意思"一下,小李深知自己酒量的深浅,忙起身,一个劲儿地扮笑脸,一个劲儿地说圆场话:"酒不在多,喝好就行。""经常见面,不必客气。""你看我喝得满面红光,全托你的福,实在是……"结果使小王无可奈何。

2. 突出事实拒酒,智在申明情况

事实胜于雄辩,无懈可击。拒酒时,若能突出事实,申明实际情况,再配上得体的语言,能令劝酒者欲言又止,放弃敬酒。A君参加一个生日宴会,B君好久未曾和A君相逢,提出要和A君痛饮三杯。A君说:"你的厚意我领了,遗憾的是我最近一段时间身体不适,正在吃药,好久滴酒不沾了,只好请你多关照。好在来日方长,后会有期,日后我一定与你一醉方休,好吗?"此言一出,宾客们都纷纷赞许,B君也只好罢手。

3. 针对拒酒后果,智在前车之鉴

饮酒当然应是喝好而不喝倒,让客人乘兴而来,尽兴而归。那种不顾实际的劝酒术,说到底,也不过是以把人喝倒为目的,充其量只能说是低级趣味的劝酒术,乃劝酒之大忌。作为被动者,当酒已喝到一半量时,应向

东道主或劝酒者说明情况。如："感谢你对我的一片盛情，我原本只有三两酒，今天因喝得格外开心，多贪了几杯，再喝就'不对劲儿'了，还望你能体谅。"如此推托以后，就再也不要喝了。这种实实在在的说明后果和委婉的拒酒术，只要劝酒者明白其中的道理，善解人意，就会见好就收。

4. 反守为攻拒酒，智在后发制人

反守为攻即先不动声色，静听其言，等待时机，一旦时机成熟，抓住对方言辞中的突破口，以此切入，反守为攻，使对方无法争辩，从而拒酒。刘某新婚大喜之日，当酒宴进入高潮时，某"酒仙"似醉非醉地请两位上座的来宾一起一人"吹"一瓶。面对"酒仙"言辞上的咄咄逼人，两位来宾中的一人站起来说："我想请教你一个问题，'三人行，必有我师'，这是不是孔子的话？""酒仙"随即答："是的。"来宾见其已入圈套，便说："既然圣人说'三人行，必有我师'，你又提议要我们两人一起喝，你现在就是我们两位最好的老师，请你先示范一瓶，怎么样？"这突如其来的一击，直逼得"酒仙"束手无策，无言以对，只得解除酒令。

此番拒酒，妙就妙在某来宾不动声色，静听其言，抓住"酒仙"言辞中的切入点，提出问题。然后悄悄布下个圈套，诱使其说出（或同意）与自己相似的观点，请君入瓮，随即收拢圈套，以"诺"攻"诺"，反戈一击，达到制胜拒酒的目的。

酒桌的确是联络感情、洽谈生意、促进友谊的桥梁。为了广交朋友，你除了"能吃能喝"外，更重要的是将自己培养成在交际应酬中"会吃会喝会交友"的应酬高手。

如何做到得体地陪客户吃饭

在陪客户吃饭的时候，挑食绝对是一个不好的习惯。如果你在吃的方面

第10章 熟谙酒局潜规则，在酒桌上就能搞定生意

过于挑剔的话，在和客户一起进餐时，这个不能吃，那个不合胃口，就会很容易影响到对方的情绪，导致不良的后果。为此，你应克服挑食的毛病。

1. 怎样陪客户吃午餐

"不就是吃顿午餐吗，没什么了不起的！"有人可能会这样想。但请你不可小看这一点，弄得不好可要出洋相的。有的人也不问对方是否方便，就拉着他到自己认为比较好的餐厅去用午餐。假如对方是一位回族人，你硬要人家吃你自己喜欢吃的猪肝和红烧猪肉，那不是强人所难吗？另外，对方喜欢吃某一道菜，但这也并不代表任何时候都喜欢吃这道菜。不论是谁，其胃口总是会随着外在情况的变化而有所不同，所以在用餐之前应该征求一下客户的意见，听一听对方喜欢到哪一家餐馆或想吃些什么东西。

至于午餐要不要酒或要什么样的酒都应该征求一下对方的意见。如有的客户下午有重要工作，但你却把酒摆到酒桌上或再三向对方敬酒，对方就会很为难。喝吧，将严重影响下午的工作；不喝吧，你已再三地向他敬酒了，不喝点表示一下又觉得自己太失礼，所以只得冒险勉强地喝，而在这种情况下，他是无论如何也高兴不起来的。因此，结果只能是你多花了钱而对方却又感到为难而已。

大城市的办公大楼附近，一到午餐时间，餐厅就特别拥挤，一些像样的餐厅都会大排长龙，这时要想包桌就很困难了。但如果不包一桌的话，一起来的人就可能分散在好几个酒桌上用餐，没有办法边吃边谈。因此，要招待一些重要客户用餐时，一定要事先预订好房间，就是慢一点也没有关系，反正有车可以利用。总之，要请客户吃午餐，就要选择一个高雅、安静并讲究气氛的地方。

出差时，因人生地不熟，如果要宴请客户的话可托人找对方联系，但是在付钱方面可千万不能马虎。虽然你事先跟客户说好了是你请客，但在用餐完毕准备付钱时，客户也可能会主动站起来作出要去付钱的样子。或许客户是个爱面子的人，也或许他是真心真意想去付钱，无论是哪一种情况，你都

要婉言谢绝,要自己亲自去付钱。即使是客户招待,你也不要一副理所当然或客户应该付钱的样子,这是应有的礼节,也是交际方面必备的常识。

2. 怎样陪客户吃晚餐

要吃什么也是以客户为主,征求一下客户的意见。如客户点的菜恰好也是自己喜欢吃的,那当然是最理想不过了;但如果客户的胃口与你的不一样,只要不是你特别不喜欢吃的,最好暂时委屈一下。

如果客户没有说他喜欢吃什么的话,那就把菜单送到他跟前,请他点菜,尤其是在客户不止一人的情况下,这种办法虽说很简单,但实际上不少人却做不到这一点。

另外,当客户来企业拜访并在企业附近用餐时,有的人就把客户带到企业经常用来招待客户的餐厅摆上一桌,也不管客户喜欢吃什么或不喜欢吃什么,能吃什么或不能吃什么,反正就自作主张地代客户决定一切,这也是很不好的。你应抛弃这种自作主张的招待方法,在准备晚餐前,设法多听听客户的意见,弄清客户是否能喝酒,喜欢喝什么酒,酒量多大,用餐后有无消遣以及喜欢玩什么等。上述情况,弄清楚后,再去选择用餐场所。

当以企业的名义出面招待客户时,应主动地向上司报告客户的喜好并按上司指定的地方准备。去比较远的地方出差而且需要在客户附近宴请时,一般均委托客户选择聚餐地点并提前预约。

一个人的酒量有大有小,有的人一点都不能喝,有的人能少量地喝一点,有的人相当能喝,也有的人是酒鬼,见了酒连命都不要。因此,劝客户喝酒时以适量为宜,这也合乎礼节。

现实情况是,有很多人总是不顾一切地劝酒,客户已经反复地说:"我已过量了,不能再喝了",但是他仍然拿着酒瓶向客户酒杯里倒,"还早着呢,再喝嘛,再来一杯!"或"再稍微加一点""就加这么一点点行吧"等。这种逼着客户喝酒的招待绝对不是热情招待,而是一种不能体谅人,没有人情味又低俗的表现。正确的做法是要观察客户的表情与神态,当客户郑重其事地说不喝时,千万不要勉强,这样一来既可防止客户喝醉,也使客户感到很亲切。

喜欢喝酒的人一见酒往往容易失去控制,所以要特别注意。有的人是因为自己还想再喝,所以就拼命地让客户也喝,陪客的人应该顺着客户的意思去做,但有的人却不知好歹仍继续向其劝酒,有的人甚至把酒桌上的空酒瓶倒过来并把最后的一滴酒也倒在自己的酒杯里,嘴里还一个劲地念着"怪可惜的",这种粗俗的举动实在难登大雅之堂。

3. 用餐的风度

如果你了解各种菜的吃法,当然这是最理想的,但实际上能做到这点并不容易。有的菜自己不知道怎么吃,这时该怎么办呢?

为了不在客户面前出洋相,可先问一问对方,也可以看看身边的人怎么个吃法,自己再学着吃。如果必须自己先动手,又不知道该怎么个吃法,该怎么办呢?那就干脆按自己所想象的办法吃,不过要顺便向客户说一声:"这玩意儿,我也不知道该怎么个吃法,请不要见怪。"千万不要打肿脸充胖子。为了保险起见,建议你最好还是去买几本相关的书来学习一下。

要让酒桌上的客户不致产生不愉快感是至关重要的。而那些嘴里塞满了饭菜还在那里唠叨个不停的人只会使人食欲不振。一些从小在礼节方面就受到严格教养的人,就最不喜欢那些不拘小节的人,他们认为酒桌上的不文明行为将使自己感到不愉快。所以,你应谨记这一点,不要使客户产生这种感觉。

当你嘴里含有东西而又需要回答对方的问题时,哪怕稍微停顿一下也没有关系,先把嘴里的东西咽下去之后再说。如果需要你马上回答而且回答得迟了就会失礼时,那该怎么办呢?其实方法很简单,只要把嘴里的东西先用舌头挪到一边,这样就能正确地发音了。

大家都知道,在喝茶喝汤时发出"咕噜噜"的声音或者使勺子叉子发出"稀里哗啦"的声音都是失礼的,因此,一定要特别注意。

4. 酒桌上的话题

在酒桌上要多留意些，不要向客户提出一些必须放下手中餐具才能回答的严肃问题，也不要向客户提出一些必须长篇大论或花较长时间才能回答完的问题。此外，一些不雅的话题或是容易使人产生不当联想的话题都应避免。

为了使酒桌有高兴愉快的气氛，请尽量选择一些轻松愉快的、无害的、简单的话题。

有的人在招待客户用餐时，不管在吃的时候还是在喝的时候，都一直在滔滔不绝地讲生意方面的事情。在客户刚要往嘴里送食物或想把话题岔开时，他马上又把话题转到有关工作方面的事情上来，还自鸣得意，这样，他就是犯了一个战略上的错误。

如果是事先约好的可以边吃边谈，或者是客户主动提出的谈话，这当然就另当别论了。但除此之外，最好还是谈一些有关菜的味道或各地风土人情之类的话题，总而言之，酒桌上的话题应以闲谈聊天为主。

酒桌上之所以不谈工作，其目的在于交朋友和搞好人际关系，这样慢慢地必然会导致以后交易上的成功。酒桌上从头至尾谈工作通常是没有工作能力的人所表现出来的行为。留给客户的印象不是枯燥无味就是喜欢自吹自擂，几乎很少有人喜欢跟这种人打交道。因此想要合作，那根本是没指望了。

5. 滴酒不沾的人如何陪客户

虽说喝酒也是练出来的，但确实有因为体质或别的原因一滴酒也不能喝的人。这样的人如果遇上酒鬼可就不行了。虽然饮果汁能避免喝一些酒，但是若遇上再三灌你酒的人时，恐怕就要勉为其难地喝一点了。

值得注意的是一些滴酒不沾的人中，有不少人却是宴会上陪客户的高手。他们在长期的磨炼中，在热情地为客户斟酒的过程中，学到不少陪伴客户的诀窍，其诀窍就是"因为不会喝，所以我就只有一心一意地为客户斟酒服务"。

有的人在自己的酒杯里倒些茶，也像喝酒似的一点点地喝，这样也会使气氛很热闹,也有的推销员装出喝醉酒的样子,讲一些有趣的话逗大家笑。总而言之,办法很多,只要你能想到就都可以用上。

6. 喝不多的人如何陪客户

会喝但喝不多的人有很多,在宴会上这种会喝但又喝不多的人也最难办。因为他不可能像一滴酒都不能喝的人那样,索性只为客户斟酒服务,另一方面他又不能和酒量大的客户干杯痛饮。上述人如果遇上一位和自己的酒量差不多的客户那还好对付,如果是很不幸地遇上一个酒量大的客户可就有得受了。

酒量小的人往往饮酒的方法也不高明,宴会一开始客户为你斟酒时,你就"咕噜咕噜"地一杯又一杯地喝个不停,当客户真的要和你面对面地干几杯时,你差不多已经醉得天昏地暗了。

此外,酒量小的人也不喜欢别人为自己频频斟酒,自己在为客户斟酒时也会特别小心,但手法往往不佳。比如,饮高度酒客户催促着斟满时,一方面慌慌忙忙地把自己杯里的一饮而尽,一方面又急急忙忙为对方斟酒,因对方的酒杯里还有酒,所以也喝不进多少;相反的,因为自己的杯子是空的,客户当然要给你倒满,这时客户再和你干杯时,你已经比客户多喝一杯了。如上所述,在喝酒时斟酒是大有学问的,因此,你应该在这些问题上多动点脑筋和多下点工夫才可以。

酒量小的人不仅要设法控制自己的酒量,还要动脑筋琢磨劝酒的方法。敬酒、劝酒、斟酒的方法越高明,对方也喝得越高兴。

宴会上如果客户明知你酒量小而有意想把你灌醉的话,你可直率地把酒杯收起来,并且郑重其事地告诉客户:"我的身体实在是受不了,请您谅解!"

陪酒量大的客户喝酒之前,最好先多吃些脂肪多的食物垫垫底,以起到保护胃壁和阻止酒精吸收的作用。在喝酒的方法上,开始要少喝一点,然后再逐渐地增加酒量,使自己有个适应的时间。

宴席上不能厚此薄彼

在宴席上需要分清主次，有轻有重，不可能平均。但聪明的人在保证"重点"的时候，绝不忽略"一般"。比如，迎面来了三个人，好久未见了，其中一位正是自己急于寻找求助办事的，你怎么对待呢？是抓住一人，不计其余；还是逐个关照，热情寒暄一番，然后和其他人说明情况，保证"重点"，这就是一个技巧。

人和人的关系，往往不是简单的我和你的关系，常常是我和他，三四个甚至五六个的关系。

当客人怀着欢喜的心情坐到你的家宴席上时，他们倒不是为了吃点喝点什么，而是为了通过这种社交形式互诉衷肠、互诉友情。只要主人能以平等的态度对待每一个客人，那么，家宴桌上的"皆大欢喜"是不难做到的。而如果"热"此"冷"彼，"冷"者当然不高兴，而"热"者心中也不会好受，因为实际上那少数的"热"者，有意无意地被人推向了"冷"者的对立面，心里也会"为之不欢"。据说，圆桌的发明，正是为了使入席者既无南面之尊，又无北面之卑，其中本身就隐含着"平等"两字。坐在象征平等的圆桌边进餐，而偏要人为地造出种种不平等的举动来，岂不可笑？

那么，要处理好多个关系，做到不偏不倚、一视同仁，应该注意哪些方面呢？

1. 勿以尊卑定"冷热"

无论职务高低，那些大人物与一般平民在人格上都是平等的，在日常生活的交往中也是平等的。在一般的家宴桌上，只要不是什么特殊需要，尽可以随意一点，那样有好处，甚至可以调节"官"、"民"关系。而如果把"官"和"民"的关系延伸到宴会桌上来，不仅不会使上司提高威信，让上司脸上有光，而且只会适得其反。

2. 勿以亲疏定"冷热"

在家宴席上，来的客人之中，会有与主人关系比较亲密的，也有与主人关系一般的人，在这种场合，特别要注意不能区别对待。

在与人交往时，既不谄媚讨好尊者，也不歧视冷落卑者，端庄而不过于矜持，谦逊而不矫揉造作，充分显示出你的诚挚内心。

你常常会听到周围有这样的评价：某人做事真周到。这样的话，肯定就是对那些在日常应酬中做得圆满者的赞赏，同时也说明了被赞赏者是日常应酬的成功者。

在宴席上，如果有三个人，那么其中一个人可能会是本次应酬的"次要者"。如果在应酬过程中，这位"次要者"遭到了冷落，在心里产生不被重视的感觉，那他的心里将会是非常尴尬的，而且以后他便会找出各种各样的理由，拒绝出现在这样的场合。这样，你就有可能因此而失去一个可以在某个方面向你提供帮助的朋友。

让每一个人都感到你在重视他的存在，你的事业便成功了一半。

适当地让"次要者"参与到你们的谈话中，不仅可以打消"次要者"的尴尬，同时还可以为你赢得朋友的心。

让"次要者"感到他的存在，可以有以下四种形式：

常常向"次要者"微笑；

不时地向"次要者"询问一些平常的问题；

常常示意"次要者"喝茶或吃点心；

让"次要者"参与到你们的谈话之中。

第11章 做生意是种境界，做永久的朋友做永久的生意

对中国人而言，一样买东西，我为什么找你不找他？除非你给我面子，而所谓面子，包含了折扣、优惠或特别的服务。"合作是交情，成交是生意"，跟中国人做生意，是一种艺术，运用之妙，存乎一心，很难完全套公式。简单来说，就是让对方有被重视的感觉。能让对方越痛快，越有面子，就越可能达到"买卖完成，仁义又在"的最高境界。

做中国式的"面子"生意

在西方人的观念中很喜欢将对人的问题和对事的问题分开处理。在商场上，说穿了就是生意归生意，朋友归朋友。而在东方，中国人的观念似乎逐渐倾向于对事要无情、对人要有情的论调。以经验而言，两者之间要求出一个平衡点来，确实很不容易！

中国人到底还是中国人，五千年的传统，不是一下子就能甩得掉的。

在中国人的社会里，人与事是不容易分开的。中国人的行事准则，其轨道是情、理、法，三者顺序不易更动，如果把它颠倒过来，事情就很难办，即使办通了，也会在无形之中得罪了人。

在生意场合中，双方议价僵持不下，如果有一方搬出面子问题，而你居然还不肯给面子时，恐怕买卖就很难做下去了。

比如："老板，东西我很满意，价钱也差不多了，你就给我个面子少赚一点，把这笔买卖做成算了！"

"做生意就是做生意，价钱和面子是两回事。对不起，少一毛不卖！"

这种回答，保证对方心里会不痛快！心里想："才这么一点钱，连这点面子都不给，又不是'孤行独市'的，我不找你买总行吧！"

中国人一旦搬出面子问题，"焦点"会立刻转移，如果处理不当，不但买卖不成，而且仁义不在。但若换个方式说，效果可能就大不相同了！

"既然您这么讲，我就没有什么话说了，钱赚不赚其次，但你这个朋友一定得交。一句话，照您的价钱给您！"

给对方面子，他未必下次再找你做买卖；但至少他不会替你做"反宣传"，这就是收获。

第11章 做生意是种境界,做永久的朋友做永久的生意

话虽这么说,也并不表示中国人对人与事一定会完全混淆不清,而是有程度上的差异。"合作是交情,成交是生意",虽因交情而合作,生意则仍应保持有利润才行。

时刻顾及别人的面子

人对自己的面子都是十分在意的。与人相交,必须时刻顾及彼此的面子,这样友情才能持久。

美国成人教育专家戴尔·卡耐基是处理人际关系的"老手",然而早年时,也曾犯过小错误。

有一天晚上,卡耐基参加一个宴会,宴席中,坐在他右边的一位朋友讲了一段幽默故事,并引用了一句话,意思是"谋事在人,成事在天"。那位健谈的朋友提到,他所引用的那句话出自《圣经》。但卡耐基知道这位朋友错了,他很肯定地知道出处,一点疑问也没有。

为了表现优越感,卡耐基忍不住纠正他。对方立刻反唇相讥:"什么?出自莎士比亚?不可能!绝对不可能!"那位朋友一时下不了台,不禁有些恼怒。

当时卡耐基的老朋友法兰克·葛孟坐在他左边。他研究莎士比亚的著作多年,于是卡耐基就向他求证。葛孟在桌下踢了他一脚,然后说:"卡耐基,你错了,他是对的,这句话的确出自《圣经》。"

那晚回家的路上,卡耐基对葛孟说:"你明明知道那句话出自莎士比亚。"

"是的,当然。"他回答,"《哈姆莱特》第五幕第二场。可是亲爱的戴尔,我们是宴会上的客人,为什么要证明他错了?那样会使他喜欢你吗?他并没在征求你的意见,为什么不保留他的脸面?"

葛孟对卡耐基的人生告诫是：一些无关紧要的小错误，放过去也无伤大雅，那就没有必要去纠正。这样不但能保全朋友的面子，维持正常的谈话气氛，还能使你有意外的收获，在朋友和在场的人心目中建立良好的印象，这无疑有利于自身人气的提高。

无论你采取什么方式指出朋友的错误：一个蔑视的眼神，一种不满的腔调，一个不耐烦的手势，都有可能带来难堪的后果。你以为他会同意你所指出的吗？绝对不会。因为你否定了朋友的智慧和判断力，打击了朋友的荣耀和自尊心，同时还伤害了朋友的感情。对方非但不会改变自己的看法，还要进行反击。

人是有自尊心的。很多时候，你无意中的一句话就可能使朋友之情完全破裂。

孙涛说自己干过的最糊涂的一件事就是不该伤了朋友的面子。孙涛有个知己叫林羽，林羽是个很出色的年轻人，可就是家境太贫寒，他上大学拿的是助学贷款，平时还要打工赚取生活费，穿的衣服都是破旧过时的，一到周末他每天就只能吃一顿饭……孙涛跟林羽认识后，十分同情他的处境。正好两人身材相仿，孙涛就常把自己的衣服送给林羽，还拉林羽去自己家吃饭，又往林羽的饭卡里充钱。对于孙涛为自己所做的一切，林羽非常感激，并表示在自己有能力的时候，一定回报孙涛。孙涛自然不会期望获得回报，但也为自己拥有如此出色的朋友而感到骄傲。不过这一切却都被孙涛脱口而出的一句话给毁了：那天孙涛跟女朋友迟敏闹了矛盾，孙涛便约了林羽和一大群同学去小酒馆喝酒。喝多了以后，孙涛就开始胡说八道，大骂迟敏脚踏两只船，这时林羽听不下去了，他让孙涛清醒一下，并说他敢担保迟敏绝对不是那样的人，但孙涛酒劲一上来伤人的话就冲口而出："你担保？吃我的用我的，连你身上这套衣服都是我的，你凭什么担保？"顿时小酒馆里静得连掉根针都能听见，林羽脸色惨白地从酒馆走了出去。第二天，林羽归还了所有的衣服用品，不知从哪儿借300多块钱存到了孙涛卡里，林羽没给孙涛任何解

第11章 做生意是种境界，做永久的朋友做永久的生意

释的机会，两人从好朋友变成了陌路人。

孙涛因为当众出言伤人，伤了朋友的面子，而失去了一个知心朋友，这都是由于他在处世方法上的失误造成的。要知道在一些人眼里，面子是十分重要的，有时候面子甚至重于一切。了解这一点，你就该知道，即使是对最亲密的人，也要给他留面子。

有人说：中国人死要面子。死要面子就是说宁愿死，也要面子。孔子的高足子路就是这样，他为了不丢面子，不惜结缨而去。因为面子反目成仇甚至生死之争的情况并不少见。

公元前605年，楚人献给郑灵公一个特大的鳖，灵公用它来大宴群臣，却唯独不让子公吃。这是因为一次上朝，子公的食指突然动了起来，他便对别的大夫说，我的食指一动，就能尝到非同一般的美味。灵公听后，偏要让子公的话不能实现，这显然是不给子公面子。子公也不是好惹的，为挽回面子，就径直走向烹鳖的鼎前，染指于鼎，尝之而出。子公挽回了自己的面子，却扫了灵公的面子。双方只好翻脸，只不过子公抢先一步，弑杀灵公，并给他弄一个"灵"的谥号，让他永远没有面子。

想想灵公死得真不值，就因为丢了别人的面子，便遭到杀身大祸，死了依旧没有面子。

每个人都需要面子，而且也都希望自己有面子，有面子就能被别人看得起，表明他在人群中间有优越感。懂得这个道理，交友就方便许多，只要你能放下自己的面子，给别人一个面子，相信你会在办事时获益匪浅。

不过这种面子必须是你给别人的，而非自己争的。争面子于己于友，都没好处，只会伤了和气。

西晋的石崇与王恺斗富，就是典型的面子之争。王恺用麦糖掺米饭擦锅，石崇就用蜡烛煮饭；王恺用紫丝布做步障40里，石崇就做锦布障50里；王恺用赤石脂涂墙，石崇就用花椒和泥涂墙。最后，弄得晋武帝也来帮忙，他赐给王恺一支二尺高的珊瑚树，世间罕有。没想到石崇根本没把它放在眼

里，拿起他的玉如意就敲过去，珊瑚树应声而碎，他回头吩咐仆人回家取出珊瑚树，让王恺任意选取，有三尺高的，四尺高的，弄得王恺怅然若失，垂头丧气。石崇太过固执，不会忍让朋友，一下子让王恺的面子丢尽。他比王恺富有，这是一个事实，他却非比不可，比的结果，自然是他面子十足。无论王恺接受不接受珊瑚树，有一点是肯定的，面子伤了，谈交情就谈不上了。石崇大可不必做得如此绝，假若他若肯处处让别人一分面子，那就是另一种情形。

处世时，首先就是要懂得时刻顾及别人的面子。倘若你自恃自己的面子大，不把别人放在眼里，碰上死要面子的人，就可能不吃你那一套，甚至可能撕下脸皮和你对着干，这样常常会把彼此的关系弄僵。

懂面子，你还得去要面子，假若你请朋友吃饭，而朋友不太领情，这时，你便不能割袍断交，你要学会去要面子，你要说看在多年交情的分上，给我一个面子。只要他给了你面子，他吃了饭，那么，他的人情算欠下了，即使饭是朋友给你面子才吃的。送礼也一样，让朋友给个面子收下，这个面子你得去要。

老李帮老朋友办了件事，老朋友和妻子拿了些礼品登门道谢，老李觉得自己只是举手之劳，就死活不收礼，没想到老朋友一走就再没跟他联系过。老李打电话一问，朋友在电话里说，"提礼物去硬被你推出来了，知道我那天怎么从你家走出来的吗？"老李这才知道怎么回事，道歉之后两人又和好如初。

另外的一点，给面子要给得恰当，不恰当就是不给面子。如果被请之人面子很大，而又未受到应有的待遇，则成了极伤面子的事情。

永远不要说这样的话："看着吧！你会知道谁是谁非的。"这等于说："我会使你改变看法，我比你更聪明。"这实际上是一种挑战，在你还没有开始证明别人的错误之前，他已经准备迎战了。为什么要给自己增加困难呢？

第11章 做生意是种境界，做永久的朋友做永久的生意

为什么要把自己放在别人的对立面呢？为什么要让彼此都下不了台呢？时刻顾及别人的面子，你们才能更好地相处。

要勇于承认自己的错误

俗话说："人非圣贤，孰能无过。"人与人之间交往并不都是一帆风顺，就是朋友之间同样免不了发生一些不愉快的事情。比如，感情冲动，话说过头，做事过火；由于方法不当，说错了话，或做错了事，等等。遇到这种情况，丝毫不要羞羞答答、扭扭捏捏、遮遮掩掩，最好是勇敢地向朋友道歉。

有些人认为，朋友之间还用得着客套？即使有所冒犯也无须道歉，其实错了。生活中因为一件小事、一句言语、一次口角、一个行为就使几十年的老朋友反目的事不是常有的吗？因为不肯道歉和认错，或者找各种借口来掩饰自己的过错只能加深矛盾，使朋友生气。道歉，并非耻辱，而是真挚和诚恳的表示；道歉，可以避免一场纠纷的出现。

一个人有勇气主动对朋友承认自己的错误，不仅可以消除对方的怒气，自己也可以获得某种程度上的满足感。这不仅可以消除罪恶感和自我维护的本能，更重要的是有助于解决这个错误所造成的问题。

真正的道歉不仅仅是承认一个错误，它还表现在，你意识到自己的言谈举止有损于你与他人之间的关系，而且对补偿和重建这种关系有着相当的愿望。

当然这绝不是一件轻而易举的事情，承认错误是令人难堪的。但是，一旦你迫使自己勇敢地这样去做，克制自己的骄傲心理，它将会成为一种奇妙的医治感情创伤的"良药"。

抗美援朝时期，洪学智是彭德怀元帅的副手，主要分管军备后勤的工作。有一天前线上的第三军反映缺粮，彭德怀立即打电话给洪学智，质问他

为什么第三军无故断粮,并说这样的后勤管理太荒唐,洪学智坚持说第三军现在肯定没有断粮,两人争执不下,彭德怀对洪学智大发了一通脾气。最后,派人到前沿的第三军驻地了解情况,第三军军长抱歉说:"电报有误,我们还有足足三天的后备粮呢!"彭德怀得知真相,对洪学智哈哈大笑:"老洪,委屈你啰,吃一个梨,算是我给你赔梨(礼)了。"通过这件事,洪学智更加敬重彭德怀的无私的胸怀,两个人的战斗友谊,在这场误会中变得更加密切了。

作为一个"人",你需要学会道歉的艺术。你回想一下,有多少次由于你严厉刺耳的评判和尖刻的话语使你以失去朋友为代价而受到了惩罚,然后,你计算一下,有几次你曾坦白、诚恳地表明了你的歉意。

记住,向人表示道歉不是一件丢脸的事,而是成熟和诚实的表现。即使是伟人也会道歉。丘吉尔对杜鲁门的第一印象十分不好,后来他告诉杜鲁门自己曾一度严重地低估了他,这是一句用高明的恭维话表示的一种歉意。

一位当大夫的朋友曾讲过这样一件事:

一位诉说有各种各样病痛的男人到他那里去看病,这个人头疼、失眠、消化紊乱,可是却找不到任何生理上的原因。

最后,这位朋友对他说:"除非你告诉我你的良心上有什么不安,否则我是无法帮助你的。"经过痛苦的思想斗争,这个人终于承认,他作为父亲指定的遗产执行人,一直对住在国外的弟弟欺瞒了他的遗产继承权。马上,这位明智的大夫便敦促这个人给他弟弟写了一封信,请求弟弟的宽恕,并随信附寄了一张支票作为第一步的补偿。然后,他一直护送这个人把这封信送到邮局,当这封信在检信口消失的时候,这个男人流出了热泪。"谢谢你,"他说,"我相信我的病都好了。"他真的就恢复了健康。

如果你认为朋友想要或准备责备你,也许对方是在吹毛求疵,这时你不要烦恼,自己先行一步,主动地把对方要指责你的话说出来,那他就拿你没办法了。

第11章 做生意是种境界,做永久的朋友做永久的生意

赫巴是位曾闹得满城风雨的最具独特人格的作家之一,他那尖酸刻薄的笔锋经常惹起一些人强烈的不满。但是赫巴以少见的为人处世的技巧,常常化敌为友。

当一些愤怒的读者写信给他,表示对他的某些文章不以为然,结尾又痛骂他一顿时,赫巴就如此回答:"回想起来,我也不尽然同意自己。我昨天写的东西,今天不见得全部满意。我很高兴你对这件事的看法。下次你来附近时,欢迎驾临,我们可以交换意见,遥祝敬意。"

如果面对一个这样对待你的人,你还能怎么说呢?

当你对的时候,你就要试着温和地、巧妙地使对方同意你的看法;而当你错了,就要迅速而坦率地承认。

这种技巧不但能产生惊人的效果,而且在任何情形下,都要比为自己争辩还要有用得多。

别忘了这句古话:"用争斗的方法,你绝不能得到满意的结果;但用让步的方法,收获会比你预期的高出许多。"因此,如果你希望妥善地解决争端,请记住下面的规则:如果你错了,就要很快坦率地承认。

对朋友勇于承认自己的错误,承认自己的言行破坏了彼此间的关系。通过认错表示你对相互间的关系十分重视,这样不仅可以弥补产生裂痕的交情,而且还可以增进感情。

认错也要讲究方法技巧的,以下就是在认错时必须注意的几个问题。

1. 态度要诚恳

美国学者苏珊·杰考比说:"在我最初的记忆中,母亲告诉我在说'对不起'时,眼睛不要看在地上,要抬起头,看着对方的眼睛。这样人家才会明白你是真诚的。我母亲就这样传授好的认错艺术即必须直率。你必须不是在假装道歉。这并非耻辱,而是真挚和诚恳的表现。"

隋朝时,隋文帝要将辛宣斩首,刑部侍郎赵绰说:"按照法律,辛宣不应斩首,我不敢奉诏!"隋文帝很生气,对赵绰说:"你爱惜他,就不爱惜

自己吗?"命令左仆射高颖将赵绰斩首。赵绰说:"陛下宁可杀臣,不得杀辛宣!"赵绰被押到朝堂,剥去衣服,准备斩首,隋文帝又派人对赵绰说:"你究竟想怎样?"赵绰回答:"执法一心,不敢惜死!"隋文帝闻后一惊,心有所动,便命令放了赵绰。第二天,隋文帝向赵绰公开认错,并对他勉励了一番。

2. 认错要坦诚

主动认错,检讨自己,纠正错误,是一种美德和值得尊敬的事。因此不必躲躲闪闪,但也不必夸大其词,一味往自己脸上抹黑。那样,别人不仅不会接受你的道歉,甚至觉得你虚伪。

3. 道歉要及时

即使不能马上认错,日后也要看准时机及时表示自己的歉意。

闻一多先生早年曾是"新月派"诗人,同鲁迅作过对。后来,当他发现自己错了时,鲁迅先生已经逝世了。于是他便借纪念鲁迅先生的大会,当众表示自己对鲁迅先生的深深歉意。他说:"反对鲁迅先生的还有一种自命清高的人,就像我自己这样的一批人。"讲到这里,他忽然转过头去,望着墙上挂着的鲁迅像,鞠了一躬,然后说:"现在我向鲁迅忏悔,对不起,我们错了。当鲁迅受苦受难时,我们却正在享福。如果当时我们都有鲁迅那样的硬骨头精神,哪怕只有一点,中国也不会像现在这样了。"对于闻一多这种坦诚直率的品德,与会者无一不报之热烈的掌声。

可见,及时认错,在很大程度上可以弥补言行不当带来的不良后果。

生活中,很多人做错事后,往往碍于面子,不肯向朋友低头认错,这种想法是很可笑的,朋友喜欢你、尊敬你,你才有面子。可是你做错事却不肯认错,朋友就会憎恶你,朋友都不愿与你交往了又有什么面子呢?因此,一旦做错了事,你就要勇于低头认错,这样朋友才会真正谅解你、喜欢你。

犯了错,责任在己就要勇于承认。诚恳的道歉不仅能够弥补被损坏的朋友关系,而且还可以使这种关系变得更为牢固。

第11章 做生意是种境界,做永久的朋友做永久的生意

给别人一个回旋的余地

有的人与别人相处时,动不动就让其下不了台,轻则颜面有损,重则怒而绝交。

孙磊是山东人,脾气又直又倔,常常得罪人。最让人接受不了的是他总是不给人留有余地,非要把事做绝,把话说绝。年轻时,孙磊在山东有个不错的工作,工资优厚,又很清闲,没什么人事纠纷,与孙磊的脾气很合。可是有一次,孙磊为了一件事和同办公室的一个同事吵了起来,大家都过来打圆场,那个同事也软了下来,表示愿意道歉。但孙磊却不肯罢休,扬言要把同事赶出这间办公室,"有他没我,有我没他!"大家都劝孙磊何必把事做得这么绝呢!和和气气地放人一马不好吗?但孙磊却不肯答应。结果三个月以后,那个同事居然升迁了。这样一来,孙磊只好辞了职,一个人跑到北京来了。不料孙磊是吃亏不长记性,在目前的单位还是维持老脾气,同事们都离他远远的,大家说:"千万可别惹上孙磊,那股不依不饶的劲,不把人逼到绝路上是誓不罢手啊!"就这样,孙磊成了"独行侠",在单位里工作了七年,竟然没人愿意和他交朋友。

孙磊犯了处世的大忌,他不给别人留有余地,其实就是切断自己的后路。俗话说:"三十年河东,三十年河西",风水可是轮流转的,今天你不给别人留余地,别人心里会记恨你,也会觉得你太绝情,等到他得意起来的时候,他就会报复你、打击你,这时其他人也不会同情你,反而要说:"活该!"一个不给人留有余地的人,是永远无法获得大家喜欢和支持的。

朱治小时候家里很穷。一天,有个客人到他家,诱人的鱼香,令他垂涎不已。朱治当时才6岁,还不懂得掩饰自己,他吵着要吃鱼,母亲答应了,但

是有个条件：等客人吃饱后方可上桌。

朱治不听："等客人吃饱了，鱼不就被他吃光了？"母亲答道："知礼的客人绝对不会将鱼翻过来吃，另外一面一定还是好好的。不信你去窗边看看……"

朱治来到窗边，踮着脚尖往里看，眼睛盯着桌上的那条鱼，忽然间，客人用筷子把鱼翻了个身……朱治失望地跑回厨房，扑进母亲怀里大哭起来。母亲也哭了，她不知该如何安抚朱治的心。长大后，朱治无论做什么事都要给别人留有余地，就同小时候妈妈告诉他吃鱼要给别人留一面一样。

朱治是聪明的，他没因那次没吃到鱼而遗憾，反而因此明白了一个处世的道理：要给别人留有余地。不考虑别人的人，别人也一定不会支持他，这种人的得意不但不会长久，还往往因此惹来祸端。

功与名是曾国藩毕生所执著追求的。他认为，古人称立德、立功、立言为三不朽。为保持自己来之不易的功名富贵，他事事谨慎，处处谦卑，坚持"花未全开月未满圆"的观点。因为月盈则亏，日中则昃，鲜花完全开放了，便是凋落的开端。因此，他常对家人说，有福不可享尽，有势不可使尽。他称自己"平日最好古人'花未全开月未满圆'八个字，以为惜福之道，保泰之法"。此外，他"长存冰渊惴惴之心"，为人处世必须如履薄冰，时时处处谨言慎行，才不致铸成大错，招来大祸。

人与人相处得饶人处且饶人。如果想获得别人的支持，想把自己的好运维持得长久，就要给别人一个回旋的余地，也是给自己留了一条后路。

赚钱从帮助别人开始

既能帮助别人，又能使自己受益。只有从这种思路出发的生意，才是最有发展前途的生意。

第11章 做生意是种境界,做永久的朋友做永久的生意

一个晴朗的夏日,一个脏乱的火车候车室内,坐着一位衣着随便、满脸疲态的老人。

火车进站,老人起身向检票口走去。

忽然,候车室外走来一个胖太太,她提着一只很大的箱子,显然也要赶这班列车,可箱子太重,累得她直喘粗气。

她看到了那个老人,冲他大喊:"喂,老头,快给我提箱子,我待会儿给你小费!"

老人拎过箱子就朝检票口走,虽然看起来他是那么的不堪重负。

火车慢慢启动了。胖太太抹了一把汗,庆幸地说:"要不是你,我非误车不可。"说着,掏出一美元递给老人。

老人并不推辞,微笑着伸手接过。

这时,列车长走了过来,对老人说:"您好,尊敬的洛克菲勒先生,欢迎您乘坐本次列车,如果有需要帮助的地方,我很乐意为您效劳。"

"谢谢,不用了,我只是刚刚做了一个为期三天的徒步旅行,现在我要回纽约总部。"老人客气地回答。

"什么?洛克菲勒?"胖太太惊叫起来,"上帝,我竟让石油大王洛克菲勒先生给我提箱子,居然还给了他一美元小费,我这是在干什么啊?"

她忙向洛克菲勒道歉,并诚惶诚恐地请洛克菲勒把那一美元小费退给她。

"太太,你不必道歉,你根本没有做错什么。"洛克菲勒微笑着说道,"这一美元,是我挣的,所以我收下了。"说着,洛克菲勒把那一美元郑重地放在了口袋里。

和洛克菲勒一样,大生意人最爱做的交易就是:既能帮助别人,又能使自己受益。现在,有越来越多的人也认为,只有从这种思路出发的生意,才是最有发展前途的生意。

赢得客户的心能赚大钱

人都是有感情的,如果你能用自己的关怀来赢得客户的心,让对方把你当成他的朋友,做起生意来自然财源广进。

在泰国,有一家华人经营的东方饭店几乎天天客满,不提前一个月预订是很难有入住机会的,而且大部分都来自西方发达国家。泰国在亚洲算不上特别发达,但为什么会有如此诱人的饭店呢?大家往往会以为泰国是一个旅游国家,而且又有世界上独有的人妖表演,是不是他们在这方面下了工夫。错了,他们靠的是非同寻常的客户服务,是依靠赢得顾客的心来赚大钱。

约克先生是一位美国公民,他因公务曾经经常出差泰国,并下榻在东方饭店。第一次入住时良好的饭店环境和服务就给他留下了深刻的印象,当他第二次入住时几个细节更使他对饭店的好感迅速升级。

那天早上,在他走出房门准备去餐厅的时候,楼层服务生恭敬地问道:"约克先生是要用早餐吗?"约克先生很奇怪,反问"你怎么知道我的名字?"服务生说:"我们饭店规定,晚上要背熟所有客人的姓名。"这令约克先生大吃一惊,因为他频繁往返于世界各地,入住过无数高级酒店,但这种情况还是第一次碰到。

约克先生高兴地乘电梯下到餐厅所在的楼层,刚刚走出电梯门,餐厅的服务生就说:"约克先生,里面请",约克先生更加疑惑,因为服务生并没有看到他的房卡,就问:"你也知道我的名字?"服务生答:"上面的电话刚刚下来,说您已经下楼了。"如此高的效率让约克先生再次大吃一惊。

约克先生刚走进餐厅,服务小姐微笑着问:"约克先生还要老位子吗?"约克先生的惊讶再次升级,心想"尽管我不是第一次在这里吃饭,但最近的一次也有一年多了,难道这里的服务小姐记忆力那么好?"看到约克

第11章 做生意是种境界，做永久的朋友做永久的生意

先生惊讶的目光，服务小姐主动解释说："我刚刚查过电脑记录，您在去年的6月8日在靠近第二个窗口的位子上用过早餐"，约克先生听后兴奋地说："老位子！老位子！"小姐接着问："老菜单？一个三明治，一杯咖啡，一个鸡蛋？"现在约克先生已经不再惊讶了，"老菜单，就要老菜单！"约克先生已经兴奋到了极点。

上餐时餐厅赠送了约克先生一碟小菜，由于这种小菜约克先生是第一次看到，就问："这是什么？"服务生后退两步说："这是我们特有的小菜"，服务生为什么要先后退两步呢，他是怕自己说话时口水不小心落在客人的食品上，这种细致的服务不要说在一般的酒店，就是美国最好的饭店里约克先生都没有见过。这一次早餐给约克先生留下了终生难忘的印象。

后来，由于业务调整的原因，约克先生有三年的时间没有再到泰国去，在约克先生生日的时候突然收到了一封东方饭店发来的生日贺卡，里面还附了一封短信，内容是：亲爱的约克先生，您已经有三年没有来过我们这里了，我们全体人员都非常想念您，希望能再次见到您。今天是您的生日，祝您生日愉快。约克先生当时激动得热泪盈眶，发誓如果再去泰国，绝对不会到任何其他的饭店，一定要住在东方饭店，而且要说服所有的朋友也像他一样选择。约克先生看了一下信封，上面贴着一枚六元的邮票。六块钱就这样买到了一颗心。

当你用富有人情味的服务与客户交流的时候，会让对方从心理中对你产生认同感。在这种情况下，生意上的事自然就十分顺利了。

和气生财，财生和气

在商海中，如果你不想孤立，那么学会如何与人相处吧！林子大了，什么鸟都有，不要求你喜欢所有的人，但要学会与人相处。

1. 为他人着想，为自己铺路

立身处世难免与人有口舌之争，然而聪明的人以和为贵，尽量避免争论，赢得别人的好感，那么在商海中，你就不再孤立。

著名的心理学家卡尔·罗吉斯在他的《如何做人》一书中写道：

"当我尝试去了解别人的时候，我发现这真是太有价值了。我这样说，你或许会觉得奇怪。我们真的有必要这样做吗？我认为这是必要的。在我们听别人说话的时候，大部分的反应是评估或判断，而不是试着了解这些话，在别人述说某种感觉、态度和信念的时候，我们几乎立刻倾向于判定'说得不错'或'真是好笑''这不正常吗''这不合情理''这不正确''这不太好'。我们很少让自己确实地去了解这些话对其他人具有什么样的意义。"

这就是善于以自我为中心的人们仍过分地相信自我的标准。因而在日常的人际交往中，人们遭遇太多的争论，造成太多心与心的嫌隙。在那些自以为是的争论中，人们竭尽全力地维护那些并不全面、并不成熟的观点。一场狂风暴雨般的唇枪舌剑过后，人们得到的仅是"心乱"，失去的却是"亲密无间"，在过后的日子里，我们发现那是嫌隙与隔膜。

卡耐基曾说：你赢不了争论。要是输了，当然你就输了；如果赢了，还是输了。在争论中，并不产生胜者，所有不愿对敌的人在争论中都只能充当失败者，无论他愿意与否。因为，十之八九，争论的结果都只会使双方比以前更相信自己绝对正确，即使你感到自己的错误，却也绝不会在对手面前俯首认输。在这里，心服与口服没法达到应有的统一，人的固执性，将双方越拉越远，到争论结束，双方的立场已不再是开始时的并列，一场毫无必要的争论造成了双方可怕的对立。所以，天底下只有一种能在争论中获胜的方式，就是避免争论。

事实上，人们已深深领教了"死要面子"的苦果，所以，人们不再面临任何的障碍，有足够的勇气和力量，用来迅速地承认自己的错误，这比起为自己争辩有效得多。避免争论,人们赢得了好感。

2. 你给别人留面子,别人给你好办事

在做人办事时,应和和气气,有损人面子的事情一定不要做,有损别人面子的话则一定不要说,这样,当请别人给你办事时,别人才不至于拒绝。不给人面子带来的后果有时是很严重的。

三国名将关羽,过五关、斩六将,温酒斩华雄,匹马斩颜良,偏师擒于禁,擂鼓三通斩蔡阳,"百万军中取上将之首,如探囊取物耳"。然而,这位叱咤风云、威震三军的一世之雄,下场却很悲惨,居然被吕蒙一个奇袭,兵败地失,被人割了脑袋。

关羽兵败被斩的最根本原因是蜀吴联盟破裂,吴主兴兵奇袭荆州。吴蜀联盟的破裂,原因很复杂,但与关羽其人的骄傲有着密切的关系。

诸葛亮离开荆州之前,曾反复叮嘱关羽,要东联孙吴,北拒曹操,但关羽对这一战略方针的重要性认识不足。他瞧不起东吴,也瞧不起孙权,致使吴蜀关系紧张起来。关羽驻守荆州期间,孙权派诸葛瑾到他那里,替孙权的儿子向关羽的女儿求婚:"求结两家之好""并力破曹",这本来是件好事。以婚姻关系维系政治联盟,历史上多有先例。如果放下高傲的架子,认真考虑一番,利用这一良机,进一步巩固蜀吴的联盟,将是很有益处的。但是,关羽竟然狂傲地说:"吾虎女安肯嫁犬子乎?"

不嫁就不嫁嘛,又何如此出口伤人?试想这话传到孙权那里,孙权如何受得了?又怎能不使双方关系破裂?

关羽的骄傲,使自己吃了一个大大的苦果,被自己的盟友结束了生命。

俗话说:"蚊虫遭扇打,只为嘴伤人。"以尖酸刻薄之言讽刺别人,只图自己嘴巴一时痛快,殊不知会引来意想不到的灾祸。生意场上,原本没有那么多的矛盾纠葛,往往只是因为有人逞一时之快,说话不加考虑,只言片语伤害了别人的自尊,让人下不了台,才产生彼此争斗的局面。所以,请牢记"和气生财,财生和气"。